이것은 나의 피

CECI EST MON SANG

이것은 나의 피

익숙하고 낯선 생리에 관한 거의 모든 이야기

엘리즈 티에보ÉLISE THIÉBAUT 지음

김자연 옮김

나의 딸 노라에게
나의 어머니 마리에게
나의 두 할머니 시몬과 베티에게
브리에게

차례

들어가며_ 소리 · 소문도 없이 금지된 피 9

제1의 금기 / 나의 생리

1장_ 피가 있을 것이다 21

작고 엽기적인 서커스 단원, 난모세포 / 생리를 왜곡하다: 보노보에 의한 해방 /
자궁내막의 숨길 수 없는 매력 / 영화 〈캐리〉에서처럼 /
첫 생리와 마지막 뺨 때리기 / 사춘기, 사랑하는 사춘기

2장_ 용감하고 흠잡을 데 없는 피 47

시든 제비꽃 냄새 / 암호명: '나비 날개' / 히포크라테스 선서 /
대 플리니우스의 거울 속 / 설탕 피를 넣을까요, 말까요? /
달걀을 깨는 희생 없이는 마요네즈를 만들 수 없다 / 막연한 두려움 /
금기와 낙인, 같은 투쟁? / 일과 '생리'

3장_ 저주받은 피 77

자신의 암컷 곰을 가지다 / 아르테미스가 허리띠를 졸라맸을 때 /
이피게네이아의 화신에게 / 만약 남자들이 했다면 /
세 유일신 종교, '생리'를 따라 피 흘리다 / 암고양이들의 폭동

4장_ 내가 보지 못하도록 그 피를 가려주오 107

마라톤과 생리 / 헝겊에 대해 얘기해봅시다 / 벨트에서 탐폰까지 /
100퍼센트 수익성 있는 피 / 질 내 미생물들의 싸움터 /
독성쇼크중후군과 스티븐 킹의 소설 / 산업 기밀 / 유기농으로?

5장_ 완전히 자연적인 피의 해결책 143

핑크 세금: 필요 앞에 법도 소용없다 / 컵이 가득 차서 더는 못 참겠다 /
스펀지 밥과 사랑을 나누다 / 이제 버리지 마세요 / 본능적 자유 흐름 /
예술 안에서의 생리

6장_ 나는 100번째 피까지 셀 수 있다 169

나는 달에게 물었다 / 크나우스·오기노 피임법 / 기적의 빌링스법 /
피임약 또는 생리의 끝 / 동기화: 우리, 여자들 / 인터넷에 접속한 질

7장_ 나쁜 피 203

네가 한번 상상해본다면 / 생식기 공감 / 생리전증후군이라는 잭팟 /
난소에서 발생한 폭풍 / 금지된 번식 / 자궁내막중의 오랜 이방인, 여성 /
히스테리, 구마식, 마녀들

8장_ 끝이 없는 피 이야기 243

칵테일과 연금술 묘약 / 생리혈 속의 줄기세포 / 우리를 재배해봅시다 /
100조 개의 세포 그리고 나 그리고 나 그리고 나 / 영생으로 가는 길 / '생리' 은행

나가며_ 그리고 우리가 만약 생리에 대한 생각을 바꾼다면 269

감사 인사 275
주 278

일러두기

1. 이 책의 본문에서 [ ]는 옮긴이 주석이다.
2. 이 책에 나오는 성경 구절은 『성경』(한국천주교주교회의, 한국천주교중앙협의회)에서 인용했다.
3. 이 책에 나오는 코란 구절은 『코란(꾸란)』(김용선 역, 명문당, 2002)에서 인용했다.
4. 일반적으로 특별한 원인 없이 여성의 생리가 완전히 멈추는 것을 폐경肺經이라고 하지만, 이 책에서는 완경完經이라고 옮겼다.

들어가며_
소리·소문도 없이 금지된 피

세상이 이 세상이 된 이래, 수십억 여성들이 그랬던 것처럼 나는 40년 가까이 매달 생리를 했다. 1975년 4월부터 2015년 2월까지, 임신 기간과 완경 전기前期의 방황 기간을 뺀다 하더라도 약 400번 주기가 된다. 배란의 신호이자 결국 생식 능력의 신호인 생리혈이라 부르는 것이 내 다리 사이를 흘러내린 지가 2400일에 가깝다는 얘기다. 비교를 해보자면 중세 유럽 여성은 일생 동안 평균 100여 번밖에 배란을 하지 않았다. 그 외 시간에는 임신 중이었거나, 수유 중이었거나, 아니면 죽어 있었다. 18세기에는 어린 시절에 살아남는 데 성공한 여성의 평균 수명이 28세이고 임산부 사망률은 1.2퍼센트로, 출산 도중에 죽을 위험성이 오늘날보다 1000배나 더 높았다.[1]

생리하는 여성으로서 내 인생은 중세나 18세기에 살았더라면 겪었을 것보다 훨씬 더 편안했다. 하지만 1975년 이후 많은 변화가 있었다고 해도 금기는 여전히 내 주위에도 강하게 남아 있어서 내가 이 책의 주제에 대해 말할 때면 사람들은 묘한 표정을 짓곤 했다. "규칙[프랑스어로 생리를 지칭하는 단어는 규정, 규칙, 법칙이라는 뜻도 지니고 있다]? 그런데 무슨 규칙?" 어떤 여자는 내게 **여성의** 생리에 대해 이야기할 거냐고 물으면서 이렇게 덧붙였다. "음, 그러니까 라냐냐ragnagnas[생리를 가리키는 프랑스어 표현 중 하나다] 말이에요." 내가 유럽연합의 법규나 곱셈의 교환 법칙을 얘기하는 것이 아니라는 걸 깨닫는 순간, 보통 상대방은 이 주제가 뭐가 그리 흥미로워서 책 한 권을 할애하려고 하는지 궁금해했다. 친척 아주머니 한 분은 "그런데 그것보다 자연스러운 게 뭐가 있는데?"라고 하시며 매달 자기에게서 흘러나오는 그 피에 대해 단 한 번도 의문을 품어본 적 없노라고 고백했다. 반면에 다른 이들은 마치 오랫동안 흐름이 막혀 있던 이 피가 넘치기라도 하는 듯이 자신의 생리통과 생리전증후군[월경전증후군이라고도 한다], 자궁내막증 이야기를 하려고 나를 따로 부르기도 했다. 개인적인 상황을 젖혀둔다면 결국 같은 질문이었다. '왜 생리를 생리라고 부르는가?'가 첫번째 질문이고, 여기에 '예전에는 여자들이 어떻게 했을까?'와 '생리 용품을 구할 형편이 되지 않는 여자들은 어떻게 할까?'라는 질문이 이어졌다.

나는 나이가 나이인만큼 완경에 대해 질문을 많이 받을 거라고 예상했다. 하지만 나와 같은 세대의 여성 중 누구도 이 주제에 관심을 보이지 않았다. 부유한 나라에서는 길어진 평균 수명 때문에 완경 이후의 기간이 여성들의 생애에서 20~30년, 게다가 사춘기 이전 기간까지 합하면 적어도 생식이 가능한 기간과 맞먹는 시간을 차지할 수 있는데도 말이다. 모차르트의 음악에 이어지는 정적도 모차르트의 음악이듯이, 완경을 둘러싼 침묵도 여전히 완경을 앞서는 금기로 나타난다.

남성들은 나이에 상관없이 일단 한 발 물러선다. 아마도 이런 생각을 하는 게 아닌가 싶다. '이 여자는 분명 질 속에 원자 폭탄을 가지고 있다. 내 면전에 대고 폭발할 경우, 아무 일도 없었던 것처럼 행동하자.' 하지만 그들도 곧 질문을 던지기 시작한다. 첫번째 질문 중 하나는 정액과 피의 관계, 특히 생식 기능의 기술적 측면과 관련된 질문인데, 남성들은 이 질문은 단번에 편안함을 느낀다. 한편 남성들은 출산에 대해 단순히 언급만 해도 불안에 떠는 것처럼, 자궁내막증과 생리전증후군을 자세히 설명하면 엄청난 공포를 느낀다. 하지만 생리혈이 수많은 질병을 치료할 수도 있다는 사실을 알게 되는 순간, 맹세컨대, 이들은 성적으로 생각하게 될 것이다. 허나 나는 거기에 대해 자세한 사항은 별로 알고 싶지 않다. 흡혈구강성교가 내게 혐오감을 줘서가 아니라(이 주제에 관련된 단락 하나를 마련해두었으니 확인할 수 있을 것이다), 내 주제, 안타깝게도 성적이지만은 않은 내 주제에 집중하고 싶기 때문이다.

제1의 금기

호모 사피엔스는 추위와 배고픔, 질병과 자연의 불확실성으로부터 자신을 보호하는 온갖 방책을 찾아냈고, 별별 땅을 탐험하고 점령할 줄도 알았으며, 세계를 여행했고, 서로를 죽이기 위한 정교한 무기도 개발했지만, 확실히 생리에 관해서는 때때로 불합리한 영역에 머물러 있었다. 생리는 지극히 평범한 현상인데도 질기 생명력이 놀라울 따름인 전설과 미신, 암묵적 이야기와 고정관념에 둘러싸인 신비한 현상으로 남아 있다. 신화에서 유래했든 종교나 의학에서 유래했든 간에, 이것들은 전 세계 여성의 건강과 행복에 영향을 줄 만큼 사람들의 사고방식에 지속적으로 스며들고 있다.

명확히 할 필요가 있는데, 실제로 전 세계 여성 중 많은 이들에게 생리는 불편함을, 때로는 심각한 통증을 동반한다. 사람에 따라 다르게 나타나는 이 불편함은 상황, 시기, 건강 상태, 사회적 지위 또는 문화에 따라 달라진다. 사실 생리는 사춘기부터 완경까지 약 40여 년 동안 여성들의 인생에서 큰 부분을 차지하고 있고, 이러한 생리의 현실은 사회나 사람에 따라 아주 상이한 형태를 띤다. 양질의 다양한 식품과 정보, 우수한 의료 서비스에 접근할 수 있는 국가의 사업가 여성들과, 차별의 피해자이며 피부색과 문화, 종교, 성적 지향을 이유로 편견에 노출된 가난한 여성들이 겪는 현실은 동일하지 않다. 그러나 가장 가난한 여성부터 가장 부유한 여성까지, 가장 무지한 여성부터 가장 박식한 여성에 이르기까지 모든 여성이 탐폰을 마치 예수가 여성이었다고 폭로하는 책이나 세계 도처에서 사람들을 비만으로 만드는 그 탄산음료의 비밀 제조법이라도 되는 양 건네는 상황에서, 생리는 오늘날에도 여전히 제1의 금기로 남아 있으며, 사람들이 음모라도 꾸미는 표정과 낮은 목소리로 거론하는 사항 10위 안에 들어 있다.

바로 이러한 이유로 오늘날 우리는 '생리 불평등'을 이야기할 수 있다. 여성들이 생리를 하기 때문에, 생리는 금기시되는 대상이기 때문에, 남성들이라면 절대 아무도 겪지 않을 형태의 억압을 여성들은 참아내야만 한다. 생리혈이 금기이기 때문에 여성들은 수천 년 전부터 지금까지 치유책 없이 고통받고 있다. 생리혈이 금기이기 때문에 여성들이 출항을 하고, 사냥을 하고, 투표를 하고, 당선이 되고, 공개 연설을 하거나 정치적·종교적 요직을 맡는 것이 오랫동안 금지되어왔던 것이다. 역시나 생리혈이 금기이기 때문에 오늘날 여성들에게 다이옥신과 유독성 향을 머금은 탐폰과 패드를 팔고 있다. 또한 "뭐야, 기분이 안 좋아 보이는데, 생리하는 거 아냐?"라고 말하면서 여성들이 하는 말의 가치를 폄하하지만, 그렇다고 생리에 동반되는 불편함에 대해 만족스러운 의학적 해답을 내놓는 것도 아니다. 반면 제약 연구소에서는 예를 들어 죽을병도 아니고 대부분 나이 든 남성들에게서만 나타나는 발기부전이라는 흔한 남성 장애를 해결하기 위해 비아그라까지 개발했다.

생리와 연관된 장애들 역시 치명적이지는 않지만 아직도 그것들을 정확하게 치료할 방법을 찾지 못했다. 예를 들어 자궁내막증은 전 세계 여성 15~20퍼센트가 앓고 있음에도 증상 발현부터 진단까지 9년이나 지체되는 것이 현실이다. 미국의 페미니스트 글로리아 스타이넘Gloria Steinem이 1980년대 초에 재치 있게 쓴 글처럼, 만약 생리가 여성이 아닌 남성에게 일어났다면, "생리는 남성적이고 부러운 것이며 긍지를 가져 마땅한 사건이 되었을 것이다. 남성들은 생리 기간과 생리 양을 자랑했을 것이다. 남자 아이들은 그토록 고대해온 남성의 상징인 생리의 시작을 종교적 축하와 지극히 남성적인 축제로 기념했을 것이다. 국회에서는 생리통을 없애기 위한 국립월경곤란증연구소를 세우고 정부에서는 무료 생리용품을 위한 기금을 조달해줄 것"이다.[2]

하지만, 그렇다. 현실에서 생리를 하는 사람은 남성이 아니라 여성이다. 그리고 문제의 핵심은 아마도 이 불행한 분류에 있는지도 모른다. 인류학자 프랑수아즈 에리티에Françoise Héritier가 강조하길, 남성이 가치를 부여하는 것은 "**자신의 자유의지라는 결정을 통해** 자신의 피를 흐르게 할 수 있는 것, 목숨을 걸 수 있는 것, 다른 이들의 목숨을 가져올 수 있는 것"인 반면에 "여자는 반드시 원하지도 않을뿐더러 막을 수도 없는데 자신의 몸 밖으로 피가 흐르는 것을 '보며(프랑스어에서 '생리를 한다avoir ses règles'고 말하기 위해 일반적으로 '본다voir'라고 말하지 않았나)' 아이를 낳는다(그러는 도중에 죽기도 한다)."[3]

그렇지만 여성들이 **자신의 피가 흐르는 것을 보면서, 그리고 아이를 낳으면서도** 자신들의 자유의지로 피를 흐르게 하고, 목숨을 걸고, 다른 이들의 목숨을 가져오는 것이 생리적으로 전혀 불가능한 일은 아니다. 그런데도 어쩌다 생식 능력의 상징인 생리를 저주로 변모시키며 현실을 뒤트는 이 지경까지 오게 됐을까?

생리혈에 대한 금기는 피와 관련된 여러 가지 금기 중 하나일 뿐이고, 신체 배설물에 대한 자연스러운 혐오감이라고 생각할 수도 있을 것이다. 하지만 인간 행동에서 그다지 자연스러운 것은 없다는 사실뿐 아니라, 정액, 침, 눈물이나 소변 같은 다른 액체들은 동일한 충격을 야기하지 않는다는 사실을 알아야 한다.

이 주제는 가부장적 우위가 기본 법칙인 세상 속 여성들의 지위와 밀접하게 관련되어 있다. 1970년대에 등장한 페미니즘과 피임의 보편화는 생리에 대해 다른 시각을 갖게 해주지는 못했다. '첫번째' 페미니스트 혁명 이후 약 반세기가 지난 아주 최근에 들어서야 이 주제가 수면 위로 올라오기 시작했다. 특히 스캔들이나 도발을 뛰어넘어 대담하게 생리를 다룬, 때로는 아주 젊은 여성 예술가, 활동가, 시인 들의 영향으로 미국에서부터 먼저 시작됐다.

그래서 미국 잡지 『뉴스위크』도 2016년 4월호 1면에 「피가 있을 것이다There will be blood」라는 글을 발표하고 2015년은 역사적으로 '생리 혁명'의 해로 기억될 것이라고 선언하기도 했다. 기자 애버게일 존스Abigail Jones는 「생리의 부끄러움에 대한 싸움이 확산되고 있다The fight against period shaming is going mainstream」라는 기사에서, 마치 이러한 움직임이 대양이라도 되는 듯이, 생리에 관한 적극적 행동주의는 '페미니즘 제3의 물결'에 속한다고 서술했다. 이 기사는 사람들이 이제 막 가늠하기 시작한 이 주제에 대해 최초로 토론의 장을 만들며 2016년 9월 『쿠리에 앵테르나시오날 Courrier international』에서 「생리: 금기의 끝Règles: la fin d'un tabou?」이라는 기사로 다시 다루어졌다. 비록 생리가 태고부터 인간 지위의 처음과 끝이었지만(이를 통해 여성들이 신성화되기도 하고 동시에 도구화되기도 했다), 여전히 부차적인 주제로 다뤄진다. 가임 여성들에게만 일어나는 이 기묘한 현상은 종교적이든 아니든 수많은 건국 신화의 시초가 되기도 했다.

나의 생리

1962년에 태어난 나는, 완경이 내게 다가왔음을 알게 됐을 무렵 생리를 연구해보기로 결심했다. 완경이 계기였다거나 물병을 넘치게 만든 물방울이었다고는 말하지 않겠다. 주기가 돌아온 어느 날에 완경이 나에게 닥친다면 좋을 일이 하나도 없을 거라고 생각하곤 했다. 그 당시에 이미 내 기분은 좋지 않았고, 완경을 심각하게 받아들일 위험도 있었기 때문이다. 하지만 실제로는 반대의 상황이 벌어졌다. 생리 중단과 함께 나는 의미론적으로 속박, 정신적 감금처럼 느껴졌던 것들에서 해방된 느낌이 들었다. 이제는 아주 예전부터 여성들에 **대항해** 작용해온 이 금기를 공격하고 '라냐냐'의 애가哀歌를 자유의 노래로 바꿀 시간이 온 것이다.

금기를 깬다는 것은 내게도 매우 개인적인 경험을 돌아보고 그것을 공유하기 위해 지난 40년간의 생리를 거슬러 올라가는 것을 의미했다. 그런데 1996년에 태어난 내 딸은 이제 막 여자의 인생에 들어서고 있었다. 그런 딸에게 생리를 마치 빙하가 녹는 일이나 중세에 보덴 호 근처에 살았던 농부들의 삶처럼 기이한 현상이라도 되는 듯이 얘기하는 것은 부당하다고 느껴졌다.

나는 역사학자도 인류학자도 의사도 아니다. 하지만 열세 살부터 쉰두 살까지 거의 매달 피를 흘렸다. 가끔은 아팠고, 두렵기도 했으며, 해답 없는 질문들을 던지거나 마음에 들지 않는 해답들을 얻기도 했고, 드문드문 행복하기도 했고, 나에 대해서 배웠으며, 다른 이들에 대해서도 배웠다. 마치 유니콘이나 세이렌처럼, 상상 속의 현상이라고 믿을 수도 있을 만큼 거의 공유되지 않고 거의 이야기되지 않는 생리라는 지극히 평범한 경험을 통해서였다.

이런 말을 하는 게 안타깝지만, 이 긴 경험에 비추어볼 때 생리는 상상 속의 현상이 아니기 때문에 내가 상상했던 것과 전혀 달랐다. 왜냐하면 오늘날까지도 우리가 잘 알지 못하는 생리의 생리적 현실 이상으로, 생리의 신화적 이미지가 여전히 훨씬 강력하기 때문이다.

이 책을 쓰기 위해 조사하면서 배운 사실들이 있다. 난모세포는 자살을 하는 세포이고, 달걀을 깨는 희생 없이는 마요네즈를 만들 수 없으며, 2011년 모스크바에서는 아르테미스의 허리띠가 사람들을 죽일 수도 있었고, 그리스도의 피는 포도주가 아니었으며, 호르몬들이 죄를 뒤집어썼고, 여성들이 생리 용품 없이도 살 수 있었다는 사실을 비롯해 천 가지 예상 밖의 내용을 배웠다. 그중에서 결코 사소하지 않은 것은, 생리혈에는 미래에 당신의 생명을 구해줄 줄기세포가 들어 있다는 사실이다.

또한 자궁내막증, 생리전증후군, 호르몬 불순 등 아무도 정확히 진단하지 못했고 여전히 치료하지 못하는 증상으로 내가 거의 40년 동안 고통받았다는 사실도 알게 됐다. 나는 살아남았고 여러분에게 감사한다. 자궁내막증을 앓았던 중세 여성들처럼 마녀로 오해받아 공개 화형을 당하지 않았으며, 신체적 문제를 가졌음에도 번식에 성공했다. 탐폰에 함유된 다이옥신이 내가 겪은 고통에 큰 역할을 했는지, 피임약이 이 고통들을 이겨내는 데 도움이 됐는지 아닌지, 두통이 언젠가 정말로 사라질지, 죽음 후에 또 다른 생이 있는지, 나는 끝내 알지 못할 것이다. 완경이 가져다주는 상대적 안도감(물론 갑작스러운 얼굴 화끈거림, 질 건조증, 골다공증을 겨게 되지만) 속에서 나는 드디어 나에게로 가는 길을 찾았다. 하지만 이러한 일련의 사건을 통해 내가 알게 된 '원칙une règle'이 하나 있다면, 이제 여성들에게나 남성들에게나 생리les règles를 다시 만들 때가 됐다는 것이다.

들어가며_ 소리·소문도 없이 금지된 피

1장_

피가 있을 것이다

나는 살아오면서 규칙들을 늘 지키지는 않았지만, 생리에서는 기준 안에 머물렀다. 프랑스에서는 초경, 즉 처음 피를 흘리는 평균 연령을 12.6세, 그리고 내게는 52세 무렵 찾아온 완경의 평균 연령을 51세라고 본다. 이렇게 예외적인 가임 수명 기간은 인류 역사에서 처음이다. 이는 분명 지난 세기 동안 상승 곡선을 그린 평균 수명 자체의 증가와 관련이 있지만, 피임약을 사용함으로써 가임 기간이 인위적으로 축소되고 '불임' 수명이 증가한 것과도 연관이 있다.

18세기 이후, 프랑스에서 생리가 나타나는 연령은 3세 더 낮아졌다.[1] 오랫동안 사람들은 기후나 도심 주거지의 개발이 사춘기 연령에 영향을 미쳤다고 믿어왔지만, 여러 연구[2]에 따르면 이른바 선진국에서, 무엇보다도 영양 섭취의 개선이 어린 소녀들에게 더 빠른 사춘기를 가져왔다. 물론 일조량에 따른 차이를 관찰할 수도 있다. 나와 같은 마르세유 여성들은 릴에 사는 여성들보다 3~4개월

먼저 첫 생리를 한다(마르세유는 프랑스 남부, 릴은 북부 도시로 릴에 비해 마르세유의 일조량이 더 많다).[3]

첫 생리가 내게 나타난 방식은 평범했고 난 그 일을 아주 잘 기억하고 있다. 1975년 4월의 어느 날, 중학교에서였다. 아침이 끝나갈 무렵 화장실에 갔는데 팬티 바닥에 밤색 얼룩이 묻어 있는 것을 보고는 설사 방귀로 변이 묻은 줄 알았다. 그때 나는 보라색과 노란색이 섞인 반바지를 입고 있었다. 내 기억에는 그렇다. 신기하게도 내 인생에서 일어난 모든 큰 사건은 노란색과 보라색 줄무늬 옷들과 관련이 있다.

1975년의 4월은 캄보디아 프놈펜 함락과 크메르루주의 정권 장악으로 향후 10년을 장식하게 될 터였다. 생리를 하는 여성으로서 40년 동안 내가 흘리게 될 피의 양은 폴 포트의 4년 독재가 유발한 대량 학살에 필적할 수 있는 것은 아니었다. 그의 정권이 캄보디아 국민 21퍼센트에 해당하는 170만 명을 죽음에 이르게 하는 동안, 나는 매 주기마다 50밀리리터, 영국 테이블스푼 세 개나 보르도 잔 절반에 해당하는 양만을 잃었을 뿐이다.[4] 우리가 사는 시대가 오기 전인 5세기 무렵, (자신의 이름을 딴 그 유명한 선서의 저자인) 히포크라테스Hippocrates가 추정했던 아티카의 코틸 항아리 두 개 분량(약 0.5리터)에도 한참 못 미치는 양이다.[5] 2000년 동안 통해왔던 이 기준은 잘못된 것이다. 우리의 몸속을 순환하는 4~5리터의 피(남자들의 경우 5~6리터) 가운데 실제로 배출되는 양은 훨씬 더 미미하고, 유출되는 데 5일이 걸리니 만큼 실상 절대로 150밀리리터를 넘지 않는다.

기업들은 마치 불멸의 비법이라도 되는 양 생리 용품의 성분을 밝히는 것을 꺼리고 있지만, 우리는 우리 소중한 액체의 내용물(나중에 설명하겠지만, **진짜로** 불멸의 비책이 맞다)을 여기에 자세히 설명하는 데 아무런 불편함이 없다.

작고 엽기적인 서커스 단원, 난모세포

생리혈은 자궁경부 점액, 질 분비물, 물, 자궁내막 조직들의 혼합물 속에 섞인, 이른바 부유하는 피라고 부르는 것으로 구성되어 있다. 질 분비물 자체에도 전해질인 소듐과 포타슘이 함유되어 있는데, 이것들은 신진대사의 원활한 기능에 필요한 에너지를 담당하는 이온 입자를 만들어낸다. 이 분비물에서는 단백질과 콜레스테롤, 헤모글로빈을 분해할 때 만들어지는 황색 색소 빌리루빈도 찾아볼 수 있다. 생리혈은 혈액의 pH(수소이온지수)와 동일한 7.5pH를 가지고 있고, 엄청난 수의 박테리아가 포함되어 있어 질과 자궁을 감염에서 보호하도록 질 내 미생물들의 균형을 유지시킨다. 유일하게 예외적인 특성은 동맥이나 정맥의 피와는 달리 응고되지 않는다는 점이다. 마를 수는 있지만 응고되지 않는다는 말인데, 무슨 뜻이냐 하면, 곧 스스로 제거되는 딱지를 만든다는 얘기다. 생리혈은 매 주기마다 난모세포에서 만들어진 뒤 수정되지 않은 난자도 하나 배출한다.

내가 아는 한, 난모세포는 인간의 몸에서 가장 크고 유일하게 육안으로 확인할 수 있는, 약 0.15밀리미터 크기의 세포로 머리카락 한 올 지름과 맞먹는다. 이 여성 생식세포가 엄청나게 큰 이유는 세포 안에 담겨야 하는 정보의 수 때문이다. 다시 말해 언젠가 배란이 되어 정자라는 이름으로도 알려진 남성 생식세포와의 감동적인 만남이 이루어져 수정이 된 후 모든 옵션을 갖춘 완전한 인간을 낳을 수 있게 하기 위해서이다. 이 두 생식세포의 융합은 분열되는 단 하나의 세포를 만들어내고, 이 세포는 몇 시간이 지나면 두 개에서 네 개로, 그 후 여덟 개로 그렇게 수십억 개로 분열된다. 세포 내부에서는 인간의 몸이 기능하는 데 필요한 정보가 나선형 긴 리본 모양의 한 분자, 즉 DNA에 의해 코드화된다.

난모세포가 지닌 또 다른 특징은 노폐함이 계획되어 있다는 점이다. 천성적으로 소모적인 난모세포는 준엄하게, 집단적으로 자살하도록 프로그램되어 있다. 자, 한번 판단해보시라. 내가 배아 발달 단계였을 때 나는 가장 번식력이 강했다. 지구를 넘어 우주에 사랑을 채울 수만 있다면, 그 어떤 생식 도전에라도 맞서 싸울 준비가 된 600만~700만 난모세포가 내 난소에서 생산되고 있었으니 말이다. 그러나 내가 막 태어나자마자 이미, 아무도 그 이유를 알지 못하는 난포 폐쇄라는 이름의 과정을 겪은 후, 이들 세포는 거의 다 할복자살을 한다. 거기에 어떤 이유로 전쟁이 있었든 없었든 간에 나의 출생 시 이 600만~700만 개도 결국 하나밖에 남지 않았다. 주최 측에 따르면 사춘기에는 여전히 그중 30만 개가 남아 있고, 경찰에 따르면 그 숫자는 훨씬 적다.[6] 결국 나는 세 번의 임신 후 단 한 명의 아이를 낳기 위해 400번 하고도 조금 더 배란을 할 것이다. 과학 연구 발표에 따르면 자연은 크나큰 너그러움으로 완경기에 내게 300개의 허약한 난모세포를 남기도록 허용했지만, 그 세포들을 더는 배란시킬 수 없으므로 뭘 해야 할지 잘 모르겠다는 사실을 인정해야겠다. 이 세포들을 둘씩 줄 세워 공중제비 돌기를 가르쳐야겠다는 생각이 가끔 들기도 한다. 그러다가 아무도 관심 없을 거라고 생각하며 다른 일을 하지만.

그러나 난모세포는 나름대로 작고 엽기적인 서커스 단원으로, 전혀 알려지지는 않았지만 비극적인 운명을 경험한다. 포상 단계인 주기 첫 14일 동안 난모세포는 자기파괴에서 살아남은 수천 개의 다른 생식세포처럼 극한의 모집 단계를 겪는데, 여기에 대면 미군의 훈련은 식은 죽 먹기처럼 보일 지경이다. 여포라 불리는 주머니 안에 들어가서 성숙해지고 20~25밀리미터에 이르는 상당한 크기에 도달할 때까지 클 수 있는 권리를 가지는 행복한 당선자를 선택하는 결정을 누가 내리는지는 알 수 없다. 성숙 단계에 이르면 흐라프 여포Graafian follicle는 자살 특공대가 되고, 말 그대로 난소 안에서 폭발하면서 나팔관으로 돌격하는 난모세포들을 방출한다. 바로 이 과정을 배란이라고 부른다. 당신은 어떨지 모르겠지만, 나는 생명의 시작이 테러 공격과 엄청난 공통점을 갖고 있다고 본다.

한편 수정된 이 난모세포, 즉 난자가 된 이 세포가 비극적 항해를 하는 도중에 휴지기를 겪는 순간이 존재한다. 이때 나팔관의 진동성 섬모들이 이 세포를 천천히 자궁 쪽으로 안내한다. 자궁에서는 '자궁 레이스'라고도 불리는 따뜻한 주름 안에 이 세포를 받아들일 단 하나의 목적으로 매달 다시 만들어지는 작고 부드러운 둥지가 기다리고 있다. 이 자궁내막의 점막은 여러 호르몬의 영향으로 두꺼워졌다가 수정의 부재로 방출된다. 말하자면 생리는 염증 단계 이후에 자궁내막 조직을 강력하게 배출하는 일이다. 사실 자궁은 무엇보다 근육이다. 자궁은 정자를 빨아올리기 위해서든 점막을 방출하기 위해서든 모든 방향으로 수축하고, 임신 중에는 확장되며, 태아를 세상으로 내보내기 위해 배출한다.

이러한 수축은 고통스러울 수도 있고, 수없이 자주 발생할 수도 있으며, 무질서하거나 불연속적일 수도 있는데, 대개 우리가 알아차리지 못하는 사이에 일어난다. 의료 영상은 전문적인 초음파를 통해 화면에서 경련을 감지하고 다소 '비수축성(즉, 기능적인 수축 장애를 가진)' 특징까지 밝혀낼 만큼 발전했다. 그리고 자궁은 아직 알려지지 않은 복합적인 요인들에 특히 더 민감한 것으로 보인다.

비록 우리가 벌써 제3천년기[그레고리력으로 2001년 1월 1일부터 3000년 12월 31일까지를 말한다]를 살아가고 있고, 1969년에서 1972년 사이에 일곱 번이나 달에 갔으며, 현재는 화성을 정말 점령하려고 계획하고 있지만, 여전히 **왜** 여성들이 매달 생리를 하는지는 정확하게 알지 못한다. 대부분의 경우 수정되지 않고 배출될 난모세포를 맞이하기 위해 두꺼운 자궁내막층을 제작하는 것은 당혹감만 안겨줄 뿐이다. 왜냐하면 낭비가 상당하니 말이다. 하지만 인류만이 이런 이상한 길을 택한 것은 아니다. 침팬지나 보노보 같은 다른 영장류도 생리혈의 냉혹한 법칙을 따라야 하고, 피를 좋아하는 특징으로 기억되는 일부 박쥐 종들도 마찬가지이며, 유럽에서 코끼리뾰족뒤쥐로 알려져 있으며 곤충을 잡아먹는 작은 동물인 검붉은코끼리땃쥐는 생리를 할 뿐만 아니라 뛰어오르면서 이동한다는 특성이 있다.

하지만 대부분의 다른 포유류들에게서는 조금 덜 정교한 방식으로 진행된다. 발정기, 즉 번식기는 이렇게 말해도 되는지 모르겠지만, 암컷의 흥분 상태가 겉면에 뚜렷하게 표시되는 동안 나타나고 특정한 시기 이후에 진행된다. 수많은 신호, 울음소리, 호르몬 배출, 분명하게 으르렁거리는 소리 등을 통해 암컷은 말한다. "나 지금 시간 있어. 수정될 난자가 있단다. 도전해봐, 수컷들아. 최고가 이기는 거야." 그래서 수컷은 암컷에게로 달려들고 일반적으로 여러 수컷이 자신의 운을 시험한다. 어떤 경우에는 사정이 반사적으로 배란을 유발하기도 하는데, 예를 들면 암컷 흰족제비, 암고양이나 암토끼 등이 그렇다. 그러므로 암캐가 겪는 출혈은 생리와는 비교될 수 없다. 그 출혈은 수정을 목적으로 수컷들을 유인하기 위한 발정의 신호다. 이 과정에서 자궁내막 점막은 일절 존재하지 않는다. 그러니까 몇몇 종들만 새끼의 착상이 유리하도록 이러한 점막을 만들어낸다. 하지만 이 점막은 상대적으로 표면적인 방식으로 태반에 붙어 있어서, 수정이 실패할 경우에는 흡수되어 사라지고, 이 점막을 주기적으로 배출하기 위한 생리는 하지 않는다.

생리를 왜곡하다: 보노보에 의한 해방

우리와 생리라는 기묘하고 매혹적인 신비를 공유하는 암컷 보노보들은 생식기를 엄청나게 부풀리면서 배란을 준비하는데, 수컷들에게 그곳에다가 그들의 소중한 생식세포를 두라고 유도하기 위함이다. 그런데 독일 라이프치히의 막스 플랑크Max Planck 진화인류학 연구소에서 한 가지 흥미로운 발견을 했다. 침팬지들에게 일어나는 일과는 달리, 배란이 꼭 암컷 보노보의 엉덩이가 축구

공으로 변하는 순간에 일어나지는 않는다는 것이었다. 그렇기 때문에 수컷 보노보는 암컷이 확실히 번식 가능한지 아닌지 결코 알 수 없다. "암컷의 번식력에 대한 명백하고 신뢰할 만한 신호를 얻지 못한 수컷은 자신이 번식할 기회가 있는지 알기 위해 좀더 섬세한 신호를 찾는다. 그래서 수컷은 자신을 유인하는 암컷에게 더 많이 신경 쓴다. 예를 들어 암컷에게 먹이를 양보한다거나 암컷을 단장해준다. 결국 수컷은 다른 수컷을 때리기보다는 암컷과의 관계에 투자하는 경향이 있다"[7]라고 미셸 드 프라콩탈Michel de Pracontal은 기록했다. 그의 결론은 이렇다. "요컨대 생물학적 신호라는 통념을 뒤엎으며 암컷 보노보는 해방된 것이다."

인류에게는 배란의 신체적 신호가 존재하지 않을 뿐만 아니라, 암캐라는 이름으로도 알려진 인간의 가장 친한 친구에게서 일어나는 일과는 반대로 생리가 곧 발정을 의미하는 것은 결코 아니다.

누가 인류에게서 생물학적 신호들을 뒤엎으려는 생각을 했는지, 이런 파괴에 의도를 부여하는 것이, 더욱이 해방의 의도를 부여하는 것이 적절한지 모르겠다. 하지만 이러한 속임수는 자신의 세계를 속이는 자연의 능력에 대해 많은 것을 말해준다. 어쨌든 이것은, 우리의 인간적인 행동(특히 남성과 여성의 관계)을 하나의 번식 전략으로 설명하고 싶어하는 자연주의 이론들이 적어도 환원적임을 증명한다. 보노보는 범성애적이고 성관계를 분쟁 해결을 위해 이용한다. 이들과 우리 유전자의 98.7퍼센트를 공유하고 있지만, 우리 인류는 슬프게도 이들과 같은 길을 택하지 않았다.

자궁내막의 숨길 수 없는 매력

어째서 우리는 배아를 맞이하기 위해 그렇게나 두꺼운 자궁내막이 필요할까? 자궁 내부에서 일어나는 일은 모든 순간이 모험이다. 먼저 생리 기간에 이뤄지는 박리 단계가 있고, 5일에서 8일째에는 재생 단계가 있다. 그다음에는 증식 단계에 열중하고, 샘변형 단계를 지나 마지막으로 샘 분비 단계가 있다. 그사이에 자궁내막 두께는 생리 주기 5일째에 0.5밀리미터였다가 배란되는 순간 3밀리미터가 되고, 생리 시작 직전에는 5밀리미터가 된다. 이는 마치 당신이 매달 욕실을 새롭게 만들기로 결심하는 것이나 마찬가지다. 먼저 칠과 벽지를 벗겨내고, 광택을 내고 한 겹 두 겹, 거기에 세 겹까지 새롭게 칠하며 타일과 실내 장식도 잊지 않는다. 그리고 마지막으로는, 아니 마지막이 아니다, 처음부터 모조리 다시 시작해야 한다.

이 내벽을 설명하기 위해 여러 가지 가설이 거론되었다. 어떤 사람들은 자궁내막의 두께가, 형성 중인 인간 뇌의 크기와 연관이 있었을 거라고 하며 임신이라는 시련에서 살아남기 위해 이를테면 큰 모자가 필요했을 거라고 말한다. 이 설명은 말이 안 되는데, 생리를 하는 다른 동물들을 살펴보면 이들의 뇌 크기가 전혀 크지 않기 때문이다. 또 다른 사람들은 태반 포유류(잘 생각해보시라, 우리도 포함된다)의 착상 깊이가 종별로 달라질 수 있다고 말한다. 이는 배아가 자신과 어머니 두 기관 사이의 교류를 최적화하고 제어하기 위해 자신의 몸뿐만 아니라 어머니와 자신 사이의 매개 기관 역시 발달시킨다는 의미다. 인간 배아는 스스로 발달하기 위해

(다시 말하지만 큰 뇌와 함께) 자신을 낳아주는 사람에게서 최대한 많은 것을 얻어내려고 노력한다. 어머니가 당뇨이거나 심각한 결핍 상태에 놓여 있더라도 모든 당분, 모든 단백질, 모든 비타민, 모든 엽산이 오로지 배아만을 위해 생산되어야 한다. 이것이 바로 우리가 '공격적' 착상이라 부르는 것이다. 이건 마치 미국, 이스라엘 또는 프랑스의 식민지 개발 방식과 비슷한데, 이런 방식에 대해 인디언, 팔레스타인인, 아프리카인 들이 좋은 기억만 갖고 있지는 않다. 적어도 우리가 말할 수 있는 것은, 본질적으로 인간은 타인을 점령하길 원하고 또 본질적으로 인간은 점령당하지 않길 원한다는 것이다. 그래서 일반적으로 어머니(여기에서는 기관을 말하는 것이지 사람을 말하는 것이 아니다)는 자신의 자궁 깊숙한 곳에서, 시고니 위버의 뱃속에 있는 에이리언만큼 사랑받으며 자라고 있는 배아와 거리를 두려 한다. 왜냐하면 첫째로, 유전적 희생정신이 어쨌든 제한되어 있기 때문이다. 둘째로는, 문제의 그 배아가 자신의 유전 형질 절반을 지니고 있지만 형편없는 실내 인테리어 취향을 지녔을지도 모르고, 또 대화가 한 세대를 넘어서까지 이어질 필요가 없을 유형의 남자에게서 유래한 유전자 50퍼센트도 지니고 있기 때문이다. 그 유전자가 불행하게도 가질 수 있는 모든 질병 성향은 차치하고라도 말이다.

생물학자들에 따르면 모성 기관의 목표는 또 다른 임신을 위해 아기의 방을 완벽한 상태로 유지하여 언제나 더 많은 유전자, 특히 자신의 유전자를 물려줄 수 있도록 하는 것이다. 그래서 그 순간의 배아가 정상적인 범주를 벗어난다면, 아무리 불확실하다고 해도, 자궁내막이 발달 기형을 의심하면, 펑! 다음번 생리와 함께 없애버

린다. 이러한 초기 경쟁에서 자비 없는 전투가 치러지고 30~50퍼
센트의 배아들이 '라냐냐'라고도 불리는, 전면적 배출이라는 슬픈
운명을 겪는다. 바로 여기에서 매달 다시 만들어지는 자궁내막의
콘셉트가 그 목적을 드러내 보인다. 외부 원형질 말고는 다른 것이
될 의도를 전혀 보이지 않는 배아를 치워버리기 위해서는 '생리 청
소'가 최적의 해결책이다. 자연이 개인적인 감정은 없는 거야, 알
지, 라고 말하는 것 같지만, 아이가 될 유전자가 아닌 아이의 모양
만을 닮은 유전자들을 품고 있기 위해 임신 기간 전체를 망칠 수는
없는 노릇이다.

　한편 배아의 경우에는 나중에 오게 될 자신의 형제자매를 위
해 자궁을 좋은 상태로 유지하는 데에는 별로 관심이 없다. 만약
에 배아가 원하는 대로 하게 내버려둔다면, 서로를 잡아먹는 상어
처럼 마지막 하나만 남을 때까지 어미의 자궁 속에서 자기 혼자서
만 둥지를 쓰려고 형제자매 배아들을 몰살해버릴 수도 있다. 배아
가 원하는 것은 바로, 쌍둥이나 기타 다중 출산 등의 경우는 제외
하고, "모든 권력을 소비에트로[레닌이 볼셰비키 정권을 장악하기 전 내건
기치대!"이자 모든 에너지, 모든 생물학적 관심이다. 그 옆에서 폴
포트는 진정한 단짝 친구다. 덕분에 1975년 봄 나의 첫 생리가 생
각나는데, 그 당시 사이공 함락이 예측됐었다. 전쟁이 끝나자 기업
몬산토는 자사의 에이전트 오렌지[1960년대 베트남 전쟁 때 미군이 사용
했던 고엽제의 한 종류대를 팔아치울 다른 방도를 찾아야만 했는데, 다
이옥신이 함유된 이 고엽제는 오늘날까지도 베트남 남성과 여성의
건강과 생식 능력에 영향을 끼치고 있다. 40년 이상이 지난 지금도
내 딸이 사용하는 탐폰에 같은 다이옥신이 들어 있는지 아닌지는

알 수 없다. 하지만 단정하지는 말자.

영화 〈캐리〉에서처럼

지금 우리는 아직 1975년 4월에 있다. 내가 살아가는 작은 세상에서 현실의 문제는 현미경으로 봐야 할 만큼 작은 것들이다. 바로 사랑과 우정, 명성, 우리가 초대받았거나 그렇지 못한 파티, 갖고 싶거나 갖지 못한 옷, 보도 위를 부딪치며 소리를 내는 바람에 이웃들을 미치게 만드는 스웨덴 나막신에 대한 이야기들이다. 1975년 4월의 화젯거리는 '캐미솔'이라 불리는 이상한 패션과 데이비드 해밀턴의 흐릿한 사진들이었다. 사람들은 벼룩시장에서 이 흰색 셔츠를 사서 발목이 살짝 넓은 리바이스 청바지 위에 받쳐 입었다. 또한 한창때인 젊은 여성을 찍는 사진가 데이비드 해밀턴의 포스터들이 내 방을 장식했는데 내 어머니는 늘 약간 경멸하는 시선으로 그 포스터들을 바라보곤 했다. 어떤 이상했던 하루가 기억난다. 1975년 4월 25일이었는데, 가수 마이크 브란트가 6층에서 뛰어내려 자살했고, 프랑스 공산당의 역사적 지도자였던 자크 뒤클로가 폐울혈로 몽트뢰유에서 사망했다. 내가 다니던 고등학교의 운동장은 그 이스라엘 가수의 죽음에 대한 이야기로 떠들썩했는데, 그가 "난 널 이렇게나 사랑해"라고 울부짖을 때면 사람들은 너무 우스워서 눈물이 나올 지경이었다. 하지만 내 가족의 저녁 식사 시간을 뒤흔든 사건은 뒤클로의 죽음이었다. 그 주에 난 처음으로 담배 한 갑을 샀다. 골루아즈 필터였는데 아직까지도 그 냄새가 내 심장을 흥분시킨다.

그해에 나는 짐 샤먼 감독의 〈로키 호러 픽쳐 쇼〉를 극장에서 열두 번 가까이 봐야 했고, 브라이언 드 팔마의 〈천국의 유령〉도 적어도 그만큼은 봤던 걸로 알고 있다. 사람들이 롤링 스톤스의 〈앤지〉, 조 다생의 〈인디언 서머〉에 맞춰 느린 춤을 추었던 것도 기억난다. '옛날 옛적에'라는 그룹의 히트송 〈난 아직도 그녀를 꿈꾼다〉는 "그 꿈을 너무 강렬하게 꾼 나머지 침대 시트마저 기억하고 있다"라는 후렴구 때문에 사람들의 비웃음을 사기도 했는데, 당시 열 살이었던 내 남동생에게는, 물론 내게도, 침대 시트의 그 기억이 무엇인지 명확하지 않았기 때문에 그것을 알아내기 위해 머리를 쥐어짜야만 했다.

나에게 생리를 시작하는 것은 너무나 강렬한 바람이어서 그 전 여름 동안 다리 사이에서 피가 흘러나왔는지 확인하려고 2시간마다 화장실로 달려갔던 게 기억난다. 무엇 때문에 생리를 그렇게 바랐는지는 지금도 잘 모르겠다. 그때 내가 가진 지식은 딱 두 가지로 요약할 수 있을 정도로 이 문제에 무지했다. 첫째로, 질에서 피가 난다(살짝 맛이 간 한 여자 친구가 주장했던 것처럼 가슴에서가 아니다), 둘째로는 생리를 하는 그 순간부터 임신할 수 있다는 사실이다. 나의 몸이 끔찍한 교향악처럼 난모세포들의 무도회와 이 세포들의 계획된 소멸을 작곡하며 뇌하수체와 시상하부, 난소에 따른 호르몬 분비에 반응한다는 사실은 몰랐다. 정액의 경우도 농도나 양에 대해 별로 아는 바가 없었고, 얼마 후에 성교라는 것이 질 안에 페니스가 들어가고 나오는 규칙적인 리듬의 움직임이라는 사실을 알아차리고는 극도로 놀랐다. 나의 상상 속에서는 남자와 여자가 한동안 서로에게 끼워 맞춰져 있다가 최상의 경우에 오르가슴에 도달하는 것이었다. 그래서 교육 기관 내 성교육에 관한 1973년 7월 23일의 퐁타네 공문 73299호에 따라 학교에서 학생들에게 소개했던 해부도에서 나는 그 움직임을 이해하지 못했다. 요즘 아이들은 성관계에 대해 좀더 현실적인 비전을 가지고 있는지 잘 모르겠지만, 내 경우에 나의 상상력은 사랑을 할 때 근육들의 노력이 필요하다는 사실을 예고해주지 않았다. 이 오르가슴이라는 단어는 아버지가 내 귀에 못이 박이도록 이야기했던 마르크스의 잉여가치론만큼이나 신비로운 것이었다.

진짜 솔직하게 말하면, 나는 생리혈이 어떤 모양새인지, 어느 정도의 양이 반드시 나와야 하는지도 몰랐다. 그날 아침에 밤색 얼룩 때문에 내가 당황했던 이유는 내 질에서 피가 수도꼭지처럼 다량으로 흘러나오리라고 기대하고 있었기 때문이다. 교실에서 배웠던 다른 내용들처럼 나는 내 생식 체계에 대해서도 막연하게만 이해하고 있었다. 사실 지금도 나는 지도에서 우크라이나를 찾으라고 하면 헤매는 수준이다. 다리 사이로 피가 흘러나오는 것을 보면서 나는 영화 〈캐리〉[8]의 여주인공처럼 울부짖지는 않았지만, 곧바로 어떤 거북함이 자리 잡았다. 모든 게 묘하고 무례했고, 이상하게도 속은 느낌이었다. 안타깝게도 나는 캐리처럼 생각하는 힘만으로 전구를 깨뜨리거나 적을 파괴할 수 있는 행운은 없었지만, 만약에 그랬다면 단언컨대 지금 내가 당신에게 이야기하는 이 시간에 우리는 존재하지 못했을 것이다.

오후가 끝나갈 무렵, 나는 결국 내 팬티 안쪽에 자리한 훨씬 더 빨간 얼룩을 발견하고는 그 설사 방귀는 방귀가 아니었다는 사실을 깨달았다. 양호실에 가서 '보호 용품'을 요청했는지, 아니면 여자 친구 한 명이 내게 패드를 빌려주었는지는 기억나지 않는다. 그날 저녁, 파리의 우리 집 건물 앞에서 어머니를 만나고는 바로 어머니에게 "나 생리해!"라고 내질렀다. 어머니는 눈썹을 치켜세우고는 약간 빈정거리며 말했다. "아, 그래? 놀라운 일이네!" 당신은 아마도 내 어머니가 어머니로서 좀더 공감을 표현했어야 하지 않았는가 하고 생각할 수도 있겠지만, 내 어머니가 내보인 그 중립성이 어머니로서는 하나의 가르침이었다. 바로 생리는 그렇게 호들갑을 떨 만큼 대단한 것이 아니라는 가르침 말이다. 기분이 상하긴 했지만, 혹시나 어머니가 다른 어머니들이나 그 다음해에 개봉됐던 디안 퀴리Diane Kurys의 영화 〈박하향 소다수Diabolo Menthe[1960년대 초반, 파리에 사는 서로 다른 성격을 가진 두 자매의 사춘기를 그린 성장 영화로 1977년작이다]〉에서처럼, 내 뺨을 한 대 때렸더라면 느꼈을 화만큼은 아니었다.

첫 생리와 마지막 뺨 때리기

일본에서는 '꽃'을 축하하기 위해 절인 사과나 붉은 쌀을 먹으며 성대한 식사를 하고, 브라질에서는 헤어스타일을 바꾸고, 오스트레일리아에서는 춤을 추는데, 뺨 때리기는 서양에서 살아남은 유일한 초경, 다시 말해 첫번째 생리 의식이다. 이 폭력은 길조가 아니다. 이렇게밖에 말할 수 없다.

1960년대에는 잡화점에서 여전히 작은 가죽 채찍을 팔았고,

초등학교에는 냉혹한 통치의 그림자가 군림하고 있었다. 작은 잘 못에는 손바닥을 맞았고, 좀더 심한 잘못에는 손가락 끝을 맞았다. 엉덩이를 맞거나 뺨을 맞는 일은 일상적인 경험에 속했다. 평범하 지 않았던 쪽은 오히려 우리 가족이었다. 체벌은 혐오의 대상이었 고, 남동생과 나는 식탁에서도 이야기할 권리가 있었으며, 우리가 원하는 대로 외출할 수 있었다. 우리에게 비범성을 선사하기 위해, 마지막으로 우리 부모님은 이혼했다. 당시에 그런 가족 상황은 사 회적 명성의 즉각적 하락을 의미할 수도 있었다. 어떤 아이들의 집 에는 부모가 이혼했다는 이유로 가지 않았으니까. 피임을 합법화 하는 법률이 1967년에 통과된 반면, 상호 합의에 의한 이혼에 관 한 법률은 1975년 7월에야 발표됐다. 우리 부모님은 판사에게 자 신들의 결합을 파기하도록 설득하기 위해 증오의 여러 이유를 만 들어낼 수밖에 없었다. 두 분 다 상상력이 풍부했기에 서로가 상대 방의 유기와 부정을 비난하며 둘의 관계가 끝에 이르도록 하는 방 법을 찾았지만, 그러면서도 다정한 관계를 계속 유지하면서 자신 들의 새로운 배우자들과 함께 자주 만났다. 이혼 여부와 상관없이 두 분은 여전히 공산주의자였고 그 정치적 약속에 의해 서로 연결 되어 있었다. 나의 불행이라면, 부모님이 정기적으로 나를 '휴머니 티 페스티벌'과 다른 혁명주의 행사에 데리고 다녔는데, 그때마다 항상 생리를 하며 거의 죽어가는 시기가 겹친 일이다. 중학교에서 나는 당연히 러시아어를 제2 언어로 선택해야 했고, 여름 캠프는 당연히 독일민주공화국[옛 동독의 공식 명칭이다]과 같은 형제 국가에 서 참여해야 했다. 나는 청소년 시절, 상당한 시간 동안 중학교에 서 활동하는 모집원들을 피하고 다른 정치적 활동을 피하기 위해 책을 읽으면서 보냈다. 독서만이 우리 부모님이 유일하게 존중해 주던 활동이었다. 그 덕분에 라쿠르뇌브 공원을 흠뻑 적셔버린 끝이 없던 콘서트, 공동 프로그램에 엄격한 행사나 집회에서 면제될 수 있었다.

만약 어머니가 생리를 시작한 여자아이의 뺨을 때리는 풍습이 슬라브족의 풍습이라는 사실을 알았다면, 〈인터내셔널가〉를 부르면서 나에게 뺨 한 대를 때리는 유혹에 굴복했을 수도 있다. 하지만 다행스럽게도 아무도 어머니에게 그 사실을 알려주지는 않았다. 타탸나 아갑키나Tat'jana Agapkina에 따르면, 널리 퍼진 러시아 관습이 주장하는 바는 사실 어머니나 집안의 다른 여자가 첫 생리를 하게 된 딸의 뺨을 때려주어서 "아이의 볼에 색이 남아 있게 하려는 것"이다. "벨라루스 사람들은 여자아이의 뺨을 아주 세게 때려서 아이를 겁먹게 하고, 뺨을 맞은 뒤 아이가 규칙적으로 월경을 하고 생리하는 동안 얼굴이 붉은빛을 띠도록 한다(이렇게 하면 주위 사람들 중 아무도 아이의 상태를 눈치챌 수 없다). 세르비아인들은 여자아이가 행복하고 아이의 안색을 좋게 하기 위해 어머니가 아이의 첫 생리혈을 이마와 눈썹에 얇게 펴 발라준다."[9]

이러한 뺨 때리기에서 야기된 충격 속에서, 초경 의식은 어른이 되는 통과 의례로서 잊을 수 없는 사건으로 남는다. 이것은 기사단 가입 의식에서처럼 사람들이 아무 말 없이 수긍하는 마지막 따귀다. 하지만 역사적으로 살펴보면 이 따귀는 마지막이 아닌, 여성들이 감내해야 하는 고난과 인내의 시작일 뿐이다. 뺨 맞은 자리에 생기는 붉은색은 볼셰비키의 붉은색이기도 했으므로 나는 부모님이 뺨 때리기라는 특이한 관습에서 나의 혁명 의식을 깨울 방법을 찾아낼 거라고 생각했다. 하지만 내가 어른이 되는 과정에서 우리 가족은 아메리카 인디언의 관습을 선택했다. 원추형 천막에서 나온 아버지가 부족민 모두에게 자신의 딸이 이제 여자가 되었음을 알리고, 나머지 부족민들은 아이를 위해 풀을 이용한 훈증을 준비한다. 당시 우리 아버지는 등까지 내려오는 긴 머리를 하고 어마어마한 양의 마리화나를 피우던 터라 훈증을 준비하는 과정도 아버지가 맡아서 할 수 있을 정도였다. 어머니는 나의 초경을 축하하는 저녁 식사 자리에 아버지와 아버지의 애인을 초대했다. 저녁 메뉴는 내가 좋아하는 (외할머니의 레시피로 만든) 도피네식 그라탱이었다. 무거운 침묵이 내려앉았던 식사 말미에 아버지가 나를 위해 마지막 와인 잔을 들고 놀리는 투로 이렇게 말했다. "그래, 이제 네가 여자가 되었다지?"

저 문장 자체가 너무나 진부했고 아버지의 어투 속에도 약간의 빈정거림이 서려 있었다. 게다가 그해에 히트했던 곡은 니콜 크루아지유Nicole Croisille의 노래였다. "여자, 나는 다이아몬신과 함께 여어어자가 되었어요." 이 불행의 범인은 단연 "사랑과 와인을 얻은 이탈리아 남자처럼 쾌활한" 한 남자였다. 니콜 크루아지유는 어떤 노래든 청각 테러로 변모시키는 재주가 있었다. 그래서 난 그날 저녁 아버지에게 야멸찬 목소리로 이렇게 대답했다. "그럼 그전엔 난 뭐였는데? 원숭이?"

그날 저녁 식사 시간에 내 안에서 뭐라 말할 수 없는 무언가가 끓어올랐던 것으로 기억한다. 한 개인의 내밀한 일을 그렇게 떠벌리는 것이, 갑자기 더는 자유롭지 못하게 된 여자아이들에 대한 폭력임을 이제는 알고 있다. 반면에 첫 몽정을 축하하는 현대적 의식은 어디에도 존재하지 않는다. 그 누구도 가족 식사 자리를 마련해서 어린 소년에게 이렇게 말할 생각은 하지도 않는다. "그래, 어제 네가 사정을 한 것 같은데? 브라보, 이제 너는 남자가 되었구나. 지난밤에 아주 강렬한 꿈을 꾸었으니 이제 네 이불은 스스로 세탁하는 법을 배워야겠다."

클로드 레비스트로스Claude Lévi-Strauss는 『식사 예절의 기원 L'Origine des manières de table』에서 대부분의 아메리카 인디언들이 수세기 동안 어떻게 생리 기간을 (그리고 특히 초경을) 엄격한 식단과 연결시켰는지 이야기한다. "어린 소녀에게 강요된 식품 금지라는 측면에서 우리는 어떤 공통분모를 얻을 수 있다. 이러한 금기의 전통적 영토로 여겨지는 북아메리카 서부와 북서부에서는 이 여자아이가 뜨거운 것이나 차가운 것은 마실 수 없고 오직 미지근한 것만 마실 수 있다. 형태가 있는 음식도 미지근해야 하는 건 마찬가지였다. (에스키모인들이 종종 먹듯이) 날것도 안 되었다. 슈스와프Shuswap[캐나다 브리티시컬럼비아주의 원주민이다]는 설익혀서 피가 흐르는 것이나 시원한 것도 먹지 못하게 한다. 샤이엔Cheyenne[그레이트플레인스에 거주하는 아메리카 인디언이다]에게는 걸쭉한 것도 안 된다."[10]

레비스트로스는 이렇듯 첫 생리를 둘러싼 의식을 세상을 살아가는 법칙과 연결시키고 식생활까지 다루면서 그와 관련된 교육의 몇 가지 예를 보여준다. "차코와 이웃 지역의 어린 여자 인디언은 첫번째 생리가 나타나면 해먹 안에 매달려 한동안 끈으로 묶인 채, 짧게는 렝과족Lengua처럼 사흘에서, 길게는 치리과노족Chiriguano처럼 두 달까지도 매달려 있어야 한다."[11] 말린 소시지처럼 두 달

동인 매달려 있을 수도 있다는 생각은 당연히 그날 저녁에 내 머릿속을 스치지 않았지만, 그래도 일종의 위협이 나를 짓누르는 것을 느꼈다.

어른들이 계속 술을 마시고 담배를 피우고 정치 이야기를 하는 동안, 나는 별을 보려고 발코니로 나왔다. 그날 저녁에는 달이 보이지 않았다. 아버지가 따라 나와서 화해의 표시로 내게 마리화나 한 개비를 내밀었다. 우리는 한동안 아무 말 없이 마리화나만 피웠다. 나는 여자가 됐고, 아버지는 아니었다. 그러고 나서 나는 많은 질문과 내 생리대, 그리고 아직 내 곁에 머물고 있던 커다란 곰 인형을 가지고 잠자리로 향했다. 그날 이후로는 평생 단 한 번도 마리화나에 손을 대지 않았다. 정말로 많은 질문이 머릿속을 왔다 갔다 했지만 나는 차마 묻지 못했고, 그 누구도 그 질문에 대답할 수 있을 것 같지 않았다. 마치 모든 사람이 그 존재를 부정해온 엄청난 비밀을 이제 막 알게 된 그런 느낌이었다.

사춘기, 사랑하는 사춘기

아버지의 애인 브리는 여러 달 동안, 놀라움에 넋을 잃은 내 눈 앞에서 생식 계통 단면을 열성적으로 그려 보이며 날 깨우치려고 노력했다. 그녀는 생리를 긍정적인 것으로 만드는 독특한 재주가 있었고, 생리를 진보와 페미니즘의 관점에서 탐험해야 할 영토로 간주했다. 바로 그때 생리통과 관련한 동상이몽의 대화가 펼쳐지기 시작했다. 우리 가족 여자들은 생리통은 존재하지 않는다고 단언하곤 했다. 아프다고 하면 당연히 내가 '거짓으로' 꾸며낸 일로 여겼다. 통증으로 몸을 뒤틀면, 분명히 내가 심리적으로 문제가 있기 때문에, 나의 여성성을 거부했기 때문에, (모든 면에서) 내게 잘못 해결된 오이디푸스 콤플렉스가 있기 때문이거나 아니면 다른 온갖 잡다한 정신분석학적 해석 때문에 그런 것이었다. 게다가 나는, 공산주의 덕분에 고통에 무감각해진 소비에트 여성을 본받아야 했다. 소비에트 여성은 평등을 얻었고, 남자처럼 공장에서 일했으며, 자녀들은 탁아소에 맡겼다. 그녀는 피임하고 낙태할 권리가 있었다. 사람들은 그녀에게 여자가 되라고 요구하지 않았다. 그녀가 혁명주의자이면 그만이었다. 내 생각에 그녀가 사용하던 생리대는 생리혈이 닿기 전부터 이미 빨간색이었을 것 같다.

1975년 4월의 그날 저녁 이후 내 미래를 생각할 때, 내가 혼자라고 느꼈다고 해도 과언이 아니다. 어머니가 지나가면서 지적한 말대로, 나는 이제 '번식이 가능했다'. 우리 세대는 안전망 속에서 성생활을 시작할 수 있는 최초의 세대였다. 몇 해 전부터 경구 피임약이 허용되었고, 시몬 베유Simone Veil는 내게 사춘기가 닥치기석 달 전인 1975년 1월 17일에 국회에서 임신 중절 합법화 법을 표결에 부친다는 좋은 아이디어를 내놓았다. 이런 상황은 새로운 것이었기에 우리 부모님은 내게 어떤 가르침을 줘야 할지 알지 못했다. 내가 임신을 할 수도 있다는 부모님의 공포는 침묵 속에서, 아무런 설명 없이 내게 전해졌는데, 사람들이 내 순결을 염려했기 때문이 아니라 어머니가 나에 대해 모성과 맞지 않는 원대한 계획을 품고 있었기 때문이다. 그 계획은 바로, 내가 에베레스트산 정상에 오르고, 사막을 횡단하며, 까다로운 외국어를 구사하고(되도록이면 러시아어와 아랍어와 중국어), 책을 한 권 쓰되 양성 평등을 주제로 한 책을 쓰는 것이었다. 어머니는 나에게 영향을 미치지 않으려고 이런 계획들 중 어느 것에 대해서도 언급하지 않았다. 이를테면 나는 어머니를 실망시킬 수밖에 없는 운명이었다.

나의 첫 생리는 일주일 동안 지속됐는데, 열네 살짜리 애인과 함께 바닷가에서 캠핑을 하던 그다음 여름까지는 돌아오지 않았다. 바로 그 무렵에 우리 부모님은 다시금 공포를 품기 시작했다. 그렇지만 애인과 나는 성적 유희가 무엇인지 모른 채 우리의 몸을 흥분하게 했던 성감대들을 수줍게 탐색했을 뿐이고, 그런 행동은 아버지 쪽 조상님들이 사셨던 그 지역에서는 완벽하게 받아들여지는 전통이었다. 알자스 지방의 전통 결혼에 대한 한 논문에서, 마리노엘 드니Marie-Noëlle Denis는 알자스 북부 지방에서는 '코메히텐Kommächten[다가오는 밤들이라는 뜻이다]'이라고 부르고 알자스 남부 지방에서는 '슈바멘Schwammen'이라고도 부르는 관습이 있었다고 적어놓았다. "화요일과 목요일, 토요일과 일요일 저녁에는 사랑에 빠진 남자가 사랑하는 여인의 방으로 그녀를 만나러 갈 권한이 있었다. 스위스와 독일, 스웨덴에서 '킬트강Kiltgang'이라는 이름으로 행했던 이 관습은 19세기 중반까지 묑스테르 계곡에 존재했을 것이다."[12]

마거릿 미드Margaret Mead나 브로니스와프 말리노프스키Bronisław Malinowski가 묘사했던 오세아니아 문화에서처럼, 임신하지 않으면서 그리고 피임 방법을 그다지 사용하지 않으면서도 나는 사랑을 알 수 있었다. 게다가 생물학은 내 편이기도 했다. 현대 산부인과 의사들에 따르면 여자아이의 첫번째 주기는 대개 무배란이니 말이다. 그러므로 나는 큰 위험 없이 사랑을 나눌 수도 있었지만, 우리는 충동을 억제하고 시간을 갖자고 암묵적으로 동의했다. 내가 너무 겁을 내서 분명히 그는 달리 어떻게 할 수도 없었을 것이다.

물놀이를 하지 못했던 그 긴 나날이 생각난다. 탐폰을 넣는 데에는 성공하지 못했고, 패드는 다리 사이에서 커다란 공으로 변해 버렸기 때문이다. 그래서 나는 해변에서 옷을 반만 입고, 불행한 모습으로, 다른 사람들이 수영하는 것을 지켜보며 머물러 있었다. 내 자신이 더럽고 창피하게 느껴졌고, 처음으로 내 몸의 냄새가 역겨웠으며, 가끔은 걷지도 못할 정도로 아팠다. 행복한 순간은 아니었다. 그 금기가 나의 어머니나 할머니 그리고 전 세계 수백만 여성을 짓눌렀던 것처럼 나를 짓누르지 않았는데도 말이다. 밤에는 텐트 안에서 공포로 숨이 막힐 때까지 브램 스토커Bram Stoker의 『드라큘라』를 읽었다.

생리혈과 함께하는 나의 이야기는 이제 막 시작될 참이었다.

45

2장_
용감하고 흠잡을 데 없는 피

2015년 10월, 스웨덴의 한 텔레비전에서는 〈히프 후라 퓌르 멘스Hipp hurra för mens[생리 만세라는 뜻이다]〉라는 동요가 방송됐다. 우리의 짐작과는 반대로 여기서 '멘스mens'는 '남자들'을 의미하지 않고 '생리menstruation'를 뜻한다. 진행자인 알렉스 헤르만손은 신나는 음악에 맞춰 사람들에게 잘 전달될 수 있을 만큼 열정적으로 생리를 노래한다. "가끔 여자애들에게 일어나는 거야/여자애들은 얘기하고 싶어하지 않지/아마 살짝 창피한가봐/하지만 그건 아주 정상적인 거야/여자애들에게 조금만 더 친절하게 대하면 돼/인내심을 가져/약간의 피일 뿐이야!" 그리고 후렴은 이렇다. "생리, 생리, 생리 만세, 몸이 훌륭하게 움직이고 있어, 멋지다!"

레드 카펫 위에서 우쿨렐레를 연주하고 카메라에 튄 핏자국을 보면서 즐거워하는 모습과 그사이 해적으로 변장한 탐폰들이 위생 패드 장식 앞에서 마주르카[폴란드의 민속 무용이다]를 추는 모습을 보고 있자니, 저 생리라는 것을 24시간 내내 하고 싶은 마음마저 들

것 같다. SVT 텔레비전 방송국의 어린이 프로그램 책임자인 페테르 브라게에 따르면 이 영상은 남녀 어린이들을 대상으로 금기에 대한 환상을 없애기 위해 제작되었다. 그는 말한다. "인구의 절반에 관계되는, 가장 자연스러운 일을 말할 수 있어야 합니다."

나도 불쾌한 태도를 보이고 싶지는 않지만, 그 내용은 정확히 내가 경험했던 바가 아니고, 게다가 노래 가사마저도 의구심을 갖게 한다. '가끔 여자애들에게 일어나는 일'이라고? 이 단어는 설득력이 없다. '자주'라는 단어가, 평균 28일이나 29일, 30일마다 돌아오는 생리 주기를 연상시키기에 훨씬 적합하다. 그러니까 거의 매달 40년 동안 돌아오는 그 주기 말이다.

'아주 정상적인' 것인데 왜 여자애들이 얘기하고 싶어하지 않는지, 또 왜 여자애들이 창피해하는지 의문을 가질 수도 있다. 그리고 왜 '인내심을 가져야' 하며, 그 순간에 여자애들에게 '조금만 더 친절하게 대해야' 하는 것일까? 왜냐하면, 그러니까, 둘 중 하나이기 때문이다. 진짜 멋진 일이라서 모두 함께 후렴을 반복하는 것이거나 아니면 몹시 힘든 일이기 때문인데, 후자의 경우라면 보충 설명이 필요하다. 나라면, 내가 여섯 살짜리 여자아이이고, 이 노래를 들었다면, 분명 사람들이 내게 뭔가를 숨기고 있다고 확신했을 것이다.

최근에 딸아이가 내게, 한 어린 여자아이가 자기 언니의 '거기에서' 피가 흘러나온다는 사실을 알고 흐느껴 우는 영상을 보내줬다. 문제의 언니는 박장대소하며 동생에게 묻는다. "그런데 너 왜 울어?" 동생이 대답한다. "언니 이제 죽잖아!" 같은 의도로, 코미디언 나윌 마다니의 단편극에서는 불량배 복장을 한 어린 여자아이가 생리가 시작된 것을 발견하고는 소리를 지르기 시작한다. "내 거기에 총을 쐈어! 내 거기에 총을 쐈어! 전쟁이야!"

나더러 신경쇠약이라고 말할지도 모르겠지만, 죽음 역시 자연스러운 현상임을 말하고 싶다. **정상적으로** 진행된다면, 몸은 늙고 쪼그라들어서 죽는다. 당신이 그룹 아바의 팬이 아닌 이상, 당신에게 스웨덴어로 죽음에 대한 동요를 불러주지는 않을 것이다. 그 대신 추도사에서는 "그렇습니다, 야호, 신께서 당신을 다시 부르셨습니다"라고 설명할 것이고(당신은 대답으로 헛소리를 늘어놓을 테고), 그리고 정말 "재에서 재로, 펑크에서 펑키로, 우린 톰 소령이 마약 중독자란 걸 알지"라고 데이비드 보위가 말했듯이, 재로, 우리는 재로 돌아갈 것이다. 진정하시라, 여성들이여, 우리는 죽게 마련이므로 이것은 모든 게 잘 돌아가고 있다는 신호다. 이런 전망의 우울함을 줄여주고자 자연은 우리로 하여금 다음 세대에 우리의 유전자를 전하면서 모험을 이어갈 가능성을 선물했다. 종교에 대해서 말하자면, 종교에서는 우리에게 마지막 계절이 끝난 뒤에도 생이 계속된다고 설득하려 애쓰지만 가장 광신적인 이들도 저승은 그저 은유일 수 있음을 알고 있다.

나는 여기에서 당신에게 이 주기적 서사시에 관한 가장 가혹하고, 때로는 가장 놀라운 이야기를 하기로 결정했다. 내가 겪은 대로라면, 생리의 신비를 이해하려는 시도는 사실 결코 쉬운 일이 아니다. 신화와 현실과 미신 그리고 이 현상에 대한 가장 최근의 과학적 두려움 사이에서 생리를 둘러싼 금기는 아주 다양한 형태를 보인다. 공포 영화나 코미디 단편극과 닮은 점들은 그저 우연일 것이다.

시든 제비꽃 냄새

1975년 '해방'되었다고 규정할 수 있는 우리 가족 여자들은 생리는 더러운 것이 아니고 아프지도 않으며, 모든 것을 비극으로 여기는 내 습관대로 분명히 내가 과장한다고 단언했다. 그래서 나는 내가 미쳤다고 생각했다. 난 아팠고, 내가 더럽게 느껴졌으며, 다른 여자 친구들과 마찬가지로 느낀 최고의 공포감은 당연히 대낮에 내 엉덩이에 악마의 표지가 나타나는 걸 보는 것이었다.

내가 대체 왜 그랬는지 모르겠지만, 어느 날 저녁 텔레비전을 보는 동안 생리대를 떼어냈는데 자기 전까지 그 사실을 잊어버리고 소파에 있었다. 다음 날 어머니가 나를 따로 불러서, 자기 미래의 새로운 전남편[1]이 아침에 그 범죄 행위의 물건을 발견했는데 더러워진 생리대를 아무 데나 널브러뜨리는 것은 윈저 가의 예의범절이 전혀 아니라고 설명했다(어머니가 내게 예의범절을 가르치기 위해 자주 사용하던 문장은 "너 그러다가 영국 여왕에게 초대받으면 어떻게 하려고 그러니?"이고, 난 여전히 그 초대를 기다리고 있다).

그때 느꼈던 수치심이 기억난다. 하지만 내가 어머니에게 했던 대답이 말해주듯이 그 '부적절한' 행동에는 무의식적인 동기가 있었을 것이다. "아, 뭐야, 그건 더러운 게 아니고 자유롭게 말할 수 있는 거라고 생각했는데?" 어질게도 어머니는 내 목을 졸라서 나의 건방짐을 눌러버리지는 않았다. 하지만 어머니는 대답 없는 내 질문들과 함께 나를 혼자 내버려두었다.

어려울 때 늘 내게 힘이 되어주었던 문학마저 대답을 회피했다. 내게 일어난 일을 이해하는 데 도움을 줄 만한 책을 찾으려고 도서관을 뒤지다시피 했던 일이 생각난다. 내가 청소년이던 시절에는 이 주제를 다룬 책을 두세 권 정도밖에 찾지 못했다. 마리 카르디날Marie Cardinal의 『그것을 말하기 위한 단어들Les mots pour le dire』은 자궁출혈, 다시 말해 끝나지 않는 생리에 대한 이야기였고, 아니 르클레르크Annie Leclerc의 『여성의 말Paroles de femme』에서는 마치 저주받은 듯이 느껴지는 불길한 묘사가 등장했다. "생리혈은 의심할 여지없이 여성들이 가장 보잘것없고 창피스럽다고 느끼는 여성들 성의 일부분이고, 다른 것들, 특히 출산이 그들에게는 더 고통스럽고 두려워 보이는데도 여성들은 이 생리혈을 제일 싫어한다."[2]

단 한 권의 책만이 내게 약간 도움이 됐다. 내가 열일곱 살에 읽은 시몬 드 보부아르Simone de Beauvoir의 『제2의 성』이었는데, 우리 집안 여자들을 지배하고 있던 관점을 요약해놓은 책이었다. 난 이 책을 읽으며 열광했지만 여전히 허기를 느꼈다. 왜냐하면 1949년에 여성이 세계를 공략하러 떠나기 위해 성적 속박에서 벗어날 가능성을 최초로 보여주는 자유로운 문장들에서 종종 여성스러움과 모성, 심지어 생물학에 대한 혐오감을 이야기하는 견해가 덧붙어 있었기 때문이다. 이 책을 읽으면서 나는 두 배로 부끄러움을 느꼈다. 먼저 주류 문화에서 생리를 낙인찍고 있었기 때문이고, 다음으로 페미니즘의 여왕이라는 사람마저 생리를 경멸하며 다루는 데다 생리에 동반되는 불편함을 상상이나 약한 정신력 탓이라고 타박했기 때문이다.

이러한 모순 속에서 내가 1979년에 연필로 밑줄 친 단락을 다시 찾았다. "그래서 이때 소녀는 너무나 육체적인 자기 몸에 대해 혐오를 느끼게 되거나 그 혐오감이 커지게 된다. 첫번째 놀라움이 지나간다고 해서 다달이 느껴지는 불쾌감이 지워지지는 않는다. 매번 어린 여자아이는 자신에게서 올라오는 역겹고 썩은 냄새, 늪지나 시든 제비꽃 냄새 앞에서 동일한 혐오감을 되찾는다."[3]

역겹고 썩은 냄새? 늪지와 시든 제비꽃 냄새? 나는 바닷가에서 자랐는데, 집 정원에 풍성한 제비꽃 밭이 있어서 늘 그곳에 숨으러 갔고, 그 옆 작은 연못에서는 금붕어들이 헤엄쳤다. 나의 이러한 열정을 알고 있던 아버지는 나를 비올레타Violetta[제비꽃은 프랑스어로 비올레트violette다]라고 불렀고, 어머니는 내게 오 드 비올레트eau de violette[증류수와 제비꽃 천연 향유를 주성분으로 하는 무알코올 향료다]를 자주 선물했다. 나는 시든 제비꽃 냄새가 어떤지 알고 있고, 지금껏 그 냄새와 생리혈 냄새의 유사성을 조금도 발견하지 못했으며, 더욱이 늪지나 썩은 물과의 유사성도 발견하지 못했다.

생리혈은 냄새가 난다. 그건 분명하다. 그 냄새는 땀과 소변처럼 시기에 따라, 사람에 따라 달라진다. 개인적으로 나는 장미, 레몬, 오렌지 꽃의 향기를 매우 좋아하지만, 치즈, 바다, 젖은 땅, 폭풍우, 베어진 풀잎, 왁스, 휘발유, 불, 구운 고기, 껍질 벗긴 토마토, 바질, 생마늘의 냄새도 좋아한다. 당신은 겨드랑이 냄새가 양파 냄새와 엄청나게 비슷하다고 느껴본 적이 있는가? 여러분은 양파가 역겨운가? 난 아니다. 생리혈은 수천 일 동안 내 몸 냄새의 일부를 이루고 있었다. 그 냄새는 붉은 고기의 냄새를 연상시킬 수도 있다. 개들은 아주 쉽게 그 냄새를 알아채고, 나는 가끔 그 냄새를 남몰래 맡기도 하는데, 부끄러워해야 한다고 배웠지만 사람들이 자신의 냄새를 좋아하는 것은 이미 잘 알려진 사실이다. 수천 년 전부터 내 여성 유전자들에 새겨진 조건과 '그날에도 상쾌하게 지내야 한다고 강조하는 광고들에도 불구하고 난 단 한 번도 생리혈에서 늪지의 악취를 찾아낼 만큼 날 증오하지 못했다. 남동생이 좋아하는 격언, "머리는 차갑게, 엉덩이는 뜨겁게, 절대 그 반대는 안 된다!"처럼, 내가 시원하고 상쾌한 것보다 끓는 듯한 뜨거움을 훨씬 더 좋아하는 것은 말할 나위도 없다.

누군가를 싫어하면 그 사람을 느낄 수 없다고들 말한다. 그러나 우리는 그 반대의 경우도 사실이라는 얘기를 충분히 하지 않는다. 나는 나와 친밀한 타인들에게서 나는 겨드랑이 냄새와 사랑하는 성기에서 발산되는, 좀더 금지된 냄새를 좋아한다. 그 냄새를 데오도란트나 비누라는 인공적인 향기로 감추는 것이 내게는 늘 죄를 짓는 일처럼 느껴진다.

암호명: '나비 날개'

그러나 40년 후, 2015년에 오제 르 페미니즘Osez le féminisme['대담하게 페미니즘을 펼치자'라는 뜻이다] 협회가 시작한 '금기 없는 피' 캠페인에서 지적했듯이, 생리와 관련된 첫번째 편견은 생리는 더럽고 나쁜 냄새가 난다는 것이다. 유럽 사회에서 위생은 항상 어떤 기준과는 거리가 멀었기 때문에 이러한 생각은 더욱 놀랍다. 비누 사용과 일상의 세면은 아주 최근의 일이다. 내가 어렸을 때 욕실은 호화로운 공간이었다. 이 닦기도 선택적이었고 학교에서 치아 위생 수업을 듣기 전까지는 아무도 이를 닦는 데 크게 신경 쓰지 않았다.

프랑스에서는 모든 사람이 식사하는 동안 자신의 소화 능력에 대해 이야기하는 걸 좋아하지만, 샐러드를 뒤섞고 있는 어머니에게 생리대를 요구하는 것은 일반적으로 좋은 모습으로 보지 않는다. '요즘 어떻게 지내Comment ça va?' 또는 '어떻게 지내세요 Comment allez-vous?'라는 표현이 오래전에는 상대방의 소화 상태를 염려하는 데 쓰였으며, 실제로는 '화장실에서는 어떻게 지내십니까?'를 의미했다는 것을 우리는 알고 있다. 18세기에는 사람들이 구멍 뚫린 의자에 공공연하게 앉아서 똥을 싸며 세상 돌아가는 이야기를 나누는 것이 전혀 몰상식한 일이 아니었고, 오줌은 투명성과 냄새 또는 빈도와 관련해 길고 긴 토론을 양산했다. 연약한 영혼들에게는 침, 땀, 눈물, 심지어 젖조차, 더군다나 생리혈만큼 두려움을 낳지 않았다.

그 스웨덴 남자 알렉스와 다른 생리혈 행동가들이 어떤 가상한 노력을 기울인다 해도 오늘날에는 여전히 그 누구도 자신의 컴퓨터 위에서 쩌렁쩌렁한 목소리로 이렇게 말할 수는 없을 것이다. "야, 너 탐폰 없어? 나 소처럼 피 엄청 많이 흘러Je saigne comme un bœuf['피를 광장히 많이 흘리다'라는 뜻으로 직역하면 '소처럼 피를 흘리다'이다]." 실제로 우리는 '소처럼bœuf'이라고 말하지 '암소처럼'이라고 말하지는 않는다. 그리고 맛있는 소고기 스테이크un bon steak de bœuf['bœuf'는 수소를 의미한다]라고 말하면서도 미친 암소병maladie de vache folle[광우병을 뜻하는 프랑스어인데, 이 표현에서는 암소를 지칭하는 단어 vache를 쓴다]이라고 말한다. 요컨대 보드 게임 스크래블을 할 때도 여성 단어가 나오면 점수를 잃고, 점수를 세 배로 만들어주는 단어를 절대로 가질 수 없다. 그리고 내 친구들 중 한 명은 자기 남자 형제와 아버지를 불편하지 않게 하려고 생리 용품을 가리키는 암호를 찾아내야 했다는 이야기를 했다. 그 친구는 생리대라고 말하는 대신 '나비 날개'라고 말했다. 그럼에도 2015년에 개설된 페미니즘 사이트 '파시옹 망스트뤼Passion Menstrues['월경 열정'이라는 뜻이다]'[4]에서 군림하고 있는 여성 기자 잭 파커에 따르면 "사람들은 코피 흘리는 것을 부끄러워하지 않는다." 차이점이라면 아마도 매달 코피를 흘리지 않는다는 점과 코를 풀면서 아이를 낳지 않는다는 것, 콧구멍을 파면서 오르가슴을 느끼지 않는 것은 말할 것도 없다(물론 당연히 기분이 매우 좋아지기는 한다).

히포크라테스 선서

의사들의 조상인 히포크라테스는 우리가 생리에 대해 잘못 인식하도록 만든 데 막대한 책임이 있다. 그는 수많은 여성이 생리 전에 두통, 경련, 감정 기복, 근육통 등을 겪으며, 이러한 장애는 생리가 시작되는 순간에 멈춘다고 지적했다. 그는 여기에서 건강하기 위해서는 피를 흘리는 것이 불가피하다는 결론을 도출했다. 그대로 남아 있으면 인체를 중독시킬 수 있는 '나쁜 기분'을 피가 배출해주기 때문이다. "월경이 없는 여성에게서 나타나는 코의 출혈은 그래서 좋은 현상이다"라고 자신의 유명한 개론서에서 소개하기도 했다.[5] 왜냐하면 그런 여성은 그런 방식으로 자신을 중독

시기는 피의 '잉여분'을 배출하기 때문이다. 마르탱 뱅클레르Martin Winckler에 따르면 19세기까지 지속됐던 사혈瀉血이라는 유해한 행위 역시 히포크라테스에게서 유래했다.[6] 여성들(임신한 여성들까지도)과 마찬가지로 남성들에게도 행해졌던 이 행위 때문에 치료받은 수많은 사람이 사망이라는 최후의 치유에 이르렀다.

이러한 히포크라테스의 견해는 정말 매우 긴 시간 지속되었고, 지금으로부터 약 한 세기가 못 되는 1920년에 의사 벨라 시크Béla Schick는 월경독 이론을 세웠다. 그는 생리를 시작한 여자아이에게 멋진 장미꽃 다발을 선물했는데, 다음 날부터 바로 장미꽃이 시드는 모습을 보고서 불쾌해졌다. 그리고 거기서 생리 중인 여성들이 식물은 물론이고 거의 무엇이든 부패하게 만드는 해로운 분비물을 배출한다는 결론을 도출했다. 이 이론은 그 이후로 더는 유효하지 않았지만, 고대 시대까지 거슬러 올라가는, 대중문화 안에 뿌리박힌 편견을 알려준다. 스무 살인 내 딸도 최근에 내게, 생리가 건강에 '나쁜' 피를 배출해주니까 피임약을 계속 먹고 싶지는 않다고 설명하기도 했다. 이 허구는 생리혈보다도 여성들의 건강에 훨씬 해롭다. 더군다나 피임약 복용 휴지기에 배출되는 피는 생리와 별 상관이 없다. 왜냐하면 그 피는, 호르몬의 속임수로 인해 바보 같은 시상하부가 자신이 배란을 지시한 여성이 이미 임신했다고 믿어서 배출되는 피이기 때문이다. 시작되지도 않았던 생리 주기의 끝을 알리는 신호와는 전혀 상관없이, 단순한 호르몬 급감의 결과로 출혈의 신호가 작동하는데, 자궁내막의 점막은 배출되지 않는다. 배란의 부재로 자궁내막이 대규모 월간 내벽 공사를 하지 않았기 때문이다.

게다가 왜 여자들만 매달 부패한 피를 일정량 치워버려야 하는 지도 의문이다. 어쨌든 우리가 독소를 없애는 방법에는 소변이나 대변 같은 매우 효과적인 다른 방법이 있다. 슬픔에서 벗어나기 위해 우리에게는 눈물이 있고, 게다가 이 눈물은 눈을 촉촉하게 해주며 항체 역할도 한다. 땀은 체온을 조절하게 해주고 몇몇 매력적인 페로몬을 발산한다. 정액은 누구나 알다시피 임신에 쓰인다. 인터넷에서는 사람들로 하여금 정액이 건강에 좋으며 여성들이 정액을 섭취하면 다양한 질병을 예방할 수 있다고 믿게 하려는 소문이 이따금씩 퍼진다. 하지만 현대 과학이 현재 확인한 바에 따르면 생리혈은 자궁내막을 떠난 뒤에는 특별한 기능을 하지 않는다. 그저 재생산 실패의 표지일 뿐이다.

아마 그 점이 우리 스웨덴 친구가 말했던 부끄러움일지도 모르겠다. 정신분석가 세르주 티스롱Serge Tisseron에 따르면 창피함은 중요한 사회적 역할을 하기 때문이다. "자아존중감에만 영향을 끼치는 수치심과는 다르게, 또 주위 사람들의 애정을 잃을 수 있다는 불안감이 걸린 죄의식과도 달리, 창피함은 자신이 속한 집단의 주체가 될 수 있다는 확신을 위태롭게 만든다."[7] 왜냐하면 창피함은 "취약한 처지의 모든 이를 지배하는 특권적 무기이자" 방향을 잃게 만들고 우리를 소외시키기 때문이라고 티스롱은 말한다.

대 플리니우스의 거울 속

생리혈을 악마로 만드는 문제에 관한 한, 대大 플리니우스Plinius가 모든 분야의 챔피언으로 올라선다. 오랫동안 권위서였던 그의 『박물지Naturalis Historia』는 우열을 가리기 힘들 정도로 정신 나간 미신들을 모아놓은 카탈로그다. 다음 문장들을 읽고 한번 판단해보시길. "아마도 생리혈만큼 유해한 것을 찾아내기는 힘들 것이다. 생리하는 여자는 다가가기만 해도 단맛이 나는 와인을 시어버리게 만들고, 만지는 것만으로도 불모의 상태가 곡물들을 덮치며, 가지를 시들게 만들고, 정원의 묘목을 불타게 만든다. 그 여자가 기대 앉은 나무의 열매들은 떨어진다. 그녀의 시선은 거울의 광택을 없애버리고, 강철을 부식시키고, 상아의 광채를 바래게 한다. 벌들은 벌통 안에서 죽어버린다. 청동과 쇠에 곧바로 녹이 번지고 거기에서 악취가 풍겨 나온다. 이 피를 맛본 개들은 광견병에 걸리고, 이 개가 물면 무엇으로도 치료할 수 없는 독에 감염된다. 게다가 끈끈하고 접착력 있는 물질인 역청은 한 해의 어느 시기에 유대의 한 호수 위를 떠다녀 아스팔티트Asphaltite라는 이름이 붙었는데, 접촉하는 모든 것에 붙어버려서 무엇으로도 분리시킬 수가 없고, 다만 이 바이러스에 감염된 끈으로만 분리된다. 너무나 작은 동물인 개미 역시 그 영향을 느끼면 짊어지고 가던 낟알들을 버리고 다시 가져가지 않는다. 이렇듯 독성을 지닌 이 출혈은 여성들에게 30일마다 다시 돌아오고, 3개월마다 양이 더 늘어난다."[8]

플리니우스는 여자가 "생리 중에 해가 떠오를 때 어린 포도나무 묘목 앞에서 벌거벗고 있으면 그 나무를 영원히 썩게 만든다"[9]라고 주장하기까지 했다. 예수 그리스도 시대에는 아침 일찍 포도밭에 나체로 뛰어가는 일이 빈번했는지 모르겠으나, 우리 시대 23년도에 태어난 플리니우스는 생리 중인 나체의 여성이 바다의 풍랑을

2장_ 용감하고 흠잡을 데 없는 피

가라앉힐 수도 있다고 생각했다. 이런 황당한 이야기 때문에 나는 조상들의 여가 생활에 불행히도 현재 내 여가 생활에는 금지된 특별한 무언가가 있었을 것이라 생각하게 됐다. 마르세유 쪽에 살던 내 증조할머니 미라는, 가족 중 여러 남자를 바다에서 잃어서 그랬는지 바닷가에서 기도하는 습관이 있었던 것 같다. 할머니가 벌거벗은 채 파란 눈으로 풍랑을 위협했는지는 잘 모르겠다. 가족 전설에 따르면 할머니는 아들 장이 상선 해병에 지원하는 것을 막기 위해 집의 지붕 위에서 뛰어내리려고도 했다고 한다. 그래서 아들은 자기 인생의 꿈을 포기하고 님Nîmes에서 라디오 수리공이 됐다.

맥주와 와인을 시게 만들든, 우유를 상하게 하든, 소고기 통조림이나 소금에 절인 돼지고기를 썩게 만든, 사람들은 피를 흘리는 여성에게 물질을 변화시킬 수 있는, 연금술에 맞먹는 변환의 힘을 주었다. 하지만 벌레를 죽일 수 있는 특성도 함께 부여했다. 이브 르나우르Yves Le Naour와 카트린 발랑티Catherine Valenti가 언급한 것처럼 앙주Anjou[프랑스 한 지방의 옛 지명으로, 현재 멘에루아르Maine-et-Loire주에 해당한다]에서는 20세기 초까지만 해도 애벌레들을 죽이기 위해 생리 중인 여성을 배추 밭에서 뛰어다니게 했다.[10] 마르세유 근처에 있는 우리 가족 별장에 휴가 갔을 때 내게 벌레들을 박멸시킬 수 있는 이런 능력이 있었다면 참 좋았을 텐데, 안타깝게도 모기들은 내 다리 사이를 흐르던 피에 전혀 놀라지 않았다.

사람들은 생리혈에 대한 가상의 폐해뿐만 아니라 생리혈에는 나병, 치질, 통풍, 뇌전증이나 두통을 치료하는 힘이 있다고도 여겼고, 생리혈은 상상 속 사랑의 묘약 재료로도 쓰였다. 그리스 문명 연구가인 오딜 트레슈Odile Tresch는 기원전 4세기의 유명 화류계 여성이었던 코린토스의 라이스를 언급했다. "그녀는 생리혈이 들어간 낙태나 피임 처방을 주었는가 하면, 반대로 수태 처방도 주었다. 왜냐하면 생리혈은 의학적 효능 때문에 통풍, 결핵, 목 림프샘염, 이하선염, 종기 등의 치료에도 사용됐기 때문이다. 생리혈을 발바닥에 바르면 뇌전증 환자들이 원래 상태로 돌아왔고, 생리혈을 가루로 만들어 먹여서 소나 말을 낫게 했으며, 특히 여성의 두통을 치유하는 약제에 넣었다. 끝으로, 유대의 역청을 부식시키는 효능 외에도, 생리혈을 적신 끈이나 천 조각은 광견병에 걸린 개에게 물린 상처를 낫게 해주었고, 개에 물린 뒤에 생기는 물에 대한 거부감도 해소해주었으며, 3일열과 4일열 말라리아를 낫게 해주었는데, 이 3일열과 4일열 말라리아는 생리 초기에 하는 성교를 통해서도 치료될 수 있었다."[11]

우리는 곧 생리혈이 지닌 치료 특성이 2007년 이후 유망한 과학적 부흥을 맞고 있다는 사실을 알게 되겠지만, 이 글을 읽으면서 혼란스러운 점은, 생리혈과는 관계 없이 실제로 벌어지는 재난을 예상한 방식 때문이다. 오늘날 곡물은 유전자 변형 농산물 때문에 정말로 불모의 상황을 맞았고, 살충제 때문에 벌들이 죽어가고 있으며, 석유는 중동에서 유혈 대립의 원인이 되고 있으니 말이다. 금기든 금기가 아니든, 여성들의 피는 훨씬 효과적인 재앙들로 대체되었다는 사실을 인정해야 한다.

설탕 피를 넣을까요, 말까요?

이번 문단에서는 포르노그래피의 세계로 잠깐 넘어가볼 것을 제안한다. '유 폰You Porn[유튜브를 표방한 미국의 무료 포르노그래피 영상 공유 사이트다]'에서 '생리 중 섹스'라고 검색해보면, 늘 그렇듯이, 항문성교나 황금빛 비처럼 소변이 넘쳐흐르는 장면들, 아주 희귀한, 피가 나는 몇몇 삽입 영상 등을 찾아볼 수 있다. 하지만 생리 중에 하는 쿤닐링구스cunnilingus[구강성교 중 남성이 여성의 성기를 애무하는 것을 말한다] 장면은 아예 찾을 수 없다. 펠라티오fellatio[구강성교 중 여성이 남성의 성기를 애무하는 것을 말한다]는 끊이지 않고 하나씩 하나씩 이어지는데도 말이다.

그럼에도 생리혈이 묻은 속옷이나 생리대에 흥분을 느끼는 남성들이 모이는 매우 폐쇄적인 집단이 존재하는데, 이들은 특정 사이트에서 속옷이나 생리대를 구한다. 〈오렌지 이즈 더 뉴 블랙 Orange Is The New Black〉[12]이라는 드라마의 네번째 시즌에서는 미국의 한 감옥에서 여자 수감자들이 이런 여성 냄새 애호가들을 대상으로 더러워진 속옷을 팔아 큰 수익을 내려고 거래를 계획하는데, 그 애호가들 사이에서 생리혈은 아는 사람들만 아는 섬세하고 독특한 취향으로 인정된다. 궁금하게 여기는 이들을 위해서 말해주자면, 이 냄새는 간장과 고르곤졸라 치즈를 섞었을 때 상당히 그럴듯한 방식으로 흉내 낼 수 있다.

17세기의 박식한 자유사상가 장자크 부샤르Jean-Jacques Bou-chard는 한 이상한 책에서[13] 주인공 오레스트가 자신의 성불능을 치료하기 위해, 생리혈을 이용해서 어떻게 한 여자 하인과 성관계를 가졌는지 얘기한다. 옛 프랑스어를 모르는 이들에게는 내용이 난해하다. 하지만 그의 애인인 알리스베Allisbée(이자벨Isabelle의 철자를 바꾼 이름)가 생리를 한다고 말할 때 쓴 표현이 '설탕이 있다'라는 사실을 알 수 있다. 오레스트는 '의사들이 얘기하는 생리혈에 관한 것이 모두 사실인지' 확인하기 위해 정확히 어디에서 생리혈이 나오는지 보려고 그녀를 대상으로 여러 가지 실험에 열중했다고 이야기한다. 또 그 기회를 이용해서, 이 액체가 '풀들과 포도나무 싹을 죽이고' '개들을 미치게' 만든다는 견해를 반박하려고도 노력했다. 그는 '자신의 혀로' 맛을 본 뒤 그것이 '떫고 부식성이 있다'는 사실이 거짓이라고 반박했고 '생리 중인 여성들이 거울을 보면 거울의 광택이 없어지고 소금물을 썩게 만든다'는 얘기를 강력하게 의심했다. 그는 알리스베에게 남자들도 '설탕을 만든다'고 믿게 만들고는 그녀로 하여금 자기 물건의 흔들림을 통해 그것이 분출되도록 유도했다. 그녀는 남자들도 피를 흘릴 수 있다는 생각 자체가 믿을 수 없는 것이었기에 그 제안을 받아들였다. 알리스베의 의심은 맞았고, 애인의 마지막 사정이 보여주듯 피와는 아무런 상관도 없었다. 그래서 알리스베는 먼저 웃음을 터뜨렸고 이내 부끄러움과 창피함을 느꼈다. 하지만 눈물은 마르고 욕구는 다시 나타나, 두 연인은 자신들의 성적 유희를 '설탕을 나오게 하다'라는 관용적인 문구로 지칭하기에 이른다.

달걀을 깨는 희생 없이는 마요네즈를 만들 수 없다

오늘날에는 아무도 생리 중일 때는 마요네즈를 만들 수 없다고 진지하게 주장하지 않는데, 주된 이유는 더는 아무도, 거의 대부분, 마요네즈를 직접 만들지 않기 때문이다. 마요네즈는 케첩이나 체액이 아닌 다른 농산물 가공 산업에서 생산해낸 액체들처럼 슈퍼마켓에서 살 수 있다.

하지만 생리혈을 둘러싼 미신이 여전히 뿌리 깊었던 1970년대에는 그렇지 않았다. 나는 경험에 굶주렸고 어떤 일 앞에서도 물러나지 않았던 터라, 어느 날 이 저주를 내 손으로 직접 실험해보고자 하는 호기심이 생겼다. 그때 우리는 마르세유 근처에서 휴가를 보내고 있었다. 우리 가족은 해마다 그곳에서 바닷가의 즐거움이 가득한 여름을 보냈는데, 그중 긴 시간을 카드놀이와 가족 행사들로 보냈다. 아버지는 50제곱미터의 작은 별장에 친구들, 아이들, 청소년들, 연인들, 오래된 친구들 등 열 명은 족히 되는 사람들을 모아놓고, 텐트를 치고 아몬드나무에 해먹을 매달고서 근처 레스탕크restanques[경사지에 담을 세워 계단식으로 만들어놓은 장소를 말한다]를 점령하다시피 했다. 또한 연회를 적어도 세 차례는 열고 가족과 이웃들을 초대하여 스튜, 아이올리[마늘을 잘게 다져 올리브유에 넣어 만드는 소스다], 생선 수프나 피스투[마늘, 바질, 올리브유 등을 넣어 만드는 프랑스식 야채 수프다]를 맛보며 저녁 내내 이 요리들의 조리법과 최상의 재료들에 대해 이야기했다. 논쟁은 거창했다. 스튜를 진하게 만들기 위해 밀가루를 넣을 것인가, 넣지 않을 것인가? 오렌지 껍질 아니면 레몬 껍질? 곁들여 먹는 음식으로는 면이 나을지 아니면 감자가 나은지? 생선 수프에 크루통[튀기거나 구운 주사위 모양의 빵 조각이다], 붉은 피망을 넣은 아이올리, 버미첼리[얇고 둥근 파스타다], 강판에 간 그뤼예르 치즈 넣는 것을 허용할 수 있는지? 피스투를 만들 때, 믹서가 절구를 대신할 수 있는지, 그래도 우리가 놀라지 않을지?

그날은 내 날들 중 하루였고('자신의 날이다avoir ses jours'는 현재 생리를 지칭하는 표현으로 통용되지 않는다), 아이올리 저녁 파티가 있던 날이었는데, 내가 요리를 하기로 되어 있었다. 아버지는 대구와 곁들일 채소를 준비할 예정이었다. 나는 아이올리를 맡았는데, 만드는 법은 마요네즈와 같았고 마늘을 많이 넣으면 되는 것이었다. 그 작업은 고난의 연속이었다. 갖은 노력을 기울였는데도 아이올리는 섞이지 않았고, 연락이 닿지 않았던 어머니는 그 자리에 없었기에 나를 치욕에서 구해줄 수가 없었다. 식사에는 열댓 명이 오기로 되어 있었다. 난 배가 아팠고, 물놀이도 할 수 없었고, 아버지가 말한 대로 죽을상을 하고 있었으며, 도망쳐서 춤추러 갈 궁리만 하고 있었다. 내 인생의 남자는(알아둘 점: 그해 여름 내가 이용하려 했던 남자아이임) 마을 댄스파티에 가 있었다. 그런데 그 빌어먹을 아이올리가 나를 죽이고 있었다. 결국 아버지는 내게 느닷없이 왜 탐폰을 쓰지 않느냐고, 탐폰을 쓰면 생리를 한다는 구실로 이렇게 온갖 난리를 치는 대신 인생이 편해질 것이라고 했다. 모든 것은 우리 가족의 매력인 파뇰식[프랑스 극작가 마르셀 파뇰Marcel Pagnol의 작품은 경쾌한 사회적 풍자가 특징이다] 꾸짖음으로 끝이 났고, 난 춤을 추러 가기 위해 짐을 싸서 떠나기로 결심했다. 저녁 식사는 어떻게 마무리되었는지 지금도 잘 모르겠다.

막연한 두려움

19세기의 인류학자 살로몽 레나슈Salomon Reinach가 볼 때 "대체로 금기의 원인은 위험을 두려워하는 데" 있다.[14] 그의 주장에 따르면 죽음의 위험, 신이 내리는 벌에 대한 두려움은 '성급한 일반화'의 결과다. "어느 날 나는 넘어져서 상처를 입었는데, 그날 아침에 집에서 나오면서 뱀 한 마리랑 마주친 것이 그 원인이다." 즉, 뱀과 추락 사이에는 인과관계가 없는데도 우리는 매번 뱀을 만날 때마다 넘어져서 다칠까봐 두려워한다. 하지만 레나슈의 은유는 보이는 것만큼 순수하지는 않다. 사실 그 은유에서, 뱀 한 마리를 만난 이브가 인간을 최초로 천국 밖으로 추락('나는 넘어져서')하게 만드는 「창세기」의 이야기를 발견할 수 있다. 그다음 이야기는 다들 잘 알고 있다. "그리고 여자에게는 이렇게 말씀하셨다. '나는 네가 임신하여 커다란 고통을 겪게 하리라. 너는 괴로움 속에서 자식들을 낳으리라. 너는 네 남편을 갈망하고 그는 너의 주인이 되리라.' 그리고 사람에게는 이렇게 말씀하셨다. '네가 아내의 말을 듣고, 내가 너에게 따 먹지 말라고 명령한 나무에서 열매를 따 먹었으니, 땅은 너 때문에 저주를 받으리라. 너는 사는 동안 줄곧 고통 속에서 땅을 부쳐 먹으리라.'"[15] 할렐루야. 참고로 말하자면, 일신론 3대 종교는 위의 내용에 동의한다.

다만 살로몽 레나슈의 은유와는 반대로, 생리에 관한 일반화는 단 하나의 사건이 아니라, 여러 해에 걸쳐 상대적으로 규칙적인 간격으로 반복되는 현상에서 생긴다는 특징이 있다. 호모 사피엔스와 네안데르탈인이 대대로 여성들이 피를 흘리고 임신하고 출산하고 여자아이뿐만 아니라 남자아이도 세상에 내놓는 것을 보아왔으니만큼 이상한 출혈이 그들에게 어떤 의문을 야기했을지 생각해볼 필요가 있다.

우리는 출산이 인류에게 특별히 위험한 순간임을 알고 있다. 미국 인류학자이자 생물학자 웬다 트레베이선Wenda Trevathan에 따르면 동물계의 모든 종 중 인간의 출산이 가장 고통스럽다.[16] 물론 이러한 단정은 매우 대담하다. 왜냐하면 다른 동물종들의 개체가 느끼는 고통은 당연히 계량화하기 어렵고, 우리 종 안에서도 고통의 강도나 지각이 사람마다 상당히 다르기 때문이다. 하지만 초산인 인간이 겪는 평균 9시간 30분의 출산은, 암컷 침팬지보다 다섯 배, 돌고래나 고래보다 열 배가 넘는 시간이라는 사실을 인정해야 한다. 수술 역시 간단한 일이 아니다.

이 모든 것은 350만 년 전, 우리의 먼 조상들이 서 있기로 결심했을 때 시작됐다. 두 발 동물이 되는 것은 골반을 앞쪽으로 이동시키며 우리 몸의 구조를 변화시키게 될 터였다. 그 결과로 세상에 태어나길 바라는 아기들도 그때부터, 구부러진 출구를 향해 스스로 길을 터야 했다. 또한 우리 종은 200만 년 만에 글자 그대로 머리가 커졌다. 즉, 두개골이 600세제곱센티미터에서 대략 1500세제곱센티미터 가까운 크기가 되었다. 이 새로운 원주에 모자 크기를 맞춰야 하는 번거로움 외에도, 두개골 팽창은 출산 시 배출과 관련된 또 다른 실질적 문제를 불러일으켰다. 너무 큰 두개골이 끼이지 않도록 하기 위해 여성의 임신 기간은 아홉 달뿐인 데 반해, 고래는 새끼 고래에게 공들이기 위해 아주 편안히 18개월을, 코끼리는 새끼 코끼리의 단장을 위해 22개월을 품는다. 아주 오랜 시간이 지나기 전까지 우리는 걷지도, 서지도, 스스로 먹지도 못하고 생존에 필요한 모든 활동이 불가능한 인간을 낳을 수밖에 없다.

경막외마취[무통분만을 위해 실시하는 마취]도 없고, 피비린내 나는 가짜 진통과 진짜 진통 사이에서 긴장을 완화시키기 위한 방향유 분무기도 없이 대부분 동굴 속에서 진행되었을 출산을 추측해볼 때, 우리의 먼 조상들, 수컷과 암컷이 느꼈을 극도의 공포를 우리는 이해할 수 있다. 여성들의 피는 우선 최상의 경우에 아이라는 결과가 나오는 출산의 피였다. 200년 전의 임산부 사망률만 생각해본다면, 1000번의 출생 중 열 번에 달하는 수치로 오늘날에 비해 1000배나 높다. 한 아이를 세상에 태어나게 하는 일은 영웅적인 행위에 속했다.

내가 나이가 많기는 하지만 선사시대를 살아보지는 못했고, 그래서 먹기 위해 사냥을 하는 게 무엇을 의미하는지 알지 못하지만, 포식 동물들이 피 냄새에 이끌렸다는 사실이 우리 동굴 조상들의 걱정거리를 키우는 데 보탬이 됐으리라는 것은 짐작할 수 있다. 그런 관점에서 금기의 이유가 **위험의 공포** 탓이라는 레나슈의 가설은 적어도 현실적이다.

또한 포식 동물을 피하고 부족을 보호하기 위해 여성들은 생리를 하는 동안 안전한 장소에서 스스로를 격리하는 습관을 들였을 것이다. 영국의 크리스 나이트Chris Knight[17]를 포함한 다수의 인류학자들은 이 선택된 고립이 여성들로 하여금, 모든 문화에서 그 흔적이 남아 있는 샤머니즘적 영성을 발전시키게 했다고 본다. 특히 동굴 벽화의 경우, 최근 연구들[18]에 따르면 남성들이 아닌 여성들이 제작했을 수도 있다. 세상의 신비를 공부하고 간파하는 시간을 찾았던 것은 그 신비 속에서 여자들이 일시적 숭배의 대상이 됐을 것이다. 바로 자발적 은둔의 시간을 보내고 있던 여성들이었을 것이고 일상생활에서 시간적 여유가 있었기에 공동생활을 생각해보고 이를 계획하고 조직했던 이들도 바로 이 여성들이었을 것이다. 남자들의 압력에서 벗어나, 조화롭고 신중한 방법으로 말이다. 크리스 나이트에 따르면 부족 내에서 식량을 분배하는 책임을 진 이들도 여성들이었다.[19] 이 인류학자는 여성들이(지금 당신에게 2만 살 이하는 이해할 수 없는 시대에 대해 이야기하는 것이다) 고기를 충분히 가지고 돌아오지 못한 남자들을 거부하면서 '섹스 파업'을 하기도 했다고 주장했다. 또 이때에 여성들이 타투나 보디 페인팅을 통해 '자신의 몸에 표시하는 것'에 관심을 가졌을 것이다. 자신을 접촉하면 안 된다거나 아니면 다시 접촉해도 되는 상태가 되었다는 것을 나타내기 위해서 말이다.

그 여성들은 남성들이 여성들 없이도 생활을 계획하기에 이르고, 솟구치는 피, 즉 대부분이 사냥과 전쟁, 폭력에서 나오는 그 피가 자신들 다리 사이에서 주기적으로 흐르는 피보다 우위에 섰다는 사실을 알게 됐을 때 엄청나게 놀랐을 것이라고 나는 생각한다.

금기와 낙인, 같은 투쟁?

인류학자 다니엘 드 코페Daniel de Coppet에 따르면[20] '금기tabou'라는 단어는 유명 항해가 제임스 쿡James Cook이 1778년 하와이섬에 방문했을 때 폴리네시아 어족의 어휘에서 차용해온 것이다. 이 단어는 두 가지 다른 단어에서 유래했다. '표시하다'라는 뜻의 'ta'와 '강력함'을 뜻하는 'pu'다. 이는 '강력하게 표시된'이라는 의미가 될 텐데, 다시 말해 위험을 알리기 위해서, 혹은 존경이나 도피를 강요하기 위해서 다른 것과 구별되는 독특한 표지를 갖고 있다는 뜻이다. 반대말은 'noa'라고 하는데, 평범하고 보편적이며 허용된 것들을 가리킨다.

이 단어는 이런 다양한 용도로 쓰이면서 오늘날까지도 금지된 것과 불순한 것, 위험한 것, 존엄하고 신비롭고 신의 권위가 부여된 것을 동시에 지칭하며 양면성을 띠고 있다. 그러니 폴리네시아 문화에서 생리혈(타히티어로는 'toto')이 'tapu'인 것은 놀라운 일이 아니다. 여러 저자들은 추론을 통해 '금기tabou'라는 단어가 폴리네시아어로 '월경'을 뜻하는 'tapua'에서 왔다는 생각까지 하기에 이르렀다. 그러나 프랑스어-타히티어 사전을 읽어보면 이 가설을 뒷받침할 근거가 없다. 'tapua'라는 단어는 '비누로 씻는' 행동을 가리킨다. 그리고 생리혈은 'havari'라고 일컬어진다.

위안을 하자면, 고대 그리스어 'stigma'에서 유래한 '낙인 stigmate'이라는 단어는 '금기tabou'라는 단어와 정확하게 같은 것, 즉 '달군 쇠로 표시를 하다'를 의미한다는 사실을 들 수 있다. 생리 중인 여성들에게 취해진 낙인찍기는 결국 서양식 금기이며, 여전히 서양 사회를 지배하고 있는 유대-기독교 문화 안에서 여성들은 이 금기의 다양한 마력을 겪어야 했음을 우리는 알게 될 것이다.

그렇다면 대체 생리의 금기는 어디에서 왔으며 어째서 모든 문화, 또는 거의 모든 문화에서 찾아볼 수 있는 걸까? 살로몽 레나슈의 주장에 따르면 이것은 생존의 법칙이다. 왜냐하면 "고등동물들은 선조들의 경험에서 나온 부산물, 즉 우리가 본능이라고 부르는 것만을 따르지는 않기 때문이다. 그들은 육체적 힘을 행사할 때 양심의 거리낌에 따라 멈춘다. 많은 사람이 알고 있듯이, 고등동물은 서로를 잡아먹지 않는다. 여기에 반박하기 위해 내세울 수 있는 예외들이 오히려 이 규칙을 공고하게 만든다. 동종의 피를 흘리게 하거나 그의 살을 먹는 양심의 거리낌은 원시적인 것이 아닐 수도 있다. 하지만 어린아이들에게 젖을 먹이고 그들을 보호해야 하는 모든 종에게 이는 반드시 필요한 보존의 조건"이다.[21]

그러므로 금기는 종의 생존과 관계가 있을 것이다. 더군다나 우리는 아리스토텔레스의 견해에 따라, 임신과 관련해서 오랫동안 정액의 역할에 버금가는 역할을 생리혈에 부여해왔다. 아리스토텔레스의 또 다른 근거 없는 관찰 중에는, 여성들이 남성들보다 치아의 수가 적다고 주장하는 것도 있다. 2세기 무렵에 살았던 그리스 의사 갈레노스Galenos는 여성 정액이 존재하며, 자궁 안에서 태아를 만들기 위해 그것이 정액과 섞인다고 생각했다. 하지만 그는 또한 생리혈이 어떻게 보면 정액에 의해 '응고'될 수 있고 그렇게 해서 살을 만들어낸다고도 생각했다. 이러한 생각은 중세 유럽에 매우 널리 퍼져 있었다. 그 당시에 생리혈은 태아에게 영양을 공급하고 태아를 발달시키는 요소로 여겨졌으며, 그래서 임신 기간에 생리혈이 나오지 않는다고 생각했다. 그 후에 몸이 새로운 태아를 키울 준비가 됐음을 나타내는 생리가 돌아올 때까지 이 피는 모유로 변한다고 여겼다.

일과 '생리'

여러 가지 사변의 대상인 생리혈은, 겉보기에 성적인 집착과 거리가 아주 멀어 보이는 분야들에 예상치 못한 영향을 미치면서 모든 사회에서 수수께끼로 남아 있다. 인류학자 알랭 테스타르Alain Testart에 따르면 바로 이 금기를 통해 성별에 따라 일을 구분하는 현상을 설명할 수 있다. 그는 『여전사와 화덕L'Amazone et la Cuisinière』[22]이라는 책에서 이러한 구분이 수천 년 전부터 아주 최근까지도 변하지 않고 있다는 사실에 주목했다. 원재료의 구분 현상을 연구한 미국의 연구가 G.P. 머독G. P. Murdock이 실시한 한 조사를 바탕으로, 테스타르는 생산 활동의 예를 들었다. "단단한 재료들은 거의 항상 남자들이 다루었다. 그중 99.8퍼센트의 경우가 금속이었고, 98.8퍼센트가 나무, 95.9퍼센트가 돌, 94.6퍼센트가 뼈나 뿔, 조개껍데기다. 부드럽고 물렁물렁하고 유연성 있는 재료는 주로 여성들이 다뤘다. 그중 86.4퍼센트가 방직, 78.9퍼센트가 도기 제조, 67.6퍼센트가 직조, 62.4퍼센트가 돗자리 제작, 57.5퍼센트가 바구니 제작, 46.8퍼센트가 가죽을 다루었다." 이러한 일의 구분은 오늘날까지도 상당히 항구적으로 남아 있다. 압도적 다수로 남자들이 지배해온 활동, 즉 사냥과 고기잡이에서 성별에 따라 일을 분배하는 것처럼 말이다(이러한 조건에서 아르테미스가 왜 사냥의 여신인지 정말 궁금하지만, 이 주제는 3장과 6장에서 다루겠다).

이런 피비린내 나는 활동에서 여성들이 제외된 이유는 제대로 설명되지 않는데, 알랭 테스타르는 여성들이 힘이 덜 세거나 이동성이 떨어지는 존재이기 때문이라고 본다. 그러나 이러한 '자연주의적' 접근은 설득력이 없다. 일례로 이누이트들은 얼음 구멍 근처에서 완벽하게 움직이지 않는 상태로 고기를 잡았고, 이런 활동은 특별히 근육의 힘을 필요로 하지 않기 때문이다. 다른 경우, 여성들이 사냥에 참여하기도 하지만 작은 사냥감을 사냥하거나 사냥감 몰이에 그쳤다. 차이를 만드는 것은 활동도 사용된 도구도 아니라고 알랭 테스타르는 주장한다. "여성들이 사용하지 않은 무기는 피를 흘리게 만드는 무기들이다." 남성에게는 크고 날카로운 칼, 양날 검, 사브르sabre[가늘고 긴 검으로 대부분 휘어진 형태로 한쪽 날만 있다]와 도끼가, 여성에게는 뒤지개[땅속을 뒤지거나 땅에 구멍을 내는 데 사용하는 기다란 막대기다], 피를 흘리게 할 수는 있지만 피가 솟구치게 하지는 못하는 작은 바늘이 있다.

이 금기는 혹시 여성은 생명을 주는 존재이므로 죽음을 줄 수는 없을 것이라는 사실과 연관이 있지는 않을까? 이는 테스타르가 볼 때 약간 부족한 설명이다. 그는 다른 실마리에 힘을 싣는다. 바로 피들(생리혈과 솟구치는 피)을 뒤섞는 것의 상징적 금지다. 테스타르에 따르면 이러한 금지는 우리가 지금도 겪고 있는 성별에 따른 일의 구분을 초래했을 수도 있다. 이 금지 사항은 근친상간과 분명히 관련이 있고, 정확히 말해 근친교배라는 극심한 공포에 기초한다. 이렇듯 생리의 역사에 관심을 가지면 우리는 인간 사회의 토대에 가감 없이 접근할 수 있다.

소금에 절이는 것과 관련한 금기 역시 연관이 있는데, 소금은 모든 희생에 존재했기 때문이다. 소금은 음식의 '부패'를 막으면서 와인 자국을 지우는 데도 사용된다. 단지 소금이 은유적으로 피를 나타내는 술에 대한 상상의 해독제라는 이유 때문이다. 하지만 실제로는 전혀 지워지지 않는다. 포도밭과 와인에 관계된 미신들에 대해 보자면, 가톨릭 신자들이 성찬 전례 때 '그리스도의 피'라는 관용적 표현을 한 후에 영성체 의식에서 와인을 마시는 모습을 떠올리는 것으로 충분하다.[23]

달걀과 마요네즈에 관련해서도, 다시 피가 언급된다. 알랭 테스타르는 달걀노른자는 노란 것이 아니라고 설명한다. "이탈리아어에는 노른자를 지칭하는 '투오를로tuorlo'라는 특수한 단어가 있는데, 노른자를 '일 로소il rosso', 즉 붉은색이라고도 부른다."[24] 그는 서양에서 달걀이 늘 부활절, 다시 말해 그리스도의 부활과 연결되는 사실을 환기시키며, 불가능하고 위험한 피의 혼합이라는 상징적 언급을 생리와 달걀 사이의 연관성에서 찾아낸다.

어머니는 1979년의 그 끔찍한 여름에 내가 아이올리를 망친 이유는 단순히 냉장고에서 달걀을 꺼내 곧바로 사용했기 때문이라고 말한다. 마요네즈를 만들려면 모든 재료가 비슷한 온도여야 하는데 말이다. 하지만 마지막 심판을 내려준 이들은 카탈루냐 쪽 가족들이었다. 그들의 말에 따르면 진짜 아이올리에는 달걀이 아예 들어가지 않는다. 오일을 넣고 마늘 알뿌리를 으깨면서 끈기 있게 부풀어 오르게 하고, 온도를 맞추고, 아주 정확하게 삶은 감자나 빵을 넣어서 전체적으로 걸쭉하게 만들어야 한다. 착실한 비신앙인인 우리 가족의 요리 전문가들은 예수 그리스도와 관련된 이야기에 대해서는 그런 이야기의 주인공이 되지 않도록 예수 그리스도가 좀더 노력했어야 한다고 입을 모았다.

3장_
저주받은 피

내가 청소년이었을 때, 생리를 한다는 뜻으로 내 주위에서 가장 흔하게 쓰인 표현은 '영국인들이 쳐들어왔다'였다. 다른 모든 이들처럼 나 역시도 이 문장이 1944년 6월 노르망디 해안 상륙에서 유래한 줄 알았으나, 사실 이 표현은 프랑스인들이 워털루 전투("워털루! 워털루!"라고 1974년 스웨덴 그룹 아바가 노래했다. 스웨덴은 정말이지 이 주제에서 정점에 있는 국가다)에서 패했던 1815년으로 거슬러 올라간다. 그때 프랑스를 점령했던 영국인들이 붉은색 제복을 입고 있었고, 그래서 이런 빈정거림이 담긴 비유가 탄생한 것이다. 어떤 가정에서는 영국인들을 붉은 군대로 바꿔 말하기도 했지만, 우리 부모님은 내 생리에 대해 얘기하려는 목적으로, 나치즘에서 우리를 구해준 소비에트 연방의 영웅적 행위를 더럽히는 행동을 용납하지 않았을 것이다.

오늘날에도 벨기에나 그리스에서는 러시아인들이 왔다고 말하고, 네덜란드에서는 '붉은 깃발을 게양하거나 심지어 '일본 국기'

를 게양하기까지 한다. 네덜란드 사람들은 '페라리가 문 앞에 왔다' 라고 말하거나, 탐폰 애플리케이터를 언급하며 '어뢰의 순간이다' 라고 말하기를 좋아한다. 생리에 대한 다채로운 문구가 담긴 대중 어휘도 풍부하다. 자신의 꽃, 개양귀비, 날, 달, 묵주를 가졌다는 표현은 가장 시적인 이들이 사용하고, 케첩이나 토마토소스가 있다는 표현은 가장 미식가다운 이들이 사용한다. 외국에서는 방문을 자주 받는다. 폴란드에서는 할매, 미국에서는 친척 아주머니Aunt Flo(유출을 뜻하는 '플로flow'를 연상시키는 말장난), 독일에서는 사촌, 이탈리아에서는 후작이 방문한다.

생리의 금기를 '피의 혼돈', 즉 근친상간 및 그 반대인 족외혼이라는 불안과 연관시킨 알랭 테스타르의 주장을 믿는다면, 인기 있는 이 표현들이 다른 의미를 가질 수도 있다. 남성들이 흐르게 만드는 전장의 피뿐만 아니라 혈통과 부족의 피에 대해서 여성들의 피가 기준이 된다는 의미 말이다. 그렇다면 국가의 피에 대해서도 기준이 되지 못할 이유도 없지 않을까?

나는 '라냐냐ragnagnas'라는 단어도 좋아했다. 나중에 알게 된 사실이지만, 이 표현은 욕망이나 갈망을 뜻하는 가스코뉴 Gascogne[프랑스 혁명 이전에 프랑스 남서부 지방을 일컫던 명칭이다] 지방어 '아루강arrouganh'에서 유래했다. 나의 생리를 지칭하기 위한 수백 개 단어 중에서 잘 알지 못한 채 단 하나를 선택했는데, 이 단어가 겉모습과는 다르게 뭔가 유쾌한 것을 가리킨다는 사실이 나는 전혀 불만스럽지 않다.

그러나 생리를 가리키기 위해 사용된 모든 표현 중에서 내가 가장 좋아했던 표현은 아버지가 사용하던, '자신의 암컷 곰들을 가

지다avoir ses ourses(또는 '자신의 수컷 곰을 가지다avoir ses ours')'
라는 표현이다. 이는 유래가 잘 알려지지 않은 표현이다. 어떤 이
들은 이제는 통용되지 않는 낡은 표현인 '자신의 날이 있다avoir ses
jours'가 언어적으로 변화한 것이라고 생각하기도 한다. 또 다른 이
들은 '힘센 곰'이라는 뜻을 가진 달의 여신, 아르테미스와 연관 짓
기도 한다.

자신의 암컷 곰을 가지다

그리스 문명 연구가 릴리 카일Lilly Kahil은 아르테미스와
암컷 곰의 긴밀한 관계를 이 동물이 인간과 가장 가까운 동물이라
는 사실로 설명한다. 아리스토텔레스와 플루타르코스의 관찰에
따르면 "곰은 누워서 교미하고, 이따금 뒷발로 일어서기도 하며,
그렇게 선 채로 걷기도 하고, 인간 어머니와 동일한 애정으로 새끼
들에게 젖을 먹이기" 때문이다.[1]

곰은 유럽에서 가장 널리 알려진 토템이다. 네안데르탈인까지
거슬러 올라가는 선사시대의 수많은 동굴에서 곰이 존재했다는 흔
적도 발견됐는데, 곰을 토템으로 삼기 전에 인간들은 동굴에 정착
하려고 종종 곰을 동굴에서 내쫓기도 했다. 시베리아에서는 여자
샤먼이 곰이라 불렸다. 베를린('작은 곰'을 뜻한다), 마드리드, 베
른 등 세 곳 이상의 유럽 도시에서 이 동물을 도시의 상징으로 삼
았다. 그리고 나는 어린 시절에 내 곰돌이 인형을 껴안은 채 핌프
르넬과 니콜라, 곰돌이의 모험을 다룬 TV 시리즈 〈잘 자, 어린이들

Bonne nuit les petits〉을 보면서 지냈다. 어린이의 장난감 인형 중에서 서양 세계에서 현재까지도 가장 인기 있는 인형은 곰돌이 인형인데, 1902년에 시어도어 루스벨트Theodore Roosevelt가 새끼 곰 한 마리의 사살을 단념하고 나서부터였다. 그 사건을 계기로 장난감 생산자들이, 시어도어Theodore의 애칭이 테디Teddy이므로, '테디 베어Teddy Bear'라는 이름의 인형을 만들 생각을 하게 됐다.

지그문트 프로이트Sigmund Freud가 정의했듯이, '자신의 암컷 곰들을 가지다'라는 표현을 통해 금기는 토템과 결합된다. "토템은 첫째, 그 집단의 조상이다. 둘째, 보호하는 영이자 신탁을 내리는 존재, 다른 이들에게는 위험하지만 자신의 아이들을 알고 너그럽게 봐주는 은인이다. 그래서 동일한 토템을 가진 이들은 신성의 의무를 지는데, 이 의무를 위반하는 경우, 자신들의 토템과 관련해 필연적으로 벌을 받는다. 가령 자신들의 토템을 죽이거나 파괴하지 않아야 하고, 토템의 살을 먹거나 다른 식으로 향유하는 행위를 삼가야 한다."[2] 프로이트에게 토템은 우선 어머니로부터, 그다음은 아버지로부터 대대로 전해지는 것이고 "이 체계가 효력을 발휘하는 거의 모든 곳에서 법을 이룬다. 이 법에 따르면 유일하고 동일한 토템의 구성원들은 서로 성관계를 가져서는 안 되고, 따라서 서로 결혼해서도 안 된다. 바로 이것이 토템 체계에서 떼어놓을 수 없는 족외혼 법"이다.

그리스 브라우론의 아르테미스 신전에서 곰과 신성의 연관성은 전설에 바탕을 두고 있다. 옛날, 암컷 곰 한 마리가 신전에 은신하고 있었는데 방문객들이 이 곰을 길들였다. 그러나 어느 날 이 곰은 자신을 성가시게 하던 한 여자아이를 할퀴었고, 그 결과 그

아이의 형제들에게 죽임을 당했다. 자신의 신전에서 모욕당한 아르테미스는 도시에 페스트를 보내 복수하기로 결심한다.[3] 이 사건이 발생한 후, 아테네의 젊은 여성들은 현명해지는 법을 배우고 '곰 만드는' 법을 통해 진정한 여성이 되기 위해 아르테미스 신전으로 보내졌다. 여신에게 봉헌된 '새끼 암컷 곰들'은 결혼할 때까지, 여러 해가 지속될 수도 있는 입문 교육을 받았다. 어머니 레토가 자신의 쌍둥이 형제 아폴론을 고통 없이 출산하도록 도왔던 여신 아르테미스는, 그 대가로 여성들이 자신을 계속해서 숭배한다는 조건 아래, 이들이 아이를 낳을 때 가호를 약속했다.

이 입문 과정에서 여성들은 직조법, 음악, 춤을 배우고 달리기도 했다. '새끼 암컷 곰들'은 신화 및 신전을 중심으로 이루어졌던 이 비밀 의식에서 중요한 역할을 했다. 곰의 털을 연상시키는 동시에 결혼한 여성이나 화류계 여성의 몸치장을 연상시키는 사프란 색의 드레스 '크로코트crocote'를 입은 젊은 '아르크토이arktoi'는 아르테미스의 신성한 사냥과 같은 의식에 참여했다. 이 여성들은 또한 4년마다 열리는 큰 축제인 브라우로니아에도 참여할 의무가 있었다. 배움이 끝나면 여성들은 드레스를 벗고 알몸으로 화톳불 주위를 뛰었는데, 이를 통해서 대 플리니우스가 여성들이 벌거벗은 **몸**으로 뛰어다니는 버릇이 있었다고 언급한 이유를 알 수 있다. 그러나 고대 저자들은 이러한 나체가 탐욕을 불러일으켰을지도 모른다고 이야기했다. 예를 들어 카리에스나 스파르타의 아르테미스 신전에서처럼, 젊은 여성들이 이런 의식의 춤을 추는 동안 납치되어 강간을 당하는 경우가 드물지 않았기 때문이다.

아르테미스가 허리띠를 졸라맸을 때

앞에서 언급한 오딜 트레슈[4]는 브라우론 신전에서 행해졌던 아르테미스에 관련된 또 다른 의식에 대해 오랫동안 연구해왔다. 바로 이 신전에서 여성들이 아르테미스 여신에게 바치던 봉헌물을 연구했는데, 그것은 생리혈이나 오로(출산할 때 배출되는)가 배어든 천이다. 신전 기둥에서 발견된 비문들에는 의복 봉헌에 대한 내용이 열거되어 있다. 거기에는 값비싸고 공들여 만든 옷들이 설명되고, 그 옆에 '넝마' 또는 '누더기' 정도로 번역되지만 당시 일부 문서들에 따르면 여성들이 아이를 낳을 때 깔았던 천이나 그리스인들이 생리를 말할 때 사용한 이름으로, '여성의 물건'을 지칭하는 단어인 '라코스rakos'의 존재가 언급된다. 생리혈과 관련된 봉헌 의식은 히포크라테스도 거론했다. 히포크라테스는 저서 『여성들의 질병』에서 기원전 5세기에도 여성들이 겪고 있던 생리통을 경감시키는 데 이 봉헌 의식이 실효성이 있는지 의구심을 표했다.

전문가들 사이에서는 여전히 이 봉헌 의식의 실효성이 논쟁을 불러일으키지만, 로마인들이 사냥의 여신 디아나와 동일시했던 아르테미스는 틀림없이 출산의 여신이었을 것이다. 아르테미스는 종종 머리 위에 초승달 모양이 그려진 모습으로 표현된다. 그리고 아르테미스는 사냥, 동물, 야생의 삶을 지배했다. 산모가 출산할 때 깔고 있었거나 출산 도중에 사망한 여성들을 기리기 위해 바쳤던 '허리띠(실제로는 엉덩이에 둘러 입는 옷이나 속바지)' 봉헌 또한 아르테미스가 힘든 출산의 어려움을 해결해주는, '허리띠 풀어주는 이'였다는 사실을 일깨워준다.

이 '마법의 허리띠'는 오늘날 종교적 상상 속에 남아 있다. '성스러운 허리띠'는 동정녀 마리아의 가장 소중한 유물 중 하나이고, 아르테미스 숭배는 많은 특징과 의식이 계승되어 동정녀 마리아 숭배로 대체됐다. 이 성스러운 허리띠는 성 토마스에게서 나온 것이다. 성 토마스는 동정녀의 장례식에 참석하지 않았고, 동정녀의 승천을 의심하며 꽃으로 둘러싸인 마리아를 발견하기 위해 마리아의 무덤을 열어본다(꽃은 생리를 나타내는 은유 중 하나다. '꽃을 가졌다'라고도 하지 않는가). 바로 그때 동정녀가 하늘로 올라가며 그에게 반박할 수 없는 증거로서 자신의 허리띠를 던진다(왜인지는 모르겠지만, 나는 이 장면을 상상하면 몬티 파이선Monty Python[영국의 코미디 그룹이다]이 복음서 시나리오 작업에 참여한 건 아닌지 늘 궁금하다.)

풍요로움을 더해주고 출산을 쉽게 해준다는 이 허리띠는 엄청난 운명을 따르며 역사의 변덕 속에서 여러 조각으로 잘려 여러 나라에 보관된다. 시리아의 홈스에서도 한 조각이 발견되었고, 토스카나 프라토의 두오모 대성당에도 한 조각이 있다. 그리고 프랑스에도 최소한 두 조각이 있는데, 앙제 근처 퓌노트르담의 참사회 교회에 한 조각이 있고 지방 영주 조프루아 보드렐Geoffroy Botherel이 십자군 전쟁에서 돌아올 때 '거룩한 땅'에서 가져왔다고 알려진 조각이 브르타뉴의 작은 마을 캥탱에 있다.

하지만 유물의 주요 부분은 그리스 아토스산에 위치한 바토페디 수도원에 보관되어 있는데, 그곳은 여성들의 출입이 금지되어 있고 그 유물은 2011년까지 밖으로 나온 적이 없다. 일간지 『리베라시옹』에 따르면 '2009년 우파 추락을 몰고 온 부동산 스캔들의 주역'인 에프라임 수도사는 그해에 '성스러운 허리띠'의 여행을 계획했다.[5] 그리스 정부가 드디어(!) 교회에도 세금을 물리려는 계획으로 긴축 재정을 펼쳤는데, 그 결과 그리스 교회는 심각한 재정 위기에 빠졌고, 그래서 그리스 교회의 재정 곤란을 해결할 목적으로 계획한 여행이었다.

유물의 여행은 이동이라는 명칭으로 불렸다. 동정녀 마리아의 허리띠는 한 달 동안 상트페테르부르크부터 우랄 산맥과 시베리아를 거쳐서 모스크바까지 러시아 전역을 이동했는데, 수백만 신자들이 이 허리띠를 보기 위해 밀려들었다. 블라디미르 푸틴 러시아 대통령도 직접 상트페테르부르크로 와서 성물을 맞이했다고 하고, 100만 명이 넘는 모스크바 시민도 구세주 성당 앞에 모였다. 위기상황부에서 구급차, 휴식용 트럭과 따뜻한 식사 등을 마련하고 특별 조치를 취했지만, 기다리는 줄이 너무 길어서 혹한의 11월에 몸 상태가 좋지 않은 사람이 300명에 이르렀고, 52명은 병원에 입원했으며, 84세의 한 여성은 추위와 피로로 사망했다.[6] 총대주교patriarcat[7]는 동정녀의 허리띠가 불임뿐만 아니라 종양 질환까지도 이겨내게 해줄 거라고 단언해, 신자들은 성물에 가까이 다가가 암을 치료하기 위해 12~18시간도 기다릴 준비가 되어 있었다.

하지만 '성스러운 허리띠'는 무엇보다도 감소하고 있는 러시아 인구를 다시 늘리기 위한 희망으로 불려왔다. 1990년대에 러시아의 출산율이 붕괴되어 대체출산율[현재 인구를 유지하기 위한 출산율을 말한다] 한계선 아래로까지 내려가는 상황에 처하자, 푸틴은 러시아인들에게 아이를 많이 낳으라고 권고하며, 아기를 낳은 여성들에게 '돈, 차, 냉장고와 다른 보상'을 제공하기까지 했다.[8] 그러던 중에 2012년, 신성한 허리띠의 이동이 이루어지고 약 1년 후, 러시아는 자국 출산율이 회복되는 모습을 보게 된다. 소비에트 연방 붕괴 후 처음으로 러시아의 출생자 수가 사망자 수를 웃돌았다.

한편 페미니스트 펑크 그룹인 '푸시 라이엇Pussy Riot'[9]이 푸틴과 러시아 정교회의 부패에 항의하기 위해 구세주 그리스도 대성당 내부에서 영상을 촬영하기로 결정한 것도 2012년이다. 이 영상은 여전히 유튜브에서 찾아볼 수 있다. 이 영상에서 여성 네 명이 색색의 복면으로 얼굴을 가린 채 여자들에게는 본래 금지된 제단 위에서 목청껏 노래 부르며 춤을 춘다. "동정녀 마리아, 신의 어머니, 푸틴을 쫓아내소서, 푸틴을 쫓아내소서, 푸틴을 쫓아내소서 …… 신성을 모욕하지 않으려면 여자들은 생명을 낳아야 하고 자신의 사랑을 줘야 하네. 젠장, 젠장, 성스러운 젠장! …… 동정녀 마리아, 신의 어머니, 페미니스트가 되소서, 페미니스트가 되소서 …… 동정녀의 허리띠는 시위를 대신할 수 없네. 동정녀는 논쟁 속에서 우리와 함께하네. 동정녀 마리아, 신의 어머니, 푸틴을 쫓아내소서, 푸틴을 쫓아내소서, 푸틴을 쫓아내소서!"

이 영상 때문에 푸시 라이엇의 멤버 세 명, 나데즈다 톨로콘니코바Nadezhda Tolokonnikova, 예카테리나 사무체비치Yekaterina Samutsevich, 마리아 알료히나Maria Alyokhina가 '집단 난동'과 '종교 증오 조장' 혐의로 체포되어 강제 노역 2년형을 선고받았다. 강제 노역, 그렇다, 당신이 제대로 읽은 게 맞다. 총대주교가 이끄는 성당 안에서 펑크 스타일 기도를 노래했다는 이유로 말이다.

이미 눈치챘겠지만, 나는 말장난을 싫어한다. 하지만 이 허리띠가 생리 주기에 버클을 채운다는 사실을 어떻게 눈치채지 못할 수 있겠는가? 지금은 초토화되었지만, 아토스산에 접근하기 위한 곳으로 초기 그리스도 시대 팔레스타인의 일부였던 곳은 결국 2011년에 그리스가 위기를 겪는 동안 볼모로 잡히고 말았다. 이 모든 것은 앙겔라 메르켈이라고 불리는 단호한 한 여성의 요구 조건을 만족시키기 위한 것이었다. 앙겔라 메르켈은 베를린(지금 곰의 도시 얘기를 하는 것이다)에서 그리스인들에게 불공정한 빚을 갚으라고 명령했다. 은행들에 자금 지원을 해주고, 이어서 욕심 많은 소수 금융가 지배 집단에게 이익이 되도록 나라를 쪼개어 팔기 위한 것이었다[그리스는 2001년 유로존 가입과 방만한 공공지출로 국가 재정 상태가 악화되고 부채가 늘어났다. 2008년 세계 금융 위기 이후, 그리스 정부는 채권자들의 요구에 따라 엄청난 금액의 구제 금융을 받아들여 자국 은행들을 구제했다. 은행들이 국가 정치를 통제하기 시작했고, 그리스는 국가 부채 때문에 기득권과 국제 기업에 수익성이 있는 자산을 대부분 팔고, 주요 경제 부문의 민영화를 거쳐야 했다]. 성스러운 허리띠는 진정 이런 운명을 완성하기 위해 여성들이 금기시되는 한 수도원에서 호화로운 생활을 끝낸 것일까?

푸시 라이엇에 대한 불공정한 재판은 고대 희생의 모양새를 띤다. 그리고 희생을 말하고자 한다면 이피게네이아가 있다. 다시 말해, 우리 아버지가 말했던 것처럼, 우리는 아직 곤경에서 벗어나지 못했다는 뜻이다.

3장_ 저주받은 피

이피게네이아의 화신에게

전설에 따르면 이피게네이아의 무덤은 브라우론 신전의 한 동굴 속에 있다. 이 여자 영웅 역시 아르테미스와 동일시하던 신성이었는데, 수많은 작품에 계시를 내린 것으로 유명하다.

모든 것은 전설의 트로이 전쟁 중에 파리스가 헬레네를 납치하면서 시작된다. 헬레네의 남편인 메넬라오스 왕은 형 아가멤논에게, 헬레네를 되찾으러 트로이에 가기 위해 군대를 모을 것을 요구했다. 그러나 아가멤논의 배 100척이 바다로 돌격하는 순간, 뜻밖의 불운이 닥친다. 아울리스 항구에 바람이 한 점도 없었던 것이다 (고대 그리스이므로 모터도 없고, 비행기는 더더군다나 없고, 이카로스는 초를 붙인 날개를 가지고 태양에 너무 가까이 다가가 실패했다). 바로 여기에서 아르테미스가 예언자 칼카스의 음성으로 등장한다. 칼카스에 따르면 여신이 아가멤논에게 매우 화가 났는데, 그리스 저자들의 여러 버전에 따라 여신이 질책하는 이유가 저마다 다르다. 첫번째로, 그가 여신보다 활을 잘 쏜다고 주장했기 때문이다(이 여신은 사냥의 여신이라는 점을 다시 한 번 말씀드린다). 두번째로, 그가 전통적이지 않은 방식으로 사슴 한 마리를 죽였기 때문이다. 세번째로, 그가 자신의 딸이 태어난 다음 해에 희생 제물을 바쳤어야 했는데 그러지 않았다. 혹시 아가멤논이 부인 클리타임네스트라의 오로가 묻은 천을 여신의 신전에 바치러 가는 것을 잊었던 것일까? 어찌 됐든 간에 아르테미스는 단호했다. 아가멤논이 즉시 그의 딸 이피게네이아를 자신에게 희생 제물로 바치지 않을 경우, 배들은 절대 출항할 수 없을 터였다.

아가멤논은 자신의 딸을 희생 제물로 바치는 행위를 그다지 마다하지는 않았다. 신화의 여러 버전 중 하나에 따르면 그는 이피게네이아를 희생 장소로 오게 하려고 그녀가 아킬레우스(발뒤꿈치가 약한 그 남자)와 결혼하게 됐다고 믿게 만들었다.

결혼 의식과 희생 의식은 제단이 있다는 점에서 서로 닮았다. 바로 그 커다란 돌 위에 동물이나 인간 희생의 피를 쏟는다. 이 의식은 희생 제물의 죽음을 초래하지 않으면서 목을 절개하여 피를 흐르게 하는 것이어서 인간 희생은 치명적인 상태가 될 수도 있었다. 알랭 테스타르가 이야기한 것과는 반대로, 이렇듯 여신은, 아니면 여신의 대여사제는, 피를 흐르게 만드는 힘이 있었다. 인류학자들은 유일하게 고대 그리스인들이 남성 대신 여성을 사냥과 관련지어 상상해왔다고 인정한다. 하지만 이는 특별한 조건들 덕분이다. 왜냐하면 아르테미스는 "자신의 순결을 완강하게 지키고 여자들에게만 둘러싸여 있던 명백한 처녀였기 때문이다. 그리스인들의 눈에 사냥을 지배하던 여인은 완전한 여자가 아니었다. 이 여인은 결혼도, 출산도, 순결의 피도, 출산의 피도 알지 못했기 때문"이다.[10] 넓은 의미로, 그 여신은 생리혈 또한 알지 못했으리라 짐작해본다.

한편 아르테미스 숭배에는 여성들뿐만 아니라 남성도 피를 흘리게 한다는 생각이 포함되어 있다. 스파르타의 아르테미스 신전에서는 젊은 남성들의 입문 교육이 존재했는데, 끝은 항상 큰 매질이었다. 청년들은 피가 날 때까지, 간혹 죽음에 이를 때까지 아르테미스의 나무 중 하나인 개암나무 가지로 맞았다. 지리학자 파우사니아스는 이와 직접 관련된 2세기 때의 유래를 다음과 같이 설

명한다. "림나이Limnai, 코노라Konoura, 메소아Mesoa, 피타네Pitane
의 스파르타인들은 아르테미스에게 희생 제물을 바치는 동안 불화
를 겪어, 희생 의식이 끝난 뒤에 피가 흐르게 됐다. 그 뒤 많은 이들
이 제단에서 죽었고, 다른 이들에게도 재앙이 덮쳤다. 이와 관련하
여 한 신탁의 신이 이들에게 나타나 제단을 인간의 피로 적시라고
명령했다. 따라서 그 이후로는 운명이 정한 이가 희생되었지만, 리
쿠르고스는 이 관습을 청년들에 대한 매질로 바꾸었고, 그 결과 제
단이 똑같이 인간의 피로 덮이도록 했다."[11]

그래서 이피게네이아가 이제 막 힘든 일을 겪으려고 하는 순
간, 특히 마지막 순간, 갑자기 화가 풀린 아르테미스가 그 소동을
끝내기로 결심하여 그 가여운 처녀를 빼내고 암사슴으로 대체했
다. 신화의 일부 버전에서는 이피게네이아가 자발적으로 자신의
목숨을 희생 제물로 내놓겠다고 하여 여신의 마음이 누그러졌다고
주장하기도 한다. 어찌 됐든 간에, 마지막 순간에 제물이 대체되
자 바람이 일었고 100척의 배는 결국 트로이를 향해 파도를 헤치
고 나아갈 수 있게 되었으며, 그사이 아르테미스는 이피게네이아
를 지금의 크림반도인 타우리스로 데려간다. 그곳에서 이 젊은 처
녀는 신전의 대여사제가 되었고, 죄수들이나 신전 해안에 다다른
선원을 희생 제물로 바치는 임무를 수행했는데, 자신 역시 희생 제
물로 바쳐질 뻔했으니 즐거운 마음으로 행하지는 않았다. 그 후 수
많은 우여곡절 끝에 이피게네이아는 브라우론으로 돌아와 밤의 여
신 헤카테를 대신하게 된다. 여성이 해산하다가 사망하면 사람들
은 특별히 그녀에게 봉헌했다.

만약 남자들이 했다면

이피게네이아의 희생은 성경이 간직하고 있는 또 다른 기억을 떠올리게 한다. 바로 아브라함의 희생이다. 그는 주님의 영광을 위해 외아들 이삭을 죽이는 것을 받아들였는데, 이삭은 마지막 순간에 양 한 마리로 대체되었다(이 양은 예수와 함께 하느님의 어린양이 된다).

우리는 이삭이 특별한 조건 속에서 태어났다는 사실을 잘 알고 있다. 아브라함의 부인 사라이가 불임이었기 때문이다. 하지만 야훼는 90세라는 연로한 나이에 이른 이 가여운 여인에게 아이의 출생을 예언하는데, 이 얘기를 듣고 사라이는 처음에는 웃었다. 하지만 자신의 아들, '웃는 사람'이라는 뜻을 지닌 이름인 이삭이 태어나고 몇 년 후에 주님이 아브라함에게 아이를 희생 제물로 바치라고 요구했을 때는 웃을 수 없었다. 하지만 결국 이삭은 목숨을 구했으니 그녀는 웃으면서 100세를 맞지 않았을까 상상해본다. 물론 그 나이에도 여전히 치아를 갖고 있었으리라고 말하기는 힘들겠지만 말이다.

성경의 이 이야기는 생리의 관점에서 두 가지 흥미로운 특징을 보여준다. 첫번째는, 성경에도 "사라는 여인들에게 있는 일조차 그쳐 있었다"라고 나와 있듯이, 이삭의 출생 후 사라가 된 사라이는 완경 상태였다는 사실이다. 이 작은 기적은 후에 다시 일어나는데, 아들을 낳을 당시 고령이었던 세례자 성 요한의 어머니인 엘리사벳, 그리고 당연히 엘리사벳의 사촌인 동정녀 마리아에게서 일어난다. '현실주의' 철학자로 기억될 토마스 아퀴나스에 따르면 동정녀 마리아는 생리를 한 번도 하지 않았거나, 생리와 관련이 없는 아주 순수한 피를 흘렸다고 한다.

상징적으로, 생리혈을 없애버림으로써 가부장적 신이 만들어진 것이다. 하지만 고대 의사들은 이 피 자체를 아이를 만드는 재료로 여겼다. 그래서 이 건국 신화의 저자들은 자신들의 이야기를 좀더 신빙성 있게 만들기에는 작은 디테일이 부족하다고 생각해 할례라는 매력적인 관습을 덧붙였다. 성경에서, 아브라함은 곧 아들이 생긴다는 소식과 동시에 아들의 포피를 잘라내야 한다는 소식을 듣게 되는데, 이보다 더 명확할 수 없는 단어로 표현된 야훼의 말을 통해서였다. "너희는 포피를 베어 할례를 받아야 한다. 이것이 나와 너희 사이에 세운 계약의 표징이다. 대대로 너희 가운데 모든 남자는 난 지 여드레 만에 할례를 받아야 한다. 씨종과, 너의 후손이 아닌 외국인에게서 돈으로 산 종도 할례를 받아야 한다. 네씨종과 돈으로 산 종도 할례를 받아야 한다. 그러면 내 계약이 너희 몸에 영원한 계약으로 새겨질 것이다. 할례를 받지 않은 남자, 곧 포피를 베어 할례를 받지 않은 자, 그자는 자기 백성에게서 잘려 나가야 한다. 그는 내 계약을 깨뜨린 자다."[12]

자, 이렇게 해서 아브라함은 자신의 아들 이삭뿐만 아니라 하녀에게서 얻은 열세 살 된 아들 이스마엘 그리고 아흔아홉 살의 자신에게도 신의 의지를 실행하기 위해 칼을 든다. 이렇게 비교가 되는 것이다. 생리혈의 부재 그리고 남성 성기 할례로 흘러나오는 피의 존재, 이렇게 대조가 되는 것이다. 하나의 피가 다른 피를 대체하며 후손과 계약을 동시에 공고히 했다. 믿지 못하겠다는 사람들을 위해 설명하자면 다음과 같다. 중세 사람들이 할례를 받지 않은 여성들이 계약에 들어갈 수 있는지 없는지 카발라[유대교의 신비주의 교파다] 학자에게 묻자, 역사학자 클레르 수상Claire Soussen이 사회과학고등연구원에서 있었던 한 심포지엄에서 설명했듯이,[13] 여성들은 생리를 하고 있었기 때문에 할례를 받을 필요가 없었다고 대답했다. 17세기에 스콜라 학자들이 유대인과 기독교인에 대해 뜨거운 논쟁을 벌였을 때, 남자 유대인들이 '십자가형의 형벌을 받아' 정기적으로 피가 흐르는 치질 형태의 생리를 한다는 소문이 돌았다. 역사학자 캐시 매클라이브Cathy McClive도 이에 대해 언급한 바있다.[14]

영향력을 가로채기 위해 생리혈을 흉내 내려는 남성들의 의지는 여러 사회와 시대에 확인되었다. 지금 여기에서 문화적 사실들을 서로 다른 시대적 가치와 비교하거나 연관 짓자는 게 아니다. 금기를 이중적으로 받아들인 결과로 생리혈은 증오의 대상이 되기보다는 오히려 부러움의 대상이 될 수 있고, 여전히 부러움의 대상이라는 사실을 보여주고자 한다. 한편으로는 무언가 금지되고 감추어진 해로운 것이지만 또 한편으로는 성스럽고 신과 같으며 강력한 것이라는 말이다.

스코틀랜드 인류학자 제임스 조지 프레이저James George Frazer는, 동료 인류학자 스펜서Spencer와 길런Gillen이 19세기 말에 이야기한, 오스트레일리아의 웡콘가루Wonkgongaru 부족 남자들이 행하는 관습을 인용했다. "물고기 토템의 수장이 물고기 수를 늘리고 싶으면 자신의 몸 전체를 붉은 황토로 칠한다. 그리고 작고 날카로운 뼈들을 가지고 늪으로 들어간다. 거기에서 수장은 뼈를 가지고 음낭과 배꼽 주위의 피부를 뚫는다. 그러고 나서 물속에 앉는다.

상처에서 흘러나오는 피는 물과 섞여 물고기들의 탄생을 위해 흐른다."[15]

1970년 오스트레일리아의 민족학자 이언 호그빈Ian Hogbin은 『월경하는 남자들의 섬The Island of Menstruating Men』[16]에서 뉴기니 섬의 워조Wogeo 부족 남자들이 '불순한 피'를 배출하기 위해 습관적이고 규칙적인 방법으로 성기를 째는 관습에 대해 이야기했다. 이 남자들은 여자들처럼, 배제된 은둔의 시간을 보내고 난 뒤에야 다시 활동을 재개할 수 있었다. 이들에게 이 월경 의식은 카누 제작이나 사냥, 여행 등 중요한 행동을 앞두었을 때 필수적으로 행하는 준비였다.

정신분석학자 자클린 셰페르Jacqueline Schaeffer는 오스트레일리아와 피지섬, 아프리카에서 행해지는 요도 절개 의식에 대해서도 설명했다. "성기를 따라 실시되는 이 절개는 한평생 규칙적으로 되풀이되는데, 생리라 명명된 규칙적인 출혈을 얻기 위한 것이다. 초보자는 자신의 몸에 아버지 성기의 피를 받으며 이런 말을 듣는다. '이것은 성기의 우유다. 우리는 너희들의 남성 어머니들이 되었다.' 이 의식에서 금지되는 사항은 생리혈 의식에서 금지되는 사항과 동일하다."[17]

기원전 제3천년기부터 이집트와 수단에서 포피 절제를 행했다는 사실을 우리는 알고 있다. 이 행위는 여성 할례를 비롯한 다른 형태의 희생적 성기 절단과 연관이 있을 수도 있다. 민족학자이며 철학자인 프랑수아즈 강주Françoise Gange는 일례로 거세 의식을 언급하기도 했는데, 이 의식은 키벨레 여신 숭배뿐만 아니라, 에페수스에서 이루어진 아르테미스 숭배 과정에서도 관찰되었으며, 여신을 섬길 권리를 갖기 위해 필수적인 조건으로 요구되었다.[18] 그리스 고전기 몇몇 도시에서는 거세한 사제가 5000명에 이르렀다고 이 민족학자는 말한다. 또한 이슈타르 여신에게 경의를 표하기 위해 히에라폴리스에서 해마다 열리는 큰 축제를 언급한 프레이저의 『황금 가지』에 대해서도 그는 이야기했다. "시리아와 이웃 지방의 민족들이 무리를 지어 신전으로 몰려들었다. 피리와 북 소리가 울리고 거세된 사제들이 스스로를 칼로 찔렀다. 종교적 흥분은 밀물처럼 점점 고조됐다. …… 부어진 피는 마치 자석처럼 사람들의 눈을 잡아끌었다. …… 이후 남자들이 도시마다 흩어져 피로 덮인 음경을 휘두르다가 이 미친 경주가 일어나는 맞은편 집들에 이 음경을 던졌다."[19]

프랑수아즈 강주는 이런 희생 의식을 어머니 여신이 존경받던 시기와 결부시키는데, 어머니 여신에 대한 숭배는 조금 특별한 사랑의 개념에 근거하여 이루어졌다. 매해 대여사제는 여러 가지 시험에서 승리한 남성을 애인으로 선택해 잠자리를 같이한다. 하지만 곤란하게도 1년이 지나면 이 행복한 선택된 자는 식물들을 비옥하게 만들기 위해 희생 제물로 바쳐지고 거세되었다. 오빠와 누이동생인 동시에 남편과 부인이었던 이시스와 오시리스 숭배가 이 고대 신화를 설명해줄 수도 있다. 오시리스는 조각들로 잘리고 성기는 물고기에게 먹힌 뒤에 이시스에 의해 되살아난다. 그리고 어떻게 했는지는 모르겠지만, 이시스는 오시리스와 결합하여 아이를 갖는 데 성공한다. 오시리스는, 더 오래된 숭배 의식에서 희생 제물로 바쳐지기 전에 거세되었던 대여사제가 선택한 그 '왕자'를 떠올리게 한다.

어떤 이들은 이 이야기에서 고대를 지배했을 본원적인 모권 제도의 존재를 추론해냈다. 하지만 프랑수아즈 에리티에 같은 주요한 페미니스트를 비롯해 오늘날의 인류학자들에게는 터무니없는 얘기다. 왜냐하면 모계 사회든 부계 사회든 모든 사회는 '여성'이라는 가치가 '남성'이라는 가치보다 하위인 조직에 그 토대를 두고 있고, 그 결과 반대되거나 상이한 질서를 생각할 수 없기 때문이다. 시몬 드 보부아르도 원시 모권제 이론 연구가 요한 야코프 바흐오펜Johann Jakob Bachofen의 저서들에 대해 '애쓰긴 했으나 별 도움 안 되는' 것 취급을 했다.

어쨌든 「신명기」의 다음 구절에서 나타나듯이, 성경 속 족장들은 자신들의 집단에서 대여사제를 추종하는 자들을 수용하지 않았다. "고환이 눌려 터졌거나 음경이 잘린 사람은 주님의 회중에 들 수 없다." 하나의 음경과 두 개의 고환이라는 관점에서 할례는 새로운 족장 종교의 신봉자들에게 상당한 진보였음을 알 수 있다.

그럼에도 남성 거세 관습은 남아 있었다. 유럽에서는 여성들이 무대에 등장하는 것을 금지하려는 교회의 찬동에 힘입어, 17세기에 거세한 남성들이 여성들을 대체하며 오페라에서 황금기를 맞았다. 고환이 잘린 일곱 살의 어린 소년들에게 이 잔인한 희생이 가져다주는 상징적 의미를 깎아내리고 싶지는 않지만, 이 일 또한 진정한 의미에서는, 여자들의 목소리를 가로채면서까지 남자들이 그 자리를 차지하려 했던 것이라고도 할 수 있다. 프랑스에서 오페라를 목적으로 한 거세는 1770년에야 금지됐다.

세 유일신 종교, '생리'를 따라 피 흘리다

성경에 나와 있는 그대로의 계약 이야기 그리고 생리혈을 할례의 피로 바꿔버리는 속임수는 유일신 종교들의 모든 경전 속에서 생리에 대한 낙인이라는 꽤 논리적인 반향을 일으킨다. 이야기가 견고하게 유지되려면, 사실 여성의 피를 '저주받도록', 즉 엄밀히 말해서 '나쁘게 말할' 필요가 있었다. 그리고 이 상징적인 승리를 보장하는 가장 중요한 조건은, 여성이 자신의 생물학적 본질을 부끄러워하고 자신의 자궁에서 흐르는 피를 세상의 눈으로부터 감추려는 듯이 보이게 하는 것이었다. 원시시대 여성들이 평화롭게 피를 흘리기 위해 오두막에 며칠 동안 틀어박혀 있다가, 남성들에게 사랑의 '기간'이 시작될 수 있다고 알리기 위해 생리혈을 얼굴에 묻히고 나오던 풍습은 이제 보기 힘들어졌다. 입술을 꾸밀 피 대신에 사람들은 립스틱을 개발했다. 하지만 재미있는 섹스와 반짝이는 불빛들의 친구가 아닌 유일신 종교들에서는 생리혈에 대해 미적이지 않은 접근 방식을 택했다.

그러므로 당연히, 「레위기」(모세 오경 중 셋째 경전)에서 생리 기간은 부정함으로 표시된다. "여자에게서 무엇인가 흐를 경우, 곧 그곳에서 피가 흐르면 그 여자는 이레 동안 불결하다. 그 여자의 몸에 닿는 모든 이는 저녁때까지 부정하다. 그 여자가 불결한 기간에 눕는 자리는 모두 부정해진다. 그가 앉는 자리도 모두 부정해진다. 그 여자의 잠자리에 몸이 닿는 이는 모두 옷을 빨고 물로 몸을 씻어야 한다. 그는 저녁때까지 부정하다. 무엇이든 그 여자가 앉는 물건에 몸이 닿는 이도 모두 옷을 빨고 물로 몸을 씻어야 한다. 그는 저녁때까지 부정하다. 잠자리든, 또는 그 여자가 앉는 물건이든 그것에 몸이 닿는 이는 저녁때까지 부정하다. 어떤 남자가 그 여자와 동침하면, 그 여자의 불결한 상태가 그에게 옮아 이레 동안 부정하다. 그 남자가 눕는 잠자리도 모두 부정해진다. 어떤 여자가 불결한 기간이 아닌데도 오랫동안 피를 흘리거나, 불결한 기간이 끝났는데도 피를 흘리면, 피를 흘리는 동안 내내 그 여자는 부정하다. 불결한 기간일 때처럼 그 여자는 부정하다. 그 여자가 피를 흘리는 기간 동안 눕는 잠자리도 모두, 불결한 기간에 눕는 잠자리처럼 다루어야 한다. 그 여자가 앉는 물건도 불결한 기간에 부정하듯 모두 부정해진다. 그것들에 몸이 닿는 이는 모두 부정해진다. 그는 옷을 빨고 물로 몸을 씻어야 한다. 그는 저녁때까지 부정하다. 흐르던 피가 멎어 깨끗해지면 이레 동안 기다린다. 그런 뒤에야 그 여자는 정결해진다. 여드레째 되는 날에 그 여자는 산비둘기 두 마리나 집비둘기 두 마리를 가지고 만남의 천막 어귀에 있는 사제에게 온다. 사제는 한 마리는 속죄 제물로, 한 마리는 번제물로 바친다. 사제는 이렇게, 부정하게 피를 흘린 것 때문에 그 여자를 위하여 주님 앞에서 속죄 예식을 거행한다.”

산비둘기를 희생 제물로 바치는 특이한 관습이 근대에는 살아남지 못했지만 금기는 계속 작용하고 있다. 신실한 신자들의 가정에서 행해지는 절제, 그리고 우연히 자신도 모르는 사이에 여성들의 혹시 모를 부정이 옮을까 두려워서 어떤 여자와도 악수를 하지 않으며 어디에도 앉지 않는 정통 랍비들에 대한 도시 전설이 ‘니다 niddah’라는 의식이 지속되고 있음을 증명한다.

이슬람과 관련해서는, 생리를 악, 나약함 또는 오점(관습법)으로 묘사하는 쿠란에 이 금기 사항이 확실히 나타나 있다. "월경 때에는 여자를 피하고 깨끗한 몸으로 되돌아올 때까지 그 여자를 가까이하지 마라."[20] 성교는 금지되지만 남편과 아내 사이의 애무는 허용된다. 반면에 여성들은 그 기간 동안 기도와 모스크 출입이 금지되고, 코란을 읽거나 만질 수도 없으며, 부정한 상태이므로 라마단 기간에 행해지는 단식도 효력이 없다. 코란에서는 이런 경우에 남자들이 해야 하는 행동에 대해서는 얘기하지만, 여성들에게 정해진 규정에 대해서는 침묵한다. 코란과 일상생활에서 코란의 적용을 다루는 여러 인터넷 사이트에서는 오늘도 이 질문에 대한 이야기가 흘러넘친다. 출혈 때문에 건너뛴 단식일들을 어떻게 만회해야 하는지, 이 출혈을 어떻게 인정해야 하는지, (부정한) 생리혈과 (덜 부정한) 생리가 아닌 피, 또는 이런 획일적인 색채에 다채로움을 살짝 더해주는 황색의 비뇨생식기 출혈을 어떻게 구분해야 하는지 등등의 질문이다.

그럼에도 이슬람 이전의 전통에서는 '달의 신'인 신Sin을 기리는 숭배가 존재했다. 메카의 신전 카바에서 수백의 여성 및 남성 우상들과 함께 경배되었던 신이다. 유대인 및 기독교인의 신과 마찬가지로 코란의 유일신인 알라Allah는 달의 신인 신이나, 이에 상응하는 이집트의 토스Thoth와 혼동하면 안 된다. 하지만 이슬람 종교에는 이 옛 이교 신을 떠올리는 근거들이 남아 있다. 그중에서 초승달 상징이 아마 가장 명백한 근거일 것이다. 그뿐만 아니라 무함마드 이전에 카바의 검은 돌은 특정한 의식의 대상이었으며, 다른 여성적인 관례들을 상기시켰다. 역사학자 자와드 알리Jawad Ali에 따르면 이슬람의 메카 성지 순례를 칭하는 '하즈hajj'라는 단어는 사실 아랍어로 '마찰'을 뜻하는 '하크hack'라는 단어에서 파생했는데, 이 단어는 여성들이 행하던 고대 이교도 의식을 떠올리게 한다. "여성들은 생식 능력을 높이기 위해 검은 돌에 자신의 생식기를 문질렀다. 그들은 생리혈을 돌에 칠하고 나체로 돌 주변을 돌았다."[21] 오늘날에도 카바 안에 자리 잡고 있는 검은 돌은 출산하는 순간의 외음부를 연상시킨다. 그리고 오늘날에도 여전히 카바 주위를 도는 의식이 남아 있다. 하지만 유대교에서와 마찬가지로 이슬람교에서도 생리혈은 금기 사항이 되었다. 남성의 힘에 초점이 맞춰진 유일신을 위해 완전하게 전환된 상징에 따라서였다.

성 바오로가 갈라티아 신자들에게 보낸 서간에서도 볼 수 있듯이, 가톨릭 신자들에게는 이 부정이라는 개념이 언뜻 보기에는 덜 엄격해 보인다. "그리스도와 하나 되는 세례를 받은 여러분은 다 그리스도를 입었습니다. 그래서 유다인도 그리스인도 없고, 종도 자유인도 없으며, 남자도 여자도 없습니다. 여러분은 모두 그리스도 예수님 안에서 하나입니다." 우리도 알아차릴 수 있듯이, 이렇게 선언된 평등은 겉모습에 불과했다. 중세에는 여성들이 생리 중에 영성체를 할 수 없었고, 출산 후에 성당에 가려면 40일을 기다려야 했다. 생리혈은 너무나 나쁜 것으로 간주되어서, 앞에서 언급한 대로 신학자들은 동정녀의 생리도 부인했다.

할례를 포기한 기독교에서는 계약을 상징하기 위한 새로운 의식이 필요했다. 한동안은 세례가 그 역할에 제격인 듯 보였다. 그리고 마지막에 이르러, 예수가 '최후의 만찬'이라는 이름으로 더 잘 알려진 고별 저녁 식사 때 다른 아이디어를 드러내 보였다. 자신의 포도주 잔을 들면서, 식인적 특징에도 불구하고(또는 그것 때문에)

즉각적인 신봉을 유도하는 카테일을 제안했다. "모두 이 잔을 마셔라. 이는 죄를 용서해주려고 많은 사람을 위하여 흘리는 내 계약의 피다."

우리는 여기서 남성들에 의한 성스러운 생리혈 융합 과정의 완성을 성찬을 통해 보게 된다. 우리 모두가 다 알다시피 이 실체 변화transsubstantiation 의식 안에서, 그리스도의 피와 몸은 영성체를 통해 빵과 포도주의 형태로 신자들에게 흡수된다. 가끔 고대 밀교 의식에서 소비됐던 하얀 정액(빵)과 생리혈(상징적으로 연결돼 있는 포도주)의 결합 사이에 존재하는 잠재적 유사성까지 얘기하고 싶지는 않다. 그러나 성찬은 여성 신성들과 남성 신성들 사이에서 새로운 의자 앉기 게임처럼 등장한다. '은총을 내리다'를 뜻하는 '성찬eucharistie'이라는 단어는 사실 매력을 의미하는 그리스어 '카리스charis'를 가리킨다. 카리테스charites는 생명과 기쁨을 나타내는데, 고대 그리스인들에게는 아름다움과 자연, 창조와 생식능력의 여신으로 여겨졌다. 보통 3이라는 숫자로 표현되는 카리테스를 로마인들은 미의 3여신으로 동일시했다. 여러분은 웃을지 모르지만, 카리테스의 성상에서 이들은 대부분 나체로 원을 그리며 춤을 추는 모습으로 묘사된다. 아르테미스의 새끼 암컷 곰들처럼 말이다.

암고양이들의 폭동

우리는 아르테미스가 이피게네이아를 타우리스, 즉 크림반도로 데려갔다는 사실을 기억하고 있다. 오늘날 우크라이나와 러시아가 동시에 영토권을 주장하는 곳이자 동정녀 마리아의 허리띠가 수백 년 후 '이동하러' 온 곳이다. 그런데 새로운 세기의 전환점에 바로 이 우크라이나로부터 '페멘Femen[우크라이나에서 탄생한 페미니스트 그룹이다]'이 우리에게 왔다. 이들의 행동 방식은 가부장적인 절대 권력을 고발하기 위해, 아르테미스의 옛 여성 동반자들처럼 사람들 앞에서 자신의 가슴을 노출하는가 하면 여전히 화려한 안무를 따른다.

2012년 성 구세주 성당에서 펑크 스타일 기도를 했다는 이유로 강제 노역 2년형을 선고받은 푸시 라이엇의 러시아인 아티비스트artivist[예술을 통해 정치적 안건을 주장하는 이들을 말한다] 나데즈다 톨로콘니코바는 2008년에 이미 '보이나Voina' 그룹과 함께한 퍼포먼스에 참여했다. 이 행위는 '후계자 곰 인형을 위한 섹스'라는 제목의 퍼포먼스였는데, 블라디미르 푸틴의 선거 음모를 고발하는 것이 그 목적이었다. 그때 푸틴은 대통령 3선 연임을 금지하는 헌법 조항 때문에 출마할 수 없자 자신을 대신해 드미트리 메드베데프를 대선에 내보냈다. 그러자 모스크바의 자연과학박물관에서 여러 커플이 박제된 곰 앞에서 공개적으로 사랑을 나누었다.

곰이나 나체에 대한 언급은 어쩔 수 없이 아르테미스를 떠올리게 한다. 그런가 하면 1980년대에 이탈리아에서 세계 평화를 지키기 위해 소프트 에로티시즘이 섞인 성적 자유를 주장해 스캔들을 불러일으킨 치치올리나Cicciolina의 모습도 생각나게 한다. 사람들이 관례적으로 화관을 바쳤던 아르테미스처럼, 이마에는 꽃을 두르고 가슴을 상당히 많이 노출한 그녀는 늘 곰 인형과 함께했다. 그녀가 여신에 대해 알고서 그렇게 따라했는지는 알기 어렵다.

1987년에 급진당의 이름표를 달고 나와 이탈리아 국회 의원으로 당선된 치치올리나는 핵과 전쟁 문화를 열렬히 반대했다. 1990년에는 중동 평화를 회복시키기 위해 사담 후세인과 사랑을 나눌 준비가 되었다고 선언하기도 했다. 그녀의 호소는 받아들여지지 않았지만, 다른 이들이 사용한 방법들 역시 성공하지 못했다는 사실을 인정해야 한다. 2006년 바그다드에서 이라크 독재자가 교수형으로 죽음을 맞은 이후에도 상황은 전혀 나아지지 않았다. 샤리아(이슬람 법)의 지배하에 놓인 국가의 근간을 세우기 위해 '무자비한 집행'을 권장하는 테러리스트 단체가 설립됐으니 말이다. 그리하여 학살, 납치, 참수, 십자가형이 조직적인 방식으로 행해지며 혼란을 일으키고 있고, 특히 여성들을 겨냥하고 있다.

2014년에 이 난폭한 자들에게 항의하기 위해 이집트의 여성 블로거 알리아 마그다 엘마흐디Aliaa Magda Elmahdy는 사진 한 장을 페이스북에 게시했다. 영어로는 'ISIS(이라크와 시리아의 이슬람 국가Islam State of Iraq and Syria의 약자로 이시스 여신과는 관련이 없다)'라 부르는 국제 테러단체인 이슬람 국가의 깃발 위에서 나체로 생리혈을 흘리고 있는 자신의 모습이 있고, 그 옆에서 다른 여성이 허리에 페멘의 상징을 써놓고 등을 돌린 채 가운뎃손가락을 들고 같은 깃발에 배변을 하는 사진이었다.

이는 역사상 가장 유명한 테러 공격이 기원전 356년에 에페수스의 아르테미스 신전을 겨냥했다는 사실을 생각하면 이해가 더 잘되는 영웅적 행동이다. 세계에서 가장 경이로운 신전 일곱 군데 중 한 곳인 에페수스의 아르테미스 신전을 영원히 없애버린 방화범은 체포되어 고문당했다. 그는 유명해지고 싶어서 신전에 불을

질렀다고 자백했다. 이 모두스 오페란디modus operandi[라틴어로 '작업 방식'을 뜻한다]는 무지하고, 바른길을 벗어나 있으며, 불가능한 인정을 갈망하고, 종종 성폭력과 성차별적 폭력의 주범이 되는 오늘날 테러리스트들의 방식을 연상시킨다.

이제 우리도 알다시피, 아르테미스는 옛날에 생리혈이 묻은 천을 봉헌받았다. 결론적으로, 나 역시 그녀에게 선물을 하고 싶다. 그것은 독일 예술가 엘로나 카스트라티Elona Kastrati가 만들어낸 것이다. 그녀는 페미니즘 메시지를 써넣은 생리대를 공공장소에 아무렇게나 붙여두었고, 2015년에는 찰리Charlie라는 이름으로 알려진 어떤 예술가의 트위터 문구를 생리대에 적어서 붙이기도 했다. "Imagine if men were as disgusted with rape as they are with periods(만약 남자들이 생리를 역겨워하는 만큼 강간을 역겨워했다면 어땠을지 상상해보라)."

상상해보라.

4장_

내가 보지 못하도록
그 피를 가려주오

완경 전기라는 요동치는 강가에 있던 나는 마흔다섯의 나이에 심혈관계 건강을 유지하기 위해 집 근처 공원에서 일주일에 세 번씩 조깅을 하기로 결심했다. 나는 달리기를 잘하는 사람이 아니고, 생활 규칙을 잘 지키는 것도 내 강점이 아니다. 나의 결심은 꽤 빠르게 무너졌고, 뛰는 대신 빨리 걷기로 바꾸었다가 그다음에는 헬스장에 등록했지만 산발적으로 모습을 드러내다가, 루 리드[미국의 록 가수]도 태극권 애호가라는 핑계로, 더 부지런한(하지만 여전히 예측 불가능한) 습관인 태극권에 관심을 쏟았다.

내가 육상 선수가 아니라는 사실은 모든 사람이 금세 알아차릴 것이다. 그래서 2015년 4월에 스물여섯의 나이로 런던 마라톤을 완주한 인도계 미국인 가수 키란 간디Kiran Gandhi의 퍼포먼스가 지금까지도 경이롭게 느껴진다. 잘 모르는 사람들을 위해 설명하자면 마라톤은 42.195킬로미터를 달리는 것으로, 두 도시 마라톤과 아테네 사이의 대략적인 거리에 맞먹는다. 달리기 시합은 1896년에 처음 열린 근대 올림픽에서 채택되었는데, 기원전 490년 제1차 페르시아 전쟁에서 마라톤에서의 승리를 알리기 위해 이 코스를 완주한 그리스의 사자 페이디피데스의 전설적인 이야기에서 영감을 얻었다. 당신이 페르시아 전쟁에 그다지 관심 없을 줄 알지만, 그리스는 아르테미스의 고국이고 달리기는 새끼 암컷 곰들이 받은 훈련 가운데 하나였음을 기억하시길 바란다.

키란 간디는 42.195킬로미터를 달리는 데 만족하지 않았다. 그녀는 이 성과를 생리 첫째 날에 이루었고, 페이디피데스와는 반대로 죽지 않고 4시간 49분 11초 만에 끝까지 갔다. 그녀는 생리 중에 달렸을 뿐만 아니라 탐폰이나 패드를 사용하지 않기로 결심했다. 경기를 끝내고 기뻐하는 그녀의 모습과 피로 물든 가랑이가 사진들을 통해 공개되자마자 수십 명의 사람들이 사회관계망 서비스를 통해 그녀에게, 그녀가 역겨웠고 '언레이디라이크unladylike'했다는 메시지를 보냈다. 나는 이 단어를 '우아하지 못했다'라고밖에 달리 번역할 수가 없다.

키란 간디는 전 세계적으로 여성들이 피해자가 되는 낙인찍기stigmatisation를 고발하기 위해 이러한 즉흥적인 도전에 나섰다. 그녀도 마라톤 경기 당일에 생리가 시작될 줄은 몰랐지만, 경기를 포기하는 대신 과감하고 도전적인 결정을 취했다. 런 앤드 렛 잇 플로Run and let it flow. 꼭 제임스 본드 영화 제목 같다.

마라톤과 생리

키란 간디는 2016년 7월에 발표한 글에서 '낙인찍기'라는 말을 통해 자신이 말하고자 하는 바를 설명했다. "서양에서는 많은 사람들이 이런 낙인찍기를 믿지 않는다. 대체로 이 단어가 생리를 하는 사람들을 피하거나 그들에게 돌을 던진다는 뜻까지 포함하는 듯이 보이기 때문이다. 하지만 낙인찍기는 그게 아니다. 누군가에게 그것은 자신의 몸에 대해 솔직하고 편안하게 말할 수 없는 무능력한 상태를 일컫는다. 예컨대 생리에 대해 말할 때 변명해야 할 필요성을 느끼는 식이다. 반창고가 필요한 경우처럼 공공연하게 물어보는 대신, 친구에게 낮은 목소리로 생리대를 빌리는 것이다. 상한 음식을 먹고 난 뒤 위통이 생길 때처럼 자신이 느끼는 고통을 솔직하게 판단할 수 있는 대신, 지금 당장 나타나고 있는 극심한 생리통에 대해 침묵을 지키는 것이다. 당신의 몸에 대해 이야기할 때 이상하고 불편하게 느끼는 대신, 당신이 안전하고 정상이라고 느끼게 해주는 언어에 접근하지 못하는 것이다. …… 그래서 자신의 몸에 대해 이야기할 수 없는 것은 가장 효과적인 억압의 형태다. 이는 여성들이 자신에게 생물학적으로 일어나는 일을 자신 있게 말하지 못하게 하고, 더 나쁜 경우, 그와 동시에 일어날 수 있는 의학적인 문제들을 다루지 못하게 막는다. 이는 일종의 문화를 형성한다. 그리고 그 안에서 우리 모두는 생리란 그리 편안한 것이 아니며, 당신이 생리에 대해 무슨 말을 하면 그것은 당신이 관심을 끌고 싶어하기 때문이라고 믿는다."[1]

키란 간디는 마라톤에 참가하기 훨씬 전부터 특별한 이력을 갖

111

고 있었다. 조지타운 대학교에서 정치학과 수학 이중 전공 과정을 끝낸 뒤 실리콘밸리의 여러 기업, 특히 스포티파이에서 일했으며, 하버드에서 학위를 취득했다. 현재는 강연을 주로 하고 있지만 '마담 간디Madame Gandhi'라는 그룹에서 드럼을 연주하고 노래도 하고 작곡도 한다. 드럼을 칠 때 그녀는 생리의 금기를 깨기 위해 영혼을 부르는 고대 샤먼 같아 보인다.

그녀는 NGO '빈티 인터내셔널Binti International'과 함께 미국뿐만 아니라 자신의 출신 국가인 인도의 생리 불평등 문제를 해결하기 위해 애쓰고 있다. 합리적인 가격에 생리 용품을 구할 수 없는 세계 수많은 여성들의 조건보다, 자신의 다리 사이에 있던 핏자국이 더 큰 분노를 일으켰다는 사실에 그녀는 여전히 놀란다. 그녀는 미국에서 탐폰과 패드에 적용되는 세금을 지적하고, 인도와 케냐, 네팔 등에서는 생리 용품이 명백히 부족한 현실을 고발한다. 그러면서 생리를 하는 것이 문제가 되지 않는, 생리가 학교나 직장에 가는 것을 막지 않는 세상을 위해 싸우고 싶다고 말한다.

키란 간디에 따르면 젊은 여성들이 생리 용품을 대가로 성관계를 맺기까지 하는 케냐에서 2015년 런던 마라톤 대회의 남자 우승자가 나왔다. 우승자 엘리우드 킵초게Eliud Kipchoge가 2시간 4분 15초 만에 경기를 완료했고, 에티오피아의 티지스트 투파Tigist Tufa는 2시간 28분 15초로 여자 부문에서 우승했다. 이 경기를 다룬 프랑스판 위키피디아 기사에는 다음의 내용이 하이라이트로 올라와 있다. 폴 마텔레티Paul Martelletti라는 사람이 올해 변장 선수(스파이더맨으로 변장)로서 마라톤 세계 기록을 깼고, 영국인 폴라 래드클리프Paula Radcliffe가 마지막으로 '엘리트' 부문 경주에 참여했으며, F1 카레이서 젠슨 버튼Jenson Button이 최고 성적을 거두었다는 내용이다. 하지만 키란 간디와 관련된 이야기는 한마디도 없다마지막 업데이트 날짜 2017년 6월 30일을 기준으로 키란 간디와 관련된 내용이 하이라이트에 추가되어 있다.

아티스트이자 시인인 루피 카우르Rupi Kaur가 보여주듯이, 생리와 관련된 일이라면 침묵은 계속해서 규범이 된다. 그녀는 키란 간디의 퍼포먼스가 있기 며칠 전, 등을 보이고 누워 있는 자신의 사진 한 장을 인스타그램에 올렸다. 트레이닝복 바지 가운데 부분과 침대 시트에 핏자국이 보이는 사진이었다. 토론토 대학교에 다니고 있는 그녀는 이 프로젝트를 학업의 일환으로서 '다양한 형태의 미디어가 시각적인 정보를 검토하는 방식을 분석'하기 위해 실시했다. 인스타그램 사이트에서는 자사의 규정을 위반했다면서 이 사진을 여러 차례 삭제했다. 루피 카우르 자매가 촬영한 이 이미지에는 불쾌하거나 성적인 내용은 전혀 없었고, 그 피도 가짜였다고 루피 카우르는 밝혔다.

루피 카우르는 '허핑턴포스트 캐나다Huffington Post Canada' 블로그에 이번 검열에 대해 이렇게 평가했다. "인스타그램이 잠옷에 생리혈이 묻은 채 잠든 여자의 사진을 반복적으로 삭제했을 때, 이 일은 학교 프로젝트 이상의 것이 됐다. 당신은 아주 빨리 초등학교 4학년 교실로 돌아간다. 수많은 포악한 아이들이 머릿속을 스쳐 지나간다. 바로 그때가 당신이, 이미 과거에 되었어야 하는 그 사람이 될 것인지 결정해야 할 순간이다."[2]

우연치고는 신기하게도 캐나다에 사는 루피 카우르 역시 인도 출신이다. 그녀의 첫 일러스트 시집 『밀크 앤 허니』는 먼저 자비로 출판됐다. 나중에는 북아메리카의 대형 출판사에 의해 출판되어 50만 부가 팔렸다. 오늘날 여성의 삶과 일상을 단순하고 '솔직하게' 표현하고자 한 의도가 성공을 거둔 것이다. 그녀의 그림과 눈빛이 부드러움을 담고 있다고 해서 그 삶과 일상이 잔잔한 것은 아니다. 인스타그램에 올린 생리 사진에 대해 그녀는 이렇게 설명한다. "그 사진은 당신을 불편하게 만들었어야 한다. 그 사진은 혼란을 일으키고, 편안함과 불편함이라는 우리의 단순한 생각을 넘어선 논의의 장을 열게 해야 한다. 그 사진은 우리가 침묵과 싸우도록 만들었어야 한다. 너무나 강력한 침묵이라서 현실 세계에 실제로 영향을 미치는 그런 침묵 말이다. 이런 침묵은 몇몇 국민들 사이에서 여성 인구의 소외라는 결과를 낳기도 하기 때문이다. 왜 우리는 우리에게 생명을 태어나게 하는 자연스러운 과정을 그토록 두려워해야 하는가? 왜 우리는 핸드백에서 실수로 탐폰을 꺼냈을 때 그것을 숨기기에 바쁜가? 왜 우리는 '더러운 년' '매춘부' '창녀'라고 지체 없이 소리치면서 '생리'라고 속삭이는가? 이 단어 중에 어떤 단어가 가장 나쁜가? 우리의 몸이 기능을 수행하는 방식에서 그렇게 수치스러울 게 무엇인가? 성적인 몸을 바라보는 것은 우리에게 쾌락을 가져다주지만, 우리의 성적 자아에 부응하지 않는 이미지에 눈을 두는 순간, 우리는 모욕을 느낀다. 질이 성기 이외의 다른 것으로 쓰일 수 있다는 사실을 강조하는 행위는 깔끔하게 손질된 여성의 정체성이라는 우리들의 이상적인 개념에 대한 직접적인 공격이다."[3]

키란 간디와 루피 카우르가 생리혈을 무대 전면에 내세운 최초의 예술가도 아니고 유일한 예술가도 아니지만, 이 여성들은 이 주제를 다루는 방식에서 하나의 전기를 마련한 듯하다. 이들은 수백만 여성들을 위해 생리의 현실을 정확하고 단순하게 재현하는 데 성공했기 때문이다. 그리고 수백만 여성들은 이 두 명에게서 자신의 모습을 발견했고 갑자기 대변되는 느낌을 갖게 됐다. 우리들 중에 생리를 하면서 바지나 침대 시트에 한 번도 피를 묻히지 않은 사람이 누가 있을까? 우리들 중에 '생리 중'이어서 한 번이라도 도전을 포기하지 않은 사람이 누가 있을까? 이와 관련해 여자 운동선수들, 특히 2016년 브라질 올림픽에 참가했던 중국 수영 선수 푸위안후이는 생리에 대해 숨김없이 말해 침묵의 계율을 깨뜨리는 데 기여했다. 중국이 4위를 차지한 400미터 계주 경기를 마친 뒤, 이 프로 운동선수는 이렇게 표명했다. "오늘 내 실력이 좋지 않아서 동료들을 실망시킨 것 같다. 어제 생리가 시작됐고, 그래서 난 너무 피곤했다."

하지만 이런 종류의 선언은, 스포츠에서 여성들의 열세를 정당화하기 위해 모두가 기대하는 생물학적 설명을 드러내 보이는 양날의 검이 될 수도 있다. 1896년에 근대 올림픽의 '아버지' 피에르 드 쿠베르탱Pierre de Coubertin이 여성들의 경기장 출입을 금지하며 "여성 올림픽 경기는 비현실적이고 재미없으며 아름답지 않고 올바르지 않다"라고 주장했던 사실을 잊지 말자. 푸위안후이 역시 실수하지 않고 이렇게 덧붙였다. "하지만 그게 변명이 될 수는 없다. 어쨌든 내가 수영을 잘하지 못한 것이다."

우리 한번 생각해보자. 이보다 몇 해 전인 2005년 포르투갈의 예술가 조아나 바스콘셀루스Joana Vasconcelos는 베네치아 비엔날레에서, OB 브랜드의 탐폰 2만 5000개를 가지고 거대한 샹들리에 형태로 만든 〈약혼녀〉라는 작품을 전시해 논란을 불러일으켰다. 미국인 제프 쿤스Jeff Koons(앞 장에서 문제였던 치치올리나의 남편이었다)에 이어 2012년 베르사유 궁전의 초대 예술가가 되었던 조아나 바스콘셀루스는 이 작품이 그런 장소에는 적합하지 않은 '성적 특성'을 지녔다는 이유로 탈락된 사실을 알게 되었다. 〈약혼녀〉는 결국 상카트르le Cent Quatre라는 다른 문화 공간에 전시되었다.

여성이라는 성별은 특히 생리를 할 때, 그리고 특히 프랑스의 이미지를 건드릴 때 금기로 취급된다. 베르사유는 프랑스의 상징 중 하나가 아니던가. 2015년에 인도 출신의 영국 예술가 애니시 커푸어Anish Kapoor는 베르사유의 정원에 〈더러운 모서리〉라는, 역시 논란을 일으킨 거대한 작품을 전시했다. '여왕의 질'이라고도 명명된 이 작품은 유대인을 혐오하는 낙서들로 훼손되었다. 그런데 잘 알려진 마리 앙투아네트의 생리 이야기가 증명하듯, 여왕들의 피도 붉다. 마리 앙투아네트는 첫 생리 때 이미 미래의 루이 16세와의 결혼이 준비됐고, 3개월 후인 1770년 5월에 결혼 약속이 성사되었다. 그녀는 열네 살, 왕자는 열다섯 살이었다. 결혼식을 올리기까지 이들에게는 7년의 시간이 필요했다. 고통스럽게 생리를 했던 것으로 알려진 여왕은 피를 흘리며 처형대에 올라갔고, 이 때문에 사람들은 여왕이 섬유종이나 자궁암으로 고통받았던 게 아닌가 생각할 정도였다. 왕비 인생의 마지막에 대한 이야기에서는 그녀가 수감됐을 때 엄청난 양의 피를 흘렸고, 그 피를 닦기 위해 끊임없이 새로운 속옷과 쇼푸아르chauffoir(생리용 천을 일컫던 이름)를 요구했다는 사실이 여러 차례 언급된다. 1793년 10월 16일에 참수된 뒤, 왕비의 머리는 두 다리 사이에 놓인다. 솟구치는 피와 생리혈, 이 두 가지 피가 결국 섞였다.

내 얘기를 하자면, 완경 이후 (그리고, 그래서 보호용 에스트로겐이 없는) 내 심장을 잘 유지하기 위해 두 번의 태극권 수업 사이에 러닝머신 달리기 시간을 다시 넣었다. 하지만 내 실력은 보잘것없었다는 걸 인정해야겠다. 여성들이 꼭두새벽부터 와서 피와 땀을 흘리며 달리기를 하는 그곳에도 탐폰이나 패드 자판기는 없다. 딸아이가 스무 살이 되던 날, 내게 용기를 북돋아주기 위해 내 옆에서 같이 뛰던 딸의 트레이닝복에 피가 묻은 것을 발견했지만 우리는 고개를 숙인 채 창피해하고 난처해하며 그곳을 떠나는 것 외에는 다른 방법을 찾을 수 없었다. 하물며 42.195킬로미터는 더 말할 것도 없다.

헝겊에 대해 얘기해봅시다

나와 탐폰의 첫 만남은 1973년, 내가 생리를 시작하기 2년 전에 이루어졌다. 당시 여덟 살이던 내 남동생은 어머니의 벽장에서 탐팩스Tampax 한 상자를 발견했고 장난감 군인 놀이를 하면서 그것을 대포로 썼다. 어머니는 우리에게 생리가 무엇인지 설명해야 할 순간이 왔다고 판단하셨다. 남동생은, 지금도 우리 가족은 얘기하면서 웃는, 이런 결론을 이끌어냈다. "그럼, 내가 혹시 피를 흘리는 여자를 보더라도 그 여자가 살해되었다는 얘기는 아닌 거네?"

여러 명의 남자들은 내게, 자기 어머니 다리 사이로 흐르는 피를 우연히 보고 난 후 갖게 된 트라우마를 얘기했고, 여자들이, 그것도 모든 여자들이 울지도 않고 붕대를 요구하지도 않고 주기적으로 그렇게 피를 흘린다는 사실에 대해 느꼈던 불안을 이야기했다. 한 친구는 "무언가 아니면 누군가가 우리 어머니를 아프게 했다는 생각을 떨쳐낼 수 없었어"라고 내게 말했는데, 그는 눈물을 펑펑 쏟지 않고서는 레오 페레Léo Ferré의 〈이 상처Cette blessure〉라는 노래를 듣지 못하는 사람이다. 여자들이 피를 흘린다는 사실을 알게 된 내 남동생은 여자들을 공격하는 이 상상의 적을 무찌르겠다는 계획을 발표했다. 그 덕분에 그 주기적인 장난감이 치명적인 무기라는 본래의 용도를 유지할 수 있었다.

남동생이 장난감 병사들과 치른 비밀 전쟁으로 탐폰 한 상자를 다 잃어버린 어머니는 탐폰 숨기는 장소를 바꾸고 남동생이 더는 놀이 용도로 사용하지 못하게 했다. 내가 아는 한 유일하게 미국의 한 여성 예술가만이 그 콘셉트를 다시 이어갔다. 바로 잉그리드 골드블룸 블록Ingrid Goldbloom Bloch가, 특히 예술적이고 유머러스한 발상의 전환으로, 탐폰 애플리케이터를 이용해 분홍색 공격 무기를 만들고 '여성 보호feminine protection'라는 상징적인 슬로건으로 홍보를 했다.[4] 자신을 보호하기 위해 권총을 사고, 소지하고, 사용할 자유를 그 어느 것도 막아서는 안 된다고 확신하는 미국인들에게 무기와 질 안에서 생리혈을 흡수하는 용도의 물건 사이의 유사성은 '보호'라는 단어 속에 있다. 이 단어는 마치 속옷 언저리에서도 테러리스트의 공격이 있을 것만 같은 느낌을 준다.

실제로 패드와 탐폰이 어떤 위험에서 우리를 보호해줄 수 있을까? 늘 따라붙는 '주기적'이라거나 '위생의' 같은 형용사는 불안감을 더한다. 사람들은 주기적 보호보다는 영구적 보호를 원할 것이고, 위생이라는 개념은 때맞춰 우리가 그날들 동안 더럽다는 생각을 하게 한다.

내가 청소년이었을 때는 탐폰 자체도 나한테는 불길한 물건 같았고, 질 속에 하나를 삽입하는 데 성공하기까지 가히 카마수트라 (하지만 안타깝게도 결말은 덜 유쾌하다)라 부를 만큼 믿을 수 없이 많은 자세를 시도해보고도 몇 달이나 걸렸다. 그리고 귀에 면봉을 끼우는 것처럼(물론 일반적으로 종일 면봉을 끼워놓지는 않는다) 탐폰을 끼우고도 자유로움을 느껴보고 싶었지만 내 처녀의 질은 이에 저항했다. 처음에 질이 원했던 것은 평화롭게 피를 흘리는 것이었다. 만약 질에게 의견을 물었다면, 추리 소설책과 초콜릿 한 판, 그리고 배에는 찜질팩을 올려두고서 배냇저고리에 싸인 내 젖먹이 시절을 떠올리게 하는, 두꺼운 옛날식 오래된 면 패드 위에서 〈렛 잇 블리드Let it bleed〉[5]를 연주하며 하루를 보냈을 것이다. 하지만 압축된 면 조각으로 질을 범하는 것에 대해서라면 생각하지 않는 편이 나았을 것이다.

솔직히 내가 어떻게 질을 잘 구슬려서 성공하게 됐는지 모르겠다. 믹 재거, 루 리드, 데이비드 보위에게서도 힘을 얻을 수밖에 없었다. 내 40년의 월경 인생 동안, 나는 늘 패드와 탐폰을 번갈아 쓰면서 아주 편안하다고 느낀 적도 없었고, 선택의 폭이 왜 그렇게 제한적인지 자문해본 적도 없었으며, 무언가가 내 점액을 문지르는 느낌이나 기저귀를 찬 것 같은 기분이 들곤 했다. 생리 무렵에는 방광염, 사상균증, 발진, 염증이 되풀이됐는데 몇몇 생리 용품이 몸에 닿으면 증상이 시작되고 뚜렷해졌다. 그래도 마리 앙투아

네트를 떠올리면 나는 엄청난 안락을 누리는 셈이었다. 게다가 그녀처럼 이런 말을 듣지도 않았다. "당신은 양도 많고 고통스러운 생리를 하고 있을 뿐만 아니라 머리가 잘리는 형벌을 받았다."

우리 할머니들이 사용하던 빨아 쓰던 헝겊, 재사용이 가능한 기저귀를 핀셋으로 고정시키는 생리용 허리띠와 비교하면, 접착식 울트라 슬림 날개형에다 접을 수 있고 어디든 들고 다닐 수 있는 생리대는 사실 진보한 형태다. 비록 몇 년에 걸쳐 완성됐다는 생리대에 함유된 향기가 겨우 참을 만한 정도였고 나한테는 온갖 종류의 발진을 일으켰지만 말이다. 생리혈을 보이지 않게 해주고 피가 흐를 걱정 없이 수영장이나 해변에 갈 수 있게 해주는 탐폰은 어떤가? 탐폰 광고는 너무나 매력적이고 암시적이라 아무 이유 없이 장난삼아서라도 탐폰을 쓰고 싶은 마음이 생길 정도다. 어떤 웃긴 이야기에서는 한 아이가 크리스마스 선물로 탐팩스를 원하는데, 그 이유가 "수영, 달리기, 점프, 자전거 타기, 아이스 스케이팅, 스키, 승마를 아무도 알아채지 못하게 할 수 있기 때문"이었다.

1973년에 나온 장 외스타슈Jean Eustache의 영화 〈엄마와 창녀 La Maman et la Putain〉에서 프랑수아즈 르브룅Françoise Lebrun이 연기한 여주인공이 사랑을 나누기 전에 자신이 탐폰을 끼고 있던 사실을 잊었다가 한숨을 쉬며 이야기하는 장면을 보고 나는 깜짝 놀랐다. "아, 탐폰을 빼러 또 산부인과에 가야 해." 탐팩스의 초창기 제품들이 프랑스에서 상업화된 1938년 이전에는 이런 종류의 대화가 있을 수 없었다. 1947년에는 독일에서 브랜드 OB가 탄생했고, 1950년대 이후부터는 유럽과 미국에서 탐폰 사용이 보편화됐다. 이 발명품은 혁신적인 것처럼 보이지만, 사실 보이는 것만큼

새롭지는 않다. 탐폰의 초기 흔적은 고대 이집트로 거슬러 올라간
다. 면, 마 또는 양모 띠로 감싼 작은 막대기로 만든 탐폰의 존재가
파피루스에 언급되어 있다. 그리스 의사 히포크라테스는 여성들
에게, 생리가 시작되게 하거나 자궁을 낮게 해주거나 임신을 방해
하거나 촉진하는 등 치료 목적의 페서리[자궁의 위치 이상을 바로잡거나
피임하는 데 쓰는 기구]를 사용하라고 권장했다. 양모나 면으로 된 띠
를 적시는 준비 과정에서는 다양한 식물뿐만 아니라 포도주, 우유,
염소 치즈, 자몽 과육, 무화과, 양배추, 효모, 쇠똥이나 돼지비계도
넣을 수 있었다. 내 생각에는 피임이나 치료에 직접적으로 효과를
미치기보다는 혐오감을 안겨주었을 것 같다.

　먼 옛날 여성들이 생리혈을 흡수시키기 위해 어떻게 했을지 궁
금해질 때, 그 당시 여성들은 지금보다 생리를 드물게 했다는 사실
을 기억해야 한다. 우선 선사시대에는 여성들이 생리를 늦게 시작
하고 빨리 죽었으며,[6] 한두 명의 자녀밖에 갖지 않았다. 일반적으
로 생리가 중단되는 수유와 임신 기간 사이에는, 지금의 450번 주
기 대신 아마 100여 번의 주기 정도만 있었을 것이다. 신석기시대
가 되어서야 농사, 즉 식량의 저장과 함께 여성들이 연속으로 아이
를 낳고자 했는데, 어떤 시대에는 많은 아이들이 죽는 것을 보면서
도 그러했다. 18세기에만 해도 아이 두 명 중 한 명이 열 살이 되기
전에 죽었다.[7] 주기와 관련된 결과는 비슷했다. 초경의 시작과 함
께 바로 결혼을 하고, 오늘날보다 훨씬 더 어린 나이에 죽음이 다
가올 때까지 계속해서 아이를 낳았다. 내가 첫번째(이자 유일한)
아이에게 생명을 주었을 때 내 나이는, 일반적으로 선사시대 여성
이 자신의 삶을 끝내던 나이였다.

칩기 의식은 사람들이 눈을 피해 생리혈을, 아마 이를 위해 미리 준비한 사발에 모을 수 있게 해줬다. 몇 세기 동안 수백만 여성이 생리혈을 흡수시키려고 노력하지 않고도 생리를 했던 것으로 보인다. 19세기까지 농민이나 서민 여성들은 보통 피를 막으려고 하지 않고 그냥 흐르게 했다. 임신하면 안 되는 수녀들의 경우, 차차 생리가 멈추었다. 우선 빈약한 식사와 잦은 단식, 은둔 생활 때문에 그러했는데, 오늘날에도 배불리 먹는 죄수들에게서 종종 생리 중단이 나타난다.

이외에 다른 모든 이들은 '헝겊'을 사용했다. 여성들은 각자 옷감이나 침대 시트의 끝부분을 모아두는 상자를 갖고 있었는데, 이 조각들을 합해서 꿰매어 생리 기간 동안 사용한 뒤, 세탁해서 매 생리 주기마다 다시 사용했다. 빨래하는 날에는 여성들의 생리 상황에 대한 비밀이 거의 지켜지지 못했다.

벨트에서 탐폰까지

19세기 말, 산업화 및 도시화와 함께 첫번째 생리 패드와 그 패드를 고정하기 위한 허리띠가 나왔지만 일회용은 아니었다. 1994년에 별난 미국인 해리 핀리Harry Finley는 메릴랜드에 있던 자기 집에 생리 박물관을 세웠는데, 이 박물관은 미국뿐만 아니라 유럽에서 사용된 이 옛날 탐폰과 생리대의 역사를 알려준다. 1998년에 가상 박물관이 된 이곳은 생리와 관련해 생각할 수 있고 상상할 수 있는 모든 정보를 잡다한 글과 이미지와 복잡한 링크를 통해 지속적으로 인터넷 사이트에서 설명한다.[8] 그 사이트에 있는 모든 내용은 오랫동안 거의 다뤄지지 않았던 주제들로, 인터넷 호기심 박물관이나 다름없다. 1867년에 디자인된 첫 생리컵 이야기부터 20세기 초 독일에서 만들어진, 단추로 고정되고 탈부착이 가능한 패드가 달린 월경용 속바지 제작용 도안까지 있다. 이 패드 중에 길이가 55센티미터에 이르는 것도 있었는데 그리 놀라운 게 아니다. 팬티가 존재하지 않았던 어느 시대에는 패드가 배꼽부터 등까지 오는 길이로, 아르테미스의 허리띠를 연상시키는 생리 허리띠에 고정할 수 있게 했다. 2016년에 사망한 페미니스트 테레즈 클레르크 Thérèse Clerc는 '뤼Rue 89'에 발표한 글[9]에서 예전 세대가 사용하던 이런 보호 용품이 실상 그렇게 불편하지는 않았다고 말했다. 힘들었던 과정은 바로 빨래였다!

19세기 말에 상업화되기 시작한 일회용 외부형 패드의 출현과 함께 모든 것이 바뀌었다. 이 패드는 처음에는 광고가 부족해서 전혀 성공을 거두지 못했다. 사실 저속하다고 여겨지는 생리라는 주제를 다루는 것 자체가 금지됐다. 1차 세계대전 동안 간호사들이 솜을 넣고 거즈로 감싼 패드를 개인적인 용도로 만들어 쓰기 시작했는데, 재사용이 가능한 고무 붕대 덕분에 더러 방수가 되는 것도 있었다. 이 모든 것은 배내옷에 싸인 아기의 첫 기저귀처럼 옷핀으로 고정했다.

그러다 1937년 미국의 가정의학과 의사 얼 클리블랜드 하스 Earle Cleveland Haas가 후에 탐팩스라는 이름의 첫 생리용 탐폰이 되는 물품을 발명한다. 이 브랜드의 인터넷 홈페이지에서는 생리에 관련된 역사적 사건의 영웅을 이렇게 묘사한다. "매일 흰 셔츠를 입었던 고상한 남자이며 끊임없이 아이디어를 발명하고 새롭게 상품화를 시도한 사람이다. 대공황 시기에는 부동산 분야에서 일했고, 소독 제품을 만드는 한 회사의 대표이기도 했으며, 피임 기구인 페서리에 쓰이는 유연한 링을 발명했는데 이 발명 특허를 팔아서 50만 달러를 벌었다."[10]

얼 클리블랜드 하스가 여성 생리학에 관심을 갖고 있었다는 사실에는 의심의 여지가 없다. 그는 자신의 여자 친구들 중 한 명이 생리혈을 흡수하기 위해 질 스펀지를 사용하는 모습을 보고 탐폰이라는 아이디어를 떠올렸다고 설명한다. 그의 전설적인 고상함이나 부동산 분야에서 보인 능력에도 불구하고 그는 자신의 제품을 받아들이게 하는 데 어려움을 겪었다. 도덕적 다수가 여성들이 질 안에 손가락을 넣는 것을 나쁘게 보았기 때문이다. 하지만 처음부터 애플리케이터와 함께 고안된 탐폰은 성기와 손가락 접촉을 피하게 해주며, 그렇게 우리에게서 기분 좋은 접촉의 기회를 빼앗는다.

탐폰은 2차 세계대전 직후에야 두각을 나타내기 시작한다. 탐팩스라는 브랜드는 1951년부터 프랑스에서 대규모로 판매되기 시작했고, 독일인 엔지니어 카를 한Carl Hahn은 1950년에 '패드 없는 Ohne Binde'이라는 뜻을 가진, 애플리케이터 없는 OB 탐폰을 만들었다. 카를 한은 산부인과 의사였던 유디트 에서Judith Esser(그녀 역시 열정적인 수영 선수였다고 이 상표의 홈페이지는 밝힌다)의 도움으로 곧바로 성공을 거두었는데, 출시 첫해에 독일에서 1000만 개가 팔렸다. 슈퍼 버전은 1952년부터 사용할 수 있었으나, 처녀막[질주름을 말한다] 손상을 원치 않는 어린 소녀들을 위한 '미니' 버전은 1972년에야 출시됐다.

바로 그 미니 탐폰을 가지고 내가 몇 달을 매달렸던 건데, 처녀막 손상도 없었고 생리혈 흡수에도 성공하지 못했다. 그나마 비밀스럽다는 장점은 있었다. 탐팩스와는 반대로 한 손으로 감싸 쥐거나 청바지 주머니에 넣을 수 있으니 말이다. 탐팩스는 나중에 나온 버전의 제품들도 입으로 부는 화살총 모양을 닮았다. 하지만 나의 질은 여러 해 동안 고집스럽게도 닫혀 있었고, 나는 달리 어찌할 수 없을 때에만 탐폰을 사용했다.

2007년에 이 브랜드는 유연한 '실크 터치'라는, 날개가 달린 작은 로켓 모양의 탐폰 OB 플렉시아를 출시했다. 이 제품의 광고에서 물컵 시연을 통해 생리혈이 갑자기 파란색에서 보라색으로 변하는 모습을 보여주었다. 이 새로운 탐폰이 '특유의 비밀스러운 필요'에도 대응할 수 있다고 믿게 하기 위한 그 모든 계략들에도 불구하고 나는 일찌감치 그 제품 사용을 포기했다. 그리고 자극이 더 적었던 100퍼센트 면에 가능하면 유기농 용품을 사용하기 시작했다.

기억해보자. 1950년대만 하더라도 생리 용품 판매량 중 탐폰은 10퍼센트밖에 차지하지 않았다. 그런데 이 시기에 탐폰은 서양 세계를 정복했고 유럽과 미국 여성 80퍼센트가 탐폰을 사용했다.

100퍼센트 수익성 있는 피

300억 달러, 즉 260억 유로. 프랑스에서 1년간 생리 용품 시장이 차지하는 금액으로, 사우디아라비아 남쪽에 위치한 석유

열도 바레인의 GDP와 비슷하다. 이 소식을 들으면 바레인에서도 기뻐할 것이다.

소비 전문 잡지 『LSA』에 따르면, 2014년 프랑스의 여성 생리 용품 매출액은 4억 2300만 유로로, 그중 생리 패드가 1억 7000만, 팬티라이너가 1억 300만, 탐폰이 4900만을 차지하고 있으나, 매출은 5퍼센트 감소한 것으로 나타났다.[11]

2000년대 전환기에는 세 군데 대형 회사가 세계 시장을 나누어 가졌다. 선두 주자로 2001년 탐팩스를 사들인 프록터 앤드 갬블, OB를 사들인 존슨 앤드 존슨, 그리고 프랑스에는 거의 소개되지 않은 브랜드인 코텍스를 상품화한 킴벌리클라크다. 여기에 1929년에 설립된 스웨덴 제지업체 SCA에 속해 있는 브랜드 나나까지 포함시킬 수 있는데, 이 브랜드는 홈페이지에서 "일상생활의 필수적 요구에 부응하며 우리는 차이를 만들어낼 것입니다"라고 말하며, 자신들이 족집게 점쟁이처럼 비전vision['환영' '예지력'이라는 뜻도 있다]을 갖고 있다고 주장한다.

영국과 아일랜드에서 온 두 이민자, 양초 제조인 윌리엄 프록터William Procter와 비누 제조인 제임스 갬블James Gamble에 의해 1837년에 설립된 프록터 앤드 갬블은 자신들에게 '임무'가 있다는 사실에 만족한다. 이들은 'P&G 같은 기업들은 세계의 동력원'이라고 주장하면서, 자신들이 '강력하면서도 동시에 순수해야 하는 이유'를 다음과 같이 공표한다. "오늘날 그리고 미래 세대의 전 세계 소비자들의 일상생활을 개선할 수 있도록, 가격 대비 품질이 뛰어난 제품들을 제공하기 위해서이다."[12]

탐팩스 외에도 P&G는 올웨이즈, 아기용 기저귀 팸퍼스, 세탁 및 세척 세제 아리엘, 대시, 미스터 클린, 페브리즈, 르노르, 에이스뿐만 아니라 팬틴이나 헤드 앤 숄더 샴푸, 오랄비나 파로젠실 치약, 질레트(남성용)와 비너스(여성용) 면도기도 판매한다. 40억 명의 소비자가 사용하는 300개 브랜드를 가지고 180개국에 진출한 이 다국적 기업은 2015년에 사업 보고서를 통해 주주들에게 제출한 대차대조표에서 매출이 760억 달러이고 순이익은 119억 달러라고 발표했다.

P&G의 주요 경쟁 업체인 존슨 앤드 존슨(유명 성의학자 마스터스 앤드 존슨Masters and Johnson과 혼동하지 말 것)은 1886년에 설립되었다. 전 세계에 진출하여 60개국에 250개의 지사를 설립한 이 미국 기업은 OB 탐폰뿐 아니라, 네트와 바니아[생리대 브랜드대], 르프티마르세예, 뉴트로지나, 록 등의 브랜드를 보유하고 있으며 암, 정신분열증, 당뇨, 간염, 알레르기 등 다양한 질병을 치료하는 수많은 약품도 판매하고 있다. 2015년에 존슨 앤드 존슨은 총매출이 700억 달러이고 순이익은 144억 달러로 지속적인 상승 곡선을 보인다고 발표했다.

이 두 곳의 다국적 기업과, 나나와 테나(요실금 전문) 브랜드를 판매하고 있는 스웨덴 제지 기업 SCA는 내 생리혈과 전 세계 수백만 여성들의 피 덕분에 부자가 됐다. 2000년대까지와 비교했을 때 현재 생리를 하는 연령대의 여성들이 줄어들었고(내가 바로 산증인이다) 유럽 인구가 감소 징후를 보이고 있긴 하지만, 제조 업체들은 마케팅 용어로 '판매 호기를 증대시키기' 위해 희망 가득한 마음으로 요실금과 팬티라이너 시장에 관심을 기울이고 있다.

이들의 생각은 여성들로 하여금 생리 기간 외에도 보호 용품이 필요할 뿐 아니라, 여성 위생 용품을 사용하는 일이 고역이기는 커녕 '매력적인' 일이라고 믿게 만들려는 것이다. 그래서 아주 사소한 개선점이나 변화도 혁신이라는 과장된 이름으로 꾸민다. 상자 주위의 리본? 그건 혁명이다. 밤에 사용하는 탐폰, 적은 양을 위한 탐폰, 애플리케이터 포함, 유향 또는 무향, T팬티용 특수 팬티라이너나 검정색 팬티라이너, 해부학적 형태, 사용한 패드가 아무 데나 달라붙지 않게 하면서도 쉽고 깔끔하게 말아서 처리할 수 있는 방법……? '여성들에게 긍정적인 경험을 할 수 있게 해준다'[13]는 것이 이 제품들의 핑계다. 게다가 이 제품들은 혹시라도 여러분이 그 사실을 잊었을까봐, 여성스러움을 더 잘 표현하기 위한 물결, 곡선, 꽃으로 장식된 포장을 통해 조심스럽게 여러분이 여성이라는 사실을 상기시켜줄 수도 있다. 난 향기 나는 팬티라이너를 사지 않고도 여러 긍정적인 경험을 했지만, 광고에 나오는 것처럼 생리가 있을 때 하늘로 꽃다발을 한 아름 던지는 것을 잊어버리는 수많은 여성을 생각하면 이런 관심은 참 감동적이기까지 하다.

바니아 울트라슬림 패드에 대한 텔레비전 광고를 보다가 한 친구와 미친 듯이 웃었던 일이 아직도 기억난다. 광고에서는 부드럽고 달콤한 목소리가 기적 같은 비밀, '물을 저장하는' 능력이 있는 천연 섬유 '물이끼'를 공개하고 있었다. 우리의 놀란 눈 앞에서, 약간의 블루큐라소[오렌지 껍질을 건조시켜 만든 술이다]에 두 개의 패드(하나는 바니아, 나머지는 바니아가 아닌 제품)를 적셔 제품의 흡수성을 증명해 보이는 실험이었는데, 그 광고가 흉내 내려 했던 실사용법을 생각해보면 그 자체로 걸작이었다. 생리 패드에 여전히 물이끼가 함유되어 있는지는 모르겠다. 하지만 당시 우리는 이 주제를 가지고 반복적으로 농담을 했다. "너 물이끼 있어?" "너, 생리 시작 되도 물이끼 있으면 아무 문제 없어. 그러니까 그냥 만나자."

실제로 생리 용품의 성분이 몇 년 사이에 많이 바뀌었다. 면은 염소 표백된 셀룰로오스(나무 펄프에서 나온)나 비스코스 같은 합성 섬유로 대체되었고, 대개 탄화수소에서 유래한 흡수성 분말, 플라스틱, 향기, 탈취 물질 등이 첨가됐다. 사실 지금의 생리 용품들은 내가 열세 살 때 사용하던 생리 용품과는 완전히 딴판이고 이제는 생리 용품에서 면은 거의 사라졌다.

계속해서 이어져오는 '혁신들' 중 일부는 확실히 내 일상을 개선해주었으나, 생리를 하는 것이 황홀경으로 채색된 사적 경험이 되는 정도까지는 아니었다. 『LSA』에 실렸던 같은 글에 따르면, 이들 브랜드들은 그럼에도 '판매 코너에 다시 마법을 걸려'고 하고 있다. 탐팩스와 올웨이즈 팬티라이너 제품 책임자 아망딘 올리비에는 "종이 분야에서 거의 화장품에 가까운 분야로 변화하는 것이 필요하다"[14]라고 주장한다. "더 매력적이고 멋진 판매 코너를 통해 우리의 여성 소비자들에게 진정한 구매 경험을 선물하고 싶다." 이것이 바로 마케팅 전문가들이 '시장 미화beautification of market'라 부르는 것이다.

이미 미화 전쟁이 조금 지나간 뒤에 내가 이 얘기를 하고 있는 건 알지만, 지금 우리는 여기에서 민감한 주제를 다루고 있다. 사실 생리 용품은 화장품 산업에 적용되는 규정과 같은 규정 속에 놓여서는 안 된다. 그리고 생리 용품은 어떤 위생 검사의 대상도 아니다. 유감스러운 것은 이 제품들이 피부보다 흡수 능력이 훨씬 뛰어난 점막과 접촉한다는 사실이다. 나는 내 인생에서 적어도 2400일 동안 생리를 했다. 최소 5만 7600시간 동안 정체불명의 물질들과 내 질이 접촉하고 있었다는 얘기다. 나는 리본도 좋아하고 작은 꽃들도 좋아하지만, 내 깊숙한 곳에 내가 정확히 무엇을 넣는 건지 더 잘 알고 싶다.

질 내 미생물들의 싸움터

나는 거의 40년 동안 매달 열여섯 개들이 탐폰 한 상자와 패드를 사느라 앞서 언급한 다국적 기업들에게 2500유로로 정도 지불했다. 그래서 나는 이게 신뢰 관계의 밑바탕이 될 수 있을 것이라 생각했는데, 그들의 제품에 다이옥신, 뷰틸레이티드 하이드록시톨루엔BHT, 살충제 또는 심지어 제초제[15] 같은 발암 위험 물질이나 내분비계 균형을 교란시킬 수 있는 물질이 극소량 함유될 수도 있다는 정보를 전달받은 적이 없다.

게다가 내가 아는 한, 질에서는 풀이 자라지 않는다. 물론 어느 날 내 산부인과 의사의 입을 통해 질 속에서 균류를 찾아낼 수도 있다는 얘기를 듣고 정말 놀랐던 적이 있지만 말이다. 산부인과 의사에 따르면 바로 그 사상균증이 내 '사소한 가려움증('덤불에 난 불'이라는 용어로 칭해야 했는데, 어쨌든 꼬투리 잡지 맙시다)'의 원인일 수도 있었다. 그래서 나는 그걸 없애려고 내 능력 안에서 할 수 있는 모든 것을 다 했다. 생태학에 관심 많은 한 여자 친구의 조언에 따라 요구르트와 코코넛 오일을 질에 바르고 탐폰 착용을 피하고 난 후에야 그 증상을 없애는 데 성공했다. 탐폰이 질 분비물을 흡수하고 질 내 미생물들을 교란시켜서 생긴 일이었던 것이다.

질 안에는 풀도 곤충도 없지만 '미생물'이 있다. 내 점막에 달라붙어 있는 미소한 박테리아로 이루어진 미생물은 나이트클럽 입구의 직원과 비슷한 역할을 한다. 부적합한 드레스코드에 술 냄새 나는 입김을 내쉬는 나쁜 병원균이 나타나면 되데를라인간균Döderlein[16]과 퍼멘튬Fermentum, 플란타룸Plantarum, 브레비스Brevis, 젠세니Jensenii, 카제이Casei 같은 유산균들이, 전 세계 클러버들이 모두 알고 있는 그 유명한 문장을 말하며 이들을 저지한다. "안 될 것 같습니다." 바로 이렇게 미생물이 병원균으로부터 우리를 보호한다. 우리가 '우리의 꽃들'을 가질 때까지, 그리고 우리의 내밀한 곳에 탐폰을 삽입하려고 할 때까지 말이다.

이런 장면을 한번 상상해보기 바란다. 내 작은 군대는『아스테릭스』에 나오는, 로마 기둥 위로 쓰러지는 선돌과 같은 상황을 겪는다. 가공할 독일식 발음의 되데를라인을 포함한 내 모든 비밀요원들이 폭풍우에 휘말린다. 그리고 그들은 질이라는 문을 통해, 일상 용어로 '내 몸'이라 부르는 그 엄청난 나이트클럽에 들어가려고 기습하는, 정체불명의 화학 물질이 배어든 천연 혹은 합성 섬유에 짓밟힌다. 대부분의 경우, 이런 대결의 결과는 단순한 점막 건조로 나타나고, 사랑스러운 나의 미생물들은 다시 꽃피기까지 내분비샘이라는 이름을 가진 정원사의 보살핌이 필요하다. 이 정원사는 미생물들이 다시 우수한 상태가 되도록 호르몬을 뿌려준다. 이는 손가락이나 페니스, 신선한 과일이나 채소, 나아가 옛날에는 '비밀스런 봉투에 담겨' 만들어지고 보내졌던 다른 물건들의 일반적으로 짧은 침입 같은, 혹시 있을지도 모르는 다른 공격에 대비하려는 목적을 갖고 있다.

몇 해 전부터는, 생리를 하는 동안 예방 목적으로 '친구' 박테리아를 주입하면서 질 내 미생물들을 복구한다는 '프로바이오틱' 탐폰도 나왔다. 이들은 호르몬 변화나 반복된 감염으로 혹사당한 기관의 자연 방어 능력을 강화하기 위한 박테리아다. 이 탐폰들은 사상균 발생 예방을 위해 항생제와 같이 복용하기도 하는 캡슐약의 생리대 버전이라고 할 수 있다.

그러나 이 사적인 전쟁이, 드물지만 치명적일 수도 있는 독성 쇼크증후군이라는 재앙을 야기하기도 한다.

독성쇼크증후군과 스티븐 킹의 소설

독성쇼크증후군toxic shock syndrome을 말하기 위해 〈캐리〉를 언급하는 것을 〈캐리〉의 작가가 용서해주길 바란다. 사실 독성쇼크증후군은 순진하고 의식이 없는 사람이 괴물들 앞으로 가서 좀비들에게 잡아먹히는 공포 영화가 될 요소를 갖고 있다.

사실 그것은 기이한 과정이다. 내 미생물들이 잠시 자리를 비웠을 때 비교적 평범한 병원균인 황색포도상구균staphylococcus aureus이 나의 내밀한 곳에서(이 경우가 그렇다) 늑대인간으로 변하는 기이한 힘을 발휘하는 것이다. 그의 무기는? 어떤 조건이 맞으면 TSST-1이라 불리는 치명적인 독소를 만들어낸다.

독성쇼크증후군의 증상은 우선 독감과 비슷해서 고열과 피부

발진에 피부 박리(양파처럼 벗겨진다)가 나타나고, 의식을 잃게 만들 수도 있는 혈압 저하도 나타난다. 경우에 따라서는 설사, 구토 및 근육통을 겪기도 한다. 감염이 제때 치료되지 않을 경우, 열 명 가운데 한 명 꼴로 며칠 내에 죽을 수도 있다. 독성쇼크증후군은 괴저까지 초래할 수도 있는데, 이때는 감염된 사지의 절단이 궁극의 치료법이다.

1978년에 처음으로 탐폰과 관련이 없는 어린아이들에게서도 이 증후군이 나타났는데, 감염 경로는 단순한 찰과상일 수도 있다. 2년 뒤, 미국에서 탐폰 착용과 이 감염 사이에 상관관계가 있다는 사실이 밝혀졌다. 미국 대학 교수이자 페미니스트인 크리스 보벨 Chris Bobel은 생리 행동주의를 다룬 한 논문에서 이렇게 설명했다. "1979년 10월에서 1980년 5월 사이, 독성쇼크증후군 55건과 사망 7건이 확인되었다. 이 병은 생리 용품과 연관된 총 813건의 발병, 그중에 38명의 사망으로 1980년에 정점을 찍었다."[17] 미국 질병관리센터CDC에서 수행한 연구들에 따르면 1975년 프록터 앤드 갬블이 개발한 고흡수성 탐폰 릴라이가 독성쇼크증후군을 매우 많이 야기했는데, 제품의 구성 성분으로 쓰인 카르복시메틸 셀룰로오스 carboxymethyl cellulose 결정의 흡수 효과가 너무 강력한 나머지 질 내 미생물까지 소멸시킨 결과였다.

릴라이는 시장에서 철수했다. 그렇지만 다른 탐폰 브랜드들은 제품 포장에 독성쇼크증후군과 관련된 위험성을 표시하고, 탐폰 착용 사이에 시간 간격을 두라고, 또 절대로 8시간 이상 연속 착용하지 말라고 권고하는 데 그쳤다. 독성쇼크증후군 사례는 급격히 줄었지만 완전히 사라지지는 않았다. 최근에 미국의 젊은 배우이

사 모델인 로런 와서Lauren Wasser가 2012년 코텍스의 탐폰 제품을 사용했다가 독성쇼크증후군이 나타나 다리 한 쪽을 절단해야 했던 일이 이를 증명한다. 그녀는 제조사를 상대로 소송을 제기하기로 했다. 프랑스에서는 독성쇼크증후군 사례가 꾸준히 늘고 있고, 2013년 리모주에서 사망한 16세 소녀의 경우처럼 치명적인 경우도 있다. 이 소녀는 20시간 동안 탐폰을 교체하지 않았다.

1985년 애리조나의 한 연구팀은 기원전 5세기에 그리스의 역사학자 투키디데스가 『펠로폰네소스 전쟁사』 1권에서 이야기했던 아테네의 페스트가, 사실은 페스트가 아니라 독감 바이러스와 황색포도상구균 감염의 유해한 결합이었을 수도 있다는 가설을 내놓았다.[18] 전설에 따르면 아르테미스는 자신의 신전에서 살해된 곰의 복수를 위해 아테네에 이 전염병을 일으켰다. 이 기이한 결합 안에서 아르테미스의 손길을 보아야 하는 것일까? 의문은 아직 남아 있다. 그리고 의학 연구는 계속된다. 2016년 6월에는 최고의 학술지인 『랜싯 감염학The Lancet Infectious Diseases』지는 오스트리아 빈 의과 대학에서 이루어진 독성쇼크증후군 백신 임상 실험의 고무적 결과를 발표했다.[19]

그러나 2016년 10월, 리옹 대학병원의 포도상구균 국립표준센터에서는 프랑스 내 독성쇼크증후군 재발을 경고했다. 1990년대에 사라진 것으로 보였던 독성쇼크증후군이 2004년에 네 건, 2011년에는 열아홉 건, 2014년에는 스물두 건이 조사되었다는 것이다. 질 안에 박테리아를 가지고 있는 여성들 가운데 1퍼센트에게만 나타나는 증후군이긴 하지만, 이러한 증가세는 우려스럽고, 2016년 말까지도 그 원인이 설명되지 않은 채로 남아 있다.

산업 기밀

미국에서는 1980년대부터 여성들이 생리 용품에 대해 더 엄격한 감시를 요구하기 위해 결집했다. 이는 독성쇼크 위험 때문만이 아니라, 생리대에 포함된 화학 제품이나 그 안에 포함된 성분들, 즉 생리대를 구성하는 재료(면, 셀룰로오스나 플라스틱 물질)나 고의 첨가물(향료, 유연제, 연화제······), 또는 산업 제조 과정이 미치는 결과 때문이었다. 하지만 프랑스에서는 일반 대중이 이를 자각하는 속도가 훨씬 느렸다.

2015년 7월, 열아홉 살의 대학생 멜라니 되르플랭제Mélanie Doerflinger가 change.org 사이트에 '탐팩스 브랜드 탐폰들의 성분을 볼 수 있게 해달라'는 청원을 올리며 경종을 울렸다. 이는 올웨이즈에도 해당하는 청원이었다. 왜냐하면, 여러분이 내 말을 믿든 안 믿든 간에, 탐폰과 패드 상자를 이리저리 돌려봐도 당신의 내밀한 곳 한가운데에 자리 잡은 그 제품들의 구성 성분을 절대로 찾을 수 없기 때문이다. 멜라니 되르플랭제의 청원에는 몇 주 만에 6만 건의 서명이 모였고, 1년 후에는 26만 건에 달했다. 키란 간다나 루피 카우르의 경우처럼 사회관계망 서비스가 효력을 발휘했다. 그리고 처음에 의심이나 소문처럼 이야기되던 사항들도 확인되었다.

2015년 8월, 독립 연구소 아날리티카AnAlytikA는 네트, 탐팩스, 카지노의 탐폰 견본 여섯 종을 대상으로 진행한 첫번째 연구 결과를 발표했다.[20] 이 연구에서는 분석 표본들에서 스무 가지에서 서른 가지 화학 성분의 존재를 밝혀냈는데, 제품 포장에서는 여기에 대해 어떠한 언급도 찾아볼 수 없다[우리나라는 2018년 10월부터 전성분

135

표시를 시행하기로 했다. 인체 위생 용품들은, 피부와 직접 접촉하고 거기에서 8시간 이상을 머무는 화장품에 적용되는 것과 같은 법이 적용되지 않는다는 사실을 기억해야 한다. 이 제품들에 관련된 유일한 법은 종이 제조에 관한 법이어서 어떤 위생 당국으로부터도 감독을 받지 않는다.

따라서 샴푸나 수분크림, 립스틱과 관련해 일어나는 일과는 반대로 아무도 탐폰과 패드 안에 무엇이 있는지 알지 못한다. 더 끔찍한 일은, 누군가가 뜻하지 않게 그 비밀을 알게 되었다고 하더라도 대형 브랜드들로부터 소송을 당할 우려가 있어서 그 비밀을 누설할 수도 없다는 점이다. 제조 업체들은 산업 기밀을 방패로 삼고 있고, 지금까지도 탐폰이나 생리 용품 사용 또는 비사용에 따른 일부 질병의 영향을 규명하기 위한 대규모 연구는 전혀 이뤄지지 않았다. 과학이 연구하는 것은 (모든 곳에 있는) 위험이 아니라 (어딘가에 있는) 위험 가능성이다. 예를 들어 생리 용품에 문제 제기를 할 수 있을 만한, 제대로 알려지지 않은 질병의 발현이라는 '약한 신호들'이 지금까지는 돌발적으로 나타나지 않았다. 그래서 아무도 이 문제에 관심을 기울여야 한다고 판단하지 않았다.

2016년 3월, 잡지 『6000만 소비자60 Millions de consommateurs』는 잡지사 자체 실험센터에서 진행된 새로운 테스트 결과를 발표했는데, 그 결과에 따르면 실험에 쓰인 탐폰과 패드 견본 열한 가지 중에 다섯 개 견본에서 '산업 부산물 및 살충제 잔류물'[21]이 확인되었다. 비록 검출된 정도가 '여러 법규에 의해 규정된 한계 기준치보다 낮다'고는 해도 무해한 물질이라는 뜻은 아니다. 올웨이즈 브랜드의 '실크 컬렉션 노멀 플러스' 날개형 패드 견본에서는 예를 들어 유기 염소계 살충제와 내분비샘 교란 물질로 의심되는 피레스로이드pyrethroid의 존재를 밝혀냈다.

내분비샘 교란 물질이 무엇인지 모르겠다고? 간단히 말해서 아주 약한 농도로도 호르몬의 작용을 흉내 낼 수 있는 물질이다. 호르몬은 소화, 생체 리듬, 성장 및 생식 등 상당히 많은 생리적 과정을 명령하는 메신저다. 당신이 진정으로 사랑하는 사람에게 메시지를 보냈는데 어떤 사기꾼이 당신의 서명을 모방해서 그 메시지를 가로챘다고 생각해보라. 당신의 메시지는 아주 조금 변경된다. "입 맞추고 싶어"라고 말하는 대신, 그는 "당신을 낮추고 싶어"라고 말한다. "난 당신에게 굶주렸어"라고 말하는 대신, 그는 "난 배고파, 당신은?"이라고 말한다. 당신의 사랑은 틀림없이 약간 교란되어서 의외의 방식으로 답할 것이다. 그는 포옹을 준비하는 대신 도대체 왜 자신이 낮아져야 하는지 궁금해하며 식탁에 앉아 있을 것이다. 생리학적 측면에서도 이와 비슷하다. 내분비샘 교란이 인체 기관과 생식 절차의 반응을 바꾸고, 때로는 유전될 수도 있는 심각한 장애를 초래한다.

『6000만 소비자』의 또 다른 연구에서는 네트 컴포트 스무스 테크놀로지 수퍼 브랜드와 오비 오리지널 노멀 브랜드 (둘 다 존슨 앤드 존슨 그룹 소유임) 견본에서 다이옥신의 존재를 밝혀냈고, 탐팩스 컴팩트 액티브 레귤러 프레시에서는 유기 할로겐 화합물의 존재를 밝혀냈다. 빅투아르 은송데Victoire N'Sondé는 기사에서 이렇게 썼다. "WHO에 따르면, 이 오염 물질들은 생식, 성장, 면역계나 호르몬계 장애나 암을 유발할 수도 있다. 하지만 WHO는 일정 노출 수준 이하에서는 발암 위험을 무시할 수 있는 수준이라고 판단했다. 어쨌든 이 판단은 가장 많은 연구가 진행된 다이옥신 TCDD 관련 연구에서 나온 것이다. 그런데 이 분자는 이 분야에서 기준이 되는 WHO 산하 국제암연구소에 의해 '확인된 인체 발암 물질'로 분류됐다."[22]

우리가 이런 위험 가능성들을 무시하는 게 옳은 일이었는지 아마 몇 년 안에 알게 될 것이다. 하지만 갑작스런 질병의 발생에서 생리 용품과 연관된 기여도를 밝혀내는 일은 분명 대기 오염, 식품 또는 우리의 일상을 점령해버린 화장품과 연관된 질병 기여도를 확증하는 것보다 결코 쉽지 않으며, 어쨌든 현재로서는 시기상조다. 제조 업체들에게 제품에 포함된 성분을 표시하라는 멜라니 되르플랭제의 청원이 올라온 지 1년이 넘었지만, 26만 서명자들은 아직 요구를 관철시키지 못했다. 원치 않는 화학 물질의 존재에 대한 정보보다 오히려 여러 브랜드의 침묵과 불투명함이 점점 더 많은 여성들로 하여금 재래식 생리 용품에서 대안을 찾게 하고 있다.

유기농으로?

『6000만 소비자』가 진행한 연구에 따르면 실험 대상인 열한 개 견본 중 여섯 개 제품에서 독성 물질이나 알레르기 유발 물질이 발견되지 않았다. 하지만 이 테스트에서 가장 놀라운 결과는 이탈리아의 코르만Corman 연구소에서 제조한 유기농 브랜드 오르가닉의 팬티라이너에서 글리포세이트glyphosate가 검출된 것이다. 이 일은 이 브랜드에 심각한 타격을 입혔다. 그러자 이 브랜드에서는 즉각적으로 테스트를 진행한 뒤, 분석 내용을 인정하고 해당 물질은 '1그램당 25나노그램'밖에 나타나지 않았다고 밝혔다. 그렇지만 팬티라이너에 함유된 면이 유기농 농업의 규정대로 재배됐다면 이 물질은 발견되지 않았을 것이다. 오르가닉은 결국 조사를 실시했는데, 한 로트(동시에 같은 공정에서 생산되는 제품들의 그룹을 말한다)가 오염됐었다는 결론을 내렸고, 잘못은 공급 업자에게 돌아갔다. 이 브랜드는 (매년 팔렸던 600만 개 중에) 20150723번 로트의 잔여분 3100박스를 리콜하기로 결정했고, 2016년 2월 25일자 성명에서 "이런 사건이 다시는 일어나지 않도록 모든 조치를 취했다"라고 발표했다.

유기농 인증을 받은 또 다른 생리용품 브랜드인 나트라케어의 견본들에서는 『6000만 소비자』 테스트 때 부적절한 화학 물질이 검출되지 않았다. 이 브랜드는 전통적인 브랜드들과는 반대로 자사의 유기농 생리 용품들은 오직 면으로만 제조한다고 설명한다. 브랜드 커뮤니케이션 담당자 제시카 기츠햄은 내게 이렇게 설명했다. "제품 관리는 목화 밭에서 운송에 이르기까지 전 과정에 걸쳐 이루어져야 한다. 유기농 생산 과정은 매우 까다롭기 때문이다. 우리는 근처 밭에서 재배된 GMO로부터 오염될 위험이 있는 인도나 미국에서는 자재를 공급받지 않기로 결정했다."[23] 1989년에 설립되어 브리스틀에 자리 잡은 영국의 이 가족 기업은 최초로 유기농 생리 용품을 출시한 기업이다. 매해 880만 상자를 생산해, 미국을 필두로 해서 전 세계에 자사의 탐폰과 패드를 유통시키고 있다. 프랑스는 이 브랜드의 다섯번째 시장이다. 원자재든, 공장 설립 위치든, 제품이 생산되는 방식이든 간에 이 브랜드는 업계에서 상대적으로 보기 힘든 투명성을 고집하고 있다.

모든 과정의 시작은 중국과 우즈베키스탄, 카자흐스탄과 타지키스탄 사이에 위치한 중앙아시아의 산악 국가 키르기스스탄의 유기농 목화 밭에서 이루어진다. 그곳에서 유목민 출신의 농부들이 살충제도 제초제도 GMO도 없이 목화를 재배한다. 덕분에 이들 농부들도 자신들의 건강이나 환경에 대한 부작용 없이 살아가고 아이를 낳는다. 목화는 터키의 한 공장으로 보내진 뒤, 비유기농 목화로부터 오염될 가능성을 피하기 위해 전용 기계에서 분류되고 염소가 아닌 과산화수소수에서 세척된다. 그 이후 목화는 트럭을 이용해 탐폰, 패드, 팬티라이너를 포장하는 독일, 스웨덴, 그리스의 공장으로 보내진다. 이어서 모든 생산품은 여전히 트럭으로 브리스틀로 보내지고 판매점에 공급하는 도매상들 사이에서 분배가 이뤄진다. 이 과정에서 운송이 가장 덜 친환경적일 수도 있는데, 이 브랜드에서는 사용한 후에 전부 비료화가 가능한 자사 제품들의 탄소발자국[개인이나 집단 또는 단체가 에너지 소비 및 생산 활동을 통해 배출하는 이산화탄소의 양을 말한다]을 계산해봤다. 패드 한 장당 약 23.5그램의 이산화탄소가 나왔다(비료화가 되지 않을 경우 6을 더해야 한다). 나트라케어의 제시카 기츠햄에 따르면, 패드 한 장이 배출하는 이산화탄소를 나무 한 그루가 흡수하는 데에는 9시간 30분밖에 걸리지 않는다.

이 계산법이 여러분에게는 조금 난해할 수도 있지만, 제시카 기츠햄이 재래식 생리 용품과 관련해서 내게 써서 보내준 내용을 잠시 보기 바란다. "대부분의 생리 용품에는 플라스틱이나 그 부산물이 때로는 90퍼센트까지 포함되어 있다. 해마다 버려지는 생리 용품의 양이 450억 개나 되는데, 이는 하나씩 줄을 세우면 지구와 태양 사이의 거리를 덮을 수도 있는 양이다."[24] 하지만 사용된 패드들이 줄지어서 천체 여행을 하는 일은 드무니, 그저 지구에 늘어가는 쓰레기를 보고 이 모든 게 어떻게 마무리될지 궁금해하는 것으로 만족해야 한다. 그리고 거대 다국적 기업에서 생산된 패드와 탐폰의 탄소발자국을 포장지 표시에서 찾아보기란 원료 표시를 찾는 것보다도 더 힘들다.

몇몇 브랜드에서는 인터넷 홈페이지에 자사의 탐폰과 패드가 무엇으로 구성됐는지 알리려는 노력을 하고 있는 반면, 겉포장에는 모든 정보 표시가 면제되고 있다. 프록터 앤드 갬블 사 미국 홈페이지를 둘러보면, 본의 아니게 유머의 극치로 남을 만한 해답을 얻을 수 있다. 세제, 여성 위생 용품, 기저귀, 샴푸, 향수 등 자사의 모든 브랜드 제품에 들어간 원료와 관련된 페이지를 여는 순간, 이 사이트는 주저 없이 단언한다. "당신의 신뢰는 우리의 가장 중요한 원료."[25]

만약 전 세계 수백만 여성이 성분에 조금도 신경 쓰지 않고 관련 제품을 산다고 생각한다면, 업체의 단언은 틀리지 않았다. 그리고 프록터 앤드 갬블, 존슨 앤드 존슨, 킴벌리 클라크라는 빅3만 있는 것이 아니다. 제조사가 알려지지 않은 채 슈퍼마켓에서 팔리는 하위 브랜드들도 고려해야 한다. 사실 이런 제품이 프랑스 시장에서 30퍼센트를 차지하고 있다.

업체들은 우리들의 신뢰 외에도, 약간의 다이옥신과 글리포세이트, 살충제를 가지고 양성 평등 투쟁을 흉내 내기로 했다. 광고에서 여성 해방과 성차별주의 편견 퇴치 운동을 찬양하면서 말이다, 2015년에 올웨이즈가 성차별주의 편견이 어떻게 어린 소녀들의 자존감에 상처를 입히는지 보여주는 감동적인 영상과 함께 "소녀처럼, 아무것도 널 멈추게 할 수 없어"라는 광고 캠페인을 시작한 것은 아주 고마운 일이다. 하지만 우리는 그저 우리의 건강이나 지구의 미래에 대한 걱정 없이, 규칙을 강요하더라도, 규칙에 맞게 생산된 탐폰과 패드를 쓰는 편이 더 좋다.

5장_
완전히 자연적인 피의 해결책

통계대로라면 나는 생리 인생 40년 동안, 1만 2000개에서 1만 5000개의 탐폰과 패드, 팬티라이너를 사용했다. 이 때문에 나는 2500유로를 썼고 1톤 반에 가까운 쓰레기를 생성하여 지금 여러분에게 말하고 있는 이 순간에도 나한테 아무 짓도 하지 않은 고래, 물고기, 지하수 그리고 아마 새들까지 오염시키고 있다. 이 모든 게 내 소중한 생리혈을 받아내기 위해 벌어진 일이다. 그런데 다른 통계들은 그 양이 열세 살에서 쉰세 살 사이 생리 주기에 따라 두 스푼에서 다섯 스푼이 넘지 않는다고 주장하기도 한다. 생리를 할 나이인 1600만 명의 다른 프랑스 여성들처럼 내 딸도 2010년부터 매달 피를 흘리며 그 뒤를 잇고 있다.

쓰레기에 대해서는 말하지 않더라도 플라스틱, 탄화수소, 포장, 과포장, 합성 섬유 생산뿐만 아니라 염소 표백, 나무나 목화 재배 산업 등 생산 과정 자체도 환경에 영향을 준다. 이것들을 재배하거나 생산하는 사람들 역시 어떤 이들은 살충제와 제초제에, 또 어떤 이들은 화학 제품에, 절대 무시할 수 없는 양으로 노출되어 있다. 그 사람들은 제대로 돈을 받을까? 그 사람들에게 정보가 주어졌을까? 우리는 다른 제품들에 비하면 탐폰이나 패드에 대해 잘 모른다. 아마 더 적게 알 것이다. 누가 자신이 탐폰 공장에서 일한다고 말하고 싶어 할까? 누가 감히, 외설적이고 저속한 사람으로 취급될 걱정 없이 탐폰 가격에 문제 제기를 할 수 있을까? 생리 용품의 가격에 이의를 제기할 때조차 여성들은 강자의 입장이 아니었다. 다국적 기업들뿐만 아니라 국가의 가장 큰 이익 때문에 말이다.

핑크 세금: 필요 앞에 법도 소용없다

이렇게나 나는 돈을 많이 썼고, 적어도 500년 동안 바다를 오염시키는 데 그치지 않고 생리대 한 상자마다 부가가치세를 생필품에 적용되는 5.5퍼센트가 아닌 20퍼센트씩 내면서 제대로 사기를 당했다. 내가 자궁점막 만들기를 중단했던 해이자, 페미니스트 단체들과 더 폭넓게는 여론의 압력하에 열띤 토론을 벌인 후 국회가 결국 부가세율 인하를 의결했던 2015년까지, 이 벌금형은 계속됐다. 국회에 불쑥 나타나서 그 남성분들에게(여전히 이곳에서는 남성이 대다수를 차지하고 있었고, 2015년 여성의 비율은 27퍼센트에 그쳤다) 생리 용품은 사치품이 아니라고 설명해야겠다는 생각이 즉흥적으로 떠오른 게 아니다.

여성 생리 용품을 생필품으로 간주하지 않는 사람들에게, 거리나 전쟁 지역, 극심한 빈곤 속에서 살아가는 여성들이 가장 먼저 요구하는 것이 바로 생리 용품이라고 일러주고 싶다. 아프리카 일부 국가에서는 수백만 여자 초등학생들이 생리 용품이 없어서 그냥 학교에 가지 않는다고 한다. 또 유네스코의 한 보고서[1]에 언급된 대로, 생리혈을 흡수시키기 위해 낙엽, 진흙, 쇠똥, 동물 가죽, 낡은 헝겊이나 휴지를 사용하는데, 이 아이들이 처한 조건은 아이들을 불편하게 만들 뿐만 아니라 특히 할례의 피해자가 되는 경우에는 더더욱 쉽게 감염에 노출되게 만든다.[2]

콩고민주공화국에서는 킨샤사에 본부를 둔 '하우스 오브 이리코House of Irico'라는 소셜 플랫폼이 '침묵을 깨고 월경을 말하자'라는 이름의 캠페인을 시작했다.[3] 오래전부터 전쟁으로 황폐화된 나라에서 생리 용품과 패드 사용을 통해 소녀들과 여성들을 자립시키기 위한 캠페인이다.

2016년 10월, 『리베라시옹』지에 실린 한 기사에서는 "시리아에 갇혀 있는 여성들에게 생리는 다른 문제들보다 가장 큰 문제다"라고 강조했다. 스물세 살의 한 젊은 여성은 '오래된 옷들을 (생리 용품 대신) 이용해야'[4] 했고, 얼마 있지도 않고 구하기도 힘든 생리용 패드 사용을 자제해야 했기 때문에 결국 패드를 재사용했으며, 그 결과 사상균증, 허리 통증, 질과 요도 감염이 발생하기까지 했다고 밝혔다.

네팔의 일부 지역에서는 2005년에 폐지된 차우파디Chaupadi라는 전통을 명목으로 여전히 생리 중인 여성들은 오두막에서 갇혀 지내야 한다.[5] 그리고 인도에서는 생리 중인 여성의 샤워를 금지하고, 볼리비아에서는 어린 소녀들로 하여금 생리용 패드가 암에 걸리게 할 수 있다고 믿게 만든다(조금 앞에서 봤듯이 이게 거짓말이 아닌 수도 있다). 이렇듯 수백만 여성이 처한 상황이 너무나 위태로웠기에 사람들은 5월 28일을 세계 월경 위생의 날로 제정했다. 이 날은 금기를 없애기 위한 날이자 이 주제와 관련된 NGO들이 대중의 관심을 불러일으키도록 하는, 24시간의 런치 윈도launch window[로켓 발사를 위한 최적의 조건이 갖춰지는 기간을 의미하는데 여기에서는 대중의 관심을 불러일으키기 위한 최적의 시간을 뜻한다]다.

마침 이 주제를 다루고 있으니 말인데, 주요 성분이 설탕이어서 누구나 건강을 위협한다고 인정하는 코카콜라[6]에는 왜 생필품과 같은 5.5퍼센트의 세금을 부과하는지 누가 내게 설명해주면 좋겠다. 이 문제를 좀더 흥미롭게 만들기 위해 얘기해보자면, 탄산음료 섭취가 생리 시작 시기(현재는 12.6세)를 앞당기고 유방암 위험을 5퍼센트 높이며 여성의 건강에 영향을 줄 수 있다는 사실도 같은 기회에, 2015년에 발표된 연구 결과를 통해 알게 됐다.[7]

어찌 됐든 간에 일부만 언급하자면, '오제 르 페미니즘'이나 '크레프 조르제트Crêpe Georgette' 등 페미니스트 단체들이 벌인 캠페인 덕분에 2015년 12월 프랑스에서는 생리 용품 과세에 관한 법이 개정되었고, 이후 5.5퍼센트의 부가가치세가 적용되고 있다. 그래서 이 제품들을 생산하는 다국적 기업들은 가격을 조정해야 했다.

하지만 아일랜드나 미국의 일부 주에서처럼 생리 용품의 완전한 면세를 목표로 유럽 차원의 전투는 계속되고 있다. 2016년 3월 18일, 유럽위원회에서는 모든 회원국을 대상으로 생리 용품에 대한 부가가치세의 전적인 폐지를 가능하게 했으나 지금까지도 실현되지 않고 있다. 영국은 2000년에 이미 17.7퍼센트에서 5퍼센트로 변경했고, 협회들과 일부 정당들은 세금을 제로로 줄이도록 계속 압박하고 있다. 어쨌든 2016년 6월 브렉시트 이후로는 유럽연합의 지지 없이도 결정될 수 있을 것이다.

독일에서는 관련 세금이 17퍼센트에 머물러 있는 반면, 연어나 캐비아는 생필품과 동일한 7퍼센트의 세금이 적용된다. 그래서 나는 독일인들에게 패드 대신 연어를, 탐폰 대신 캐비아를 쓰라고 권하고 싶지만 이것들의 흡수 능력이 원하는 만큼 만족스러울 것 같지는 않다. 이것들을 대체할 탐폰과 패드의 미식 기량이 아주 형편없으리라는 사실은 말할 필요도 없다. 벨기에도 마찬가지로 생필품처럼 6퍼센트의 세금이 적용되는 초콜릿이 부가가치세 21퍼센트인 생리 용품을 대신해서 결국 팬티 속으로 들어가게 될 수도 있다. 스페인에서는 중간 정도인 10퍼센트의 세금이 적용된다. 어쨌든 스웨덴이나 노르웨이처럼 부가가치세가 높은 나라에서는 25퍼센트까지 이르기도 한다. 오르반 빅토르Orbán Viktor의 조국인 헝가리의 경우, 당신에게서 직접 27퍼센트를 뜯어간다. 미국에서는 다섯 개 주에서 이미 이 세금을 없앴고, 뉴욕시는 2016년 6월에 중학교와 국립 대학교, 노숙자 쉼터와 감옥 내에서 생리 용품을 무료로 쓸 수 있도록 결정하기까지 했다.

프랑스에서는 처음에 처방 의약품처럼 부가가치세를 2.1퍼센트로 인하하는 방안이나 아예 제로로 하는 내용을 요구했기 때문에 부가세율 5.5퍼센트는 인하 폭이 적었음에도 승리한 것처럼 보인다. 그러나 우리는 이 승리 때문에 1600만 명에 이르는 여성들이 한 달에 5일 동안 생리대가 필요한데도 공공장소나 기차, 비행기 안 화장실에는 패드나 탐폰이 없다는 사실을 잊어서는 안 된다. 약국에 붙어 있는 자판기 덕분에 어느 때든 콘돔에 접근할 수 있다는 건 아주 끝내주는 일이지만, 특히 밤에 탐폰을 구하는 건 왜 그렇게 복잡할까?

다른 수많은 주제들처럼 이 주제에서도 우리는 결국 이 이상한 딜레마에 놓인다. 말하자면 우리의 건강과 환경에 유해하다고 의심되는 그 제품들에 접근할 수 있도록 온 힘을 쏟고 있는 것이다. 이런 역설적인 명령 앞에 놓인 우리는 한 가지 규칙을 저버리면서도 그 규칙에 연결된 다른 규칙을 지키고, 그러면서 그 상황에서 도망치지도 못한다(이 시간 동안 피가 흐르고 있다는 사실, 기억하자). 이런 심리적 상황에 놓인 개인은 광기에 빠지는 것 외에는 다른 해결책이 없다. 만화에서처럼 우리가 머리 위에 깔때기를 뒤집어쓰더라도[프랑스에서는 미친 사람을 표현할 때 깔때기를 머리에 뒤집어쓴 모습으로 표현하기도 한다. 중세와 르네상스 시대에 깔때기는 지식 전달의 상징이었는데, 이 깔때기를 뒤집어놓으면 지식이 새는 것, 즉 미친 것이라고 간주했다] 이제는 대담하게 다른 해결책들을 찾을 때가 됐다. 그것들은 처음에는 놀라울 수도 있다. 하지만 오랜 시간을 들여 알아볼 만한 가치가 있다.

컵이 가득 차서 더는 못 참겠다

이 물건은 깔때기가 아니라 젖병의 젖꼭지를 닮았다. 실리콘, 고무 또는 라텍스로 만들어진 생리컵은 불편함 없이, 특히 점막을 건조하게 만들지 않고도 최장 12시간 동안 생리혈을 저장할 수 있게 해준다. 긴 시간을 사용해도 새는 것은 거의 불가능하기 때문에 믿을 만한 해결책이다(반면 탐폰은 이상적으로 4시간에 한 번씩 교체되어야 하고 절대 질 속에 8시간 이상 착용해서는 안 된다). 이 컵을 착용하고도 피로 물든 다리 사이를 드러내 보일 염려 없이 스포츠, 승마, 춤이나 양자물리학 기초 연구를 할 수 있다. 생리컵 하나의 수명은 최소 5년이므로 경제적인 해결책이기도 하다. 13~30유로의 가격으로, 두 개를 산다고 해도 탐폰에 5년간 360유로(한 주기당 약 6유로)를 지출하는 것과 비교하면 상당한 절약이다.

앞에서 언급했던 생리 박물관에 따르면, 생리컵의 첫 스케치가 등장한 시기는 1867년으로 거슬러 올라가지만, 1930년대에 와서야 미국의 삼십 대 여자 배우 리오나 차머스Leona Chalmers가 '타세트Tassette'에 대한 특허를 등록하고 1960년대 말까지 다양한 명칭으로 상품화하게 된다.

여성의 사생활에 관련된 책[8]을 한 권 쓰기도 한 리오나 차머스는 자신의 발명품을 알리려는 광고에서 주저 없이 불가능에 가까운 것을 약속한다. "이브 때부터 오래 지속돼온 문제를 해결했어요. …… 건강하고 활기찬 대부분의 여성들처럼 저도 자연스러운 생리 주기 때문에 곤란한 적이 종종 있었죠. 냄새 걱정, 내 자신이 더럽다는 느낌, 거기에다 제가 사용하던 두꺼운 생리대는 이날들을 악몽으로 만들었어요. 이 모든 것들 때문에, 제 스스로에 대한 믿음이 가장 필요한 순간에 그 믿음을 잃고 말았죠. …… 이제, 처음으로 생리 중인 모든 여성이 '보이지 않는' 생리 용품을 사용할 수 있게 되었어요. 유연한 고무로 된 작은 컵, 타세트가 자신이 더럽다는 느낌과 나쁜 냄새 걱정, 쓰레기 처리 문제 등을 끝내게 해줄 거예요. 간단히 말하자면 이건 마음의 평온과 상쾌함을 의미하죠. 당신이 어디를 가든 무엇을 하든 그건 중요하지 않아요."[9]

안타깝게도, 일회용 패드를 이제 막 접하기 시작한 데다 재사용이 가능한 컵의 위생에 의심을 품었던 미국 여성들을 마음의 평온이나 상쾌함으로는 충분히 설득할 수 없었던 듯하다. 사용할 때 나타날 수 있는 거북함은 말할 것도 없었다. 생리컵은 탐폰보다도 자신의 몸과 내밀한 곳에 더 편안하게 잘 맞는다고 했다. 하지만 1937년에 이러한 편안함은 국민들 사이에서 그다지 널리 확산되지 못했다. 페서리를 떠올리게 만드는 외양을 가진 일회용 생리컵이 출시되었고, 1950년대에 '태서웨이Tassaway'라는 이름의 신제품이 출시되었지만 제품은 팔리지 않았다. 상업적 잠재력도 한정적이었다. 생리컵 하나가 10년이 간다면, 주주들을 위해 두 자릿수 성장을 이뤄낼 무언가가 없었기 때문이다.

1987년에 가서야 '키퍼The Keeper'라는 이름의 생리컵이 미국에 다시 나타났다. 1979년 수백 건의 독성쇼크증후군이 밝혀진 뒤 여성들이 탐폰을 불신하기 시작하자 대안처럼 나타난 것이다. 이때도 자연 보호에 대한 사회의 관심이 높아지고는 있었지만 생리컵은 쉽게 시장을 정복하지 못했다. 유럽에서는 2000년대 초에 생리컵이 등장했다. 여러 브랜드에서 주로 인터넷을 통해, 아이를 가진 적 없는 여성을 위한 스몰 사이즈, 자연분만으로 출산한 경험이 있는 여성들을 위한 미디엄 사이즈 등 다양한 사이즈의 제품을 판매했다. 그러나 생리컵 시장은 2010년대가 되어서야 도약하기 시작했다. 브랜드와 사이즈 종류가 늘어났고, 2016년에 드디어 생리컵이 몇몇 슈퍼마켓에 등장하기에 이르렀다. 이제는 '미니' 제품이

나 더 쉽게 제거할 수 있는 링이 포함된 제품도 찾아볼 수 있다.

생리컵을 홍보하기 위해 '튜토리얼'을 많이 제작한 여러 블로거들과 유튜버들이 말하듯이, 생리컵은 배움의 시간이 좀 필요하다. 넣는 것은 상대적으로 쉽지만 빼는 것은 아크로바틱이 될 수 있다. 컵을 쏟아서 화장실이나 욕실을 범죄 현장으로 만드는 일이 전혀 없으리라는 보장도 없다. 위생 조건을 갖춘 공공장소를 찾아 컵을 교체하는 일도 쉽지 않다. 내 딸이 생각하는 악몽은, 나이트클럽 화장실의 끔찍한 바닥에 컵을 떨어뜨리는 것이다. 다시 넣을 수도 없고 차선책도 없기 때문에, 딸의 표현을 따르자면 '성가신casse-couilles[쿠유couilles는 고환을 속되게 이르는 말이다]' 일이 될 수도 있다. 이 표현이 지닌 생리학적 함의에 대해 생각하느라 시간을 끌지 않더라도, 우리는 생리컵 사용이 일회용 제품 사용만큼 간단하지는 않다는 사실을 인정해야 한다. 물론 이 간단함은 환상일 뿐이다. 생리를 하는 여성은 항상 피의 배출에 어떻게 대응할지를 미리 계획해야 한다. 하지만 아크로바틱 선수도 곡예사도 아닌 내 딸은 컵에 쉽게 적응했다. 내 딸의 말에 따르면 생리컵은 탐폰보다 오랜 시간 사용할 수 있어서 스스로 계획을 세울 수 있다고 한다. 그래서 점점 더 많은 여성들이 생리가 끝나면 생리컵을 헹구거나 끓는 물에 소독하기만 하면 되는 이러한 종류의 생리 용품을 선택한다. 이 단계도 간단하게 만들기 위해 일부 브랜드에서는 컵을 전자레인지에 넣고 돌릴 수 있는 상자까지 제안하고 있다.

독성쇼크증후군의 위험성이 완전히 제거되지는 않았지만 생리컵은 탐폰보다 그 위험성이 훨씬 더 낮다. 질 내 미생물들과 그들의 되데를라인 부대가 생리컵과 평화롭게 공존하는 것 같고, 많은 사용자들이 생리컵으로 옮겨간 지 몇 달 만에 사상균증이나 방광염에서 벗어났다고 이야기한다.

2016년 가을, 플렉스라는 브랜드가 미국 시장에 새로운 버전의 일회용 생리컵을 출시했다. 아주 유연한 폴리머polymer[분자가 기본 단위의 반복으로 이루어진 화합물이다] 재질의 '생리 디스크'였다. 이 제품은 자궁경부에 들어맞고, 재사용 가능한 생리컵처럼 제조사에 따라서는 12시간 연속으로도 착용할 수 있다. '미션'을 내세우는 미국 전통에 충실한 기업답게 이 브랜드는 웹 사이트에서 "모든 여성이 자신의 몸을 사랑하는 세상을 믿습니다"[10]라고 말한다. 라텍스가 함유되지 않아 라텍스 알레르기가 있는 사람들에게 적합한 플렉스 디스크는 탐폰과 패드를 다섯 장까지 대체할 수 있어서 쓰레기 측면에서 보면 경쟁력이 있다. 하지만 이 디스크의 비책은 성관계 중에도 제자리를 유지할 수 있다는 점이다. 자신의 파트너나 침대 시트에 얼룩을 남기고 싶지 않은 이들을 위한 장점이다. 로런 슐트Lauren Schulte가 여성 엔지니어 리디 태리얼Ridhi Tariyal의 아이디어에 착안해서 캘리포니아에 설립한 이 스타트업은 곧바로 주요 경쟁 업체인 소프트컵을 사들였고, 미국 시장뿐만 아니라 유럽 시장도 공략하기 위해 100만 달러를 모금했다. 20달러에 디스크 여덟 개짜리 한 상자이니, 기대 수익은 높아 보인다.

스펀지 밥과 사랑을 나누다

생리 디스크만이 생리 중에 사랑을 나눌 수 있게 해주는 생리 용품은 아니다. 피를 부드럽고 자연스럽게 흡수시키기 위해서라면, 재사용이 가능한 바다의 해면 스펀지로 눈을 돌려볼 수도 있다. 해면 스펀지는 적은 양의 피를 흡수하고, 물과 중성 비누로 세척할 수 있으며, 세 개에 평균 14유로나 15유로에 팔린다.

일부 인터넷 사이트에서는 해면 스펀지를 에센셜 오일로 소독해야 하고, 피임 기구를 사용하고 있는 사람에게는 권장하지 않는다고 설명한다. 다른 사이트들에서는 사용하기 전에 해면 스펀지를 레몬수에 적시면 피임 기능을 갖게 된다고 주장하지만 이런 효과에 관한 어떤 연구도 진행된 바 없으며, 이런 민간 요법 성격의 방식에는 각별히 주의를 기울여야 한다.

해면 스펀지를 파는 브랜드들은 '수명이 다했을 때' 스펀지를 채취한다고 강조한다. 사실 해면 스펀지는 그 수명이 수천 년에 이를 수도 있는 살아 있는 생물이다. 내가 '살아 있는'이라고 말하는 것은 식물이 아니라 '해면동물porifera'이라는 이름으로 알려진 동물이라는 말이다. 프랑스에서 유기농 매장이나 인터넷을 통해 해면 스펀지를 상품화하고 있는 브랜드 망시는 제품 포장에 "생태계를 존중하는 지중해의 지속가능한 어업을 통해 채취했고, 세척 후 석회질 및 유기 불순물을 제거했으며, 과산화수소에 경미하게 표백한 '피나 달마타fina dalmata' 해면 스펀지"라고 표시해두었다. 사용 설명서는 이 해면 스펀지를 "전통적으로 고대부터 사용해왔다"라고 설명한다. 그리고 "아주 미세한 해초 잔여물이 해면 스펀지

안에 남아 있을 수 있다"라고 하면서도 "제품의 품질에는 아무런 악영향을 주지 않는다"라고 알린다.

이 해면 스펀지로 설거지를 하든 질 안에 넣든, 이 해면 스펀지는 물론 원시적이기는 하지만 신경 체계를 보유하고 있는 반면 호흡 기관이나 생식 기관은 없다는 사실을 알아두는 편이 좋겠다. 스펀지 밥이 내 몸과 사이좋게 지낼 수 있을까? 이 점은 이 해면 스펀지의 무해성이나 위생 문제처럼 아직 입증되지 않았다. 점막과 접촉하는 해면 스펀지를 장시간 사용하는 일과 관련한 대규모 연구는, 기존 탐폰에 대한 연구와 마찬가지로 아직 이뤄지지 않았다.

대화가 이쯤 되면 여러분은 아마도 거북함을 느낄 수도 있겠다. 바로 여기에서 플랜 B의 두번째 주인공이 등장한다. 베피 컴포트나 조이 디비전의 소프트탐폰에서 파는 합성 생리 스펀지다. 이 스펀지는 유연한 스펀지 탐폰으로, 전자는 네덜란드에서, 후자는 독일에서 생산한다. 여성들의 'G 스폿'에 해당하는 남성들의 'P 스폿'과 남성들이 조화를 이루도록 만드는 전립선 스티뮬레이터(제품의 장점을 찬양하는 광고에 따른 내용임) 같은 홍분 유도 기기 옆에서 생산되고 있다. 문제의 그 스티뮬레이터를 오랫동안 관찰해봤지만 어떻게 사용하는지 이해하지는 못했다.

일부 약국이나 인터넷에서 판매 중인 일회용 해면 스펀지는, 기존의 탐폰처럼 8시간 이상 착용해서는 안 되고, 특히 '수영장이나 사우나에 가거나 성관계를 갖기 위한' 경우에 추천한다. 가랑이 사이로 어떤 끈도 나오지 않기 때문에 최대한 비밀이 유지되기 때문이다. 베피 소프트 플러스 컴포트에는 작은 구멍이 있어서 제거할 때 더 쉽게 붙잡을 수 있다. 해당 브랜드는 이 '떼어내는' 작업이 약간 스포츠와 같은 성격을 지녔음을 심각하게 생각하지 않은 채, 이 작업이 예컨대 콘택트렌즈를 꼈다가 빼는 일보다 훨씬 덜 복잡하다고 단언한다. 이 제품들의 성분에 대해 묻자, 네덜란드의 페르디난트 빌럼스 대표는 주저 없이 이렇게 답했다. "비밀은 없다, 문제없다! 이 탐폰을 만드는 아스하 인터내셔널은 유럽 생리 용품 생산 업체들 가운데 유일하게, 인체의 구멍에 30분 이상 머무르는 의료 제품들에 적용되는 ISO13485 규정에 부합한다."[11]

'습식wet' 버전의 경우, 질의 산성도를 최적 수준인 4.5로 유지하기 위한 액체인 락타겔lactagel[12]에 적신 폴리우레탄 스펀지로 만들어진다. 이 탐폰들은 산부인과 의사들과 델프트 공과대학교의 여성 엔지니어가 함께 만들었는데, 1996년에는 '건식' 버전이, 2006년에는 '습식' 버전이 출시됐다. 페르디난트 빌럼스는 전 세계에 유통된 이 제품들이 특히 중국에서 제품의 질이나 투명성에 대한 보장 없이 불법 복제되고 있다고 말하면서, 이 탐폰들을 다른 생리 용품의 보충용으로 사용하는 것이 이상적이라고 인정했다. 실제로 이것들의 가격은 건식을 선택하느냐 습식을 선택하느냐에 따라 탐폰 한 개당 1유로에서 2유로 사이로 상당히 높은 편이다.

일반적인 우리의 주머니bourses[음낭이라는 뜻도 있다] 사정으로는 (아니, 그 주머니 말고!) 이제 플랜 C로 넘어가야 할 때다. 세탁 및 재사용이 가능한 패드와 팬티라이너, 팬티 말이다.

이제 버리지 마세요

주위 사람들에게 세탁 가능한 패드와 팬티에 대해 이야기하면서 열렬한 환호를 받은 적은 거의 없다. "우리 할머니 시대로 돌아가라고? 사양할래"라고 20년 전 내 얘기를 일축했던 한 친구는 내가 빨아 쓰는 아기 기저귀 얘기까지 하자 내 목을 조를 뻔했다. 우리 세대의 여성들에게 재사용이 가능한 제품들은 우리 어머니들에 대한 기억으로 남아 있다. 어머니들은 세탁기의 등장을 축복, 속박의 끝, 특히 가벼운 동상의 끝이라 생각하며 바라봤다. 내가 자랐던 남부 지방에서는 여전히 공동 세탁장에서 솔과 빨래 방망이, 마르세유 비누를 가지고 손으로 빨래를 했다. 물은 차가웠고, 침대 시트, 수건, 행주 등은 커다란 빨래통에 넣고 삶았다. '일요일용' 옷을 입을 때는 주말을 위해 복장을 준비해두고서 옷을 자주 갈아 입지 않았다. 그리고 사람들은 옷, 양말, 팬티를 기워 입기도 했다.

하지만, 그렇다, 어떤 면에서는 우리 할머니의 시대로 돌아가고 싶다. 흥분하지 마시길, 어떤 면이라고 분명히 말했으니까. 비록 나는 기성복 문화 속에서 자랐지만, 할머니가 계절에 따라 색깔별, 종류별로 옷들을 정리하던 게 기억난다. 할아버지가 돌아가신 후 할머니는 상복을 입었는데, 속옷까지 상복이었다. "검정색은 빨래하기가 정말 수월해"라고 할머니는 말했다. 할머니는 표백 일꾼 가정에서 자랐기 때문에 그런 말을 한 것이다. 그러고서 1년이 다 되었을 때 할머니는 검정색 옷들을 접어서, 또 다른 죽음을 기다리며 지하실에 넣어두었다. 여기서 근본적인 사항은 바로 아무것도 버리지 않았다는 사실이다. 좀약과 함께라면 옷들은 당신을 무덤까지 따라갈 수도 있었다. 먼저 다른 이들의 무덤들에 따라갔다가 그다음에 당신의 무덤으로 말이다. 우울한 그 순간을 기다리며 나의 할머니는 꽃무늬와 파스텔 색상의 천에 열정을 쏟았다. 집에서는 옷을 더럽히지 않으려고 얼룩덜룩한 앞치마를 걸쳤고, 소파를 오래 보존하기 위해 소파 위에 커버를 씌워두었다. 모든 것이 그저 의식, 곧 습관이었고, 안심이 되는 반복적 행위였다. 옆방에 있던 내가 깨어났는지 확인하려고 할머니가 작게 벽을 똑똑 두드리던 소리도 그랬고, 할머니가 2차 세계대전 당시의 창고에서 나온 게 아닌가 싶을 정도로 딱딱한 빵에 버터를 바르기 전에 콧노래를 부르며 멸균 우유에 타 주던 풀랭 코코아의 이상한 맛도 그랬다.

우리 할머니는 당신의 생리 때, 빨아 쓰고 재사용이 가능한 패드만 사용했다. 할머니가 패드에 할머니 이름을 자수로 새겼는지, 패드를 어떻게 빨았는지, 내가 세상에 나왔을 때 이미 할머니는 폐경이 되었기 때문에 나는 모른다. 내가 아는 것은 오늘날 프랑스에서, 국립통계연구원에 따르면 거의 모든 가정에서 세탁기를 보유하고 있고 옷 역시 패드나 탐폰처럼 거의 일회용이 되었다는 사실이다. 어느 날 딸아이가 한 번 입어보기만 한 티셔츠를 세탁물 통에 던져 넣는 것을 본 적이 있다. 딸아이가 같은 옷을 이틀 연속으로 입는 일은 절대 없을 것이다. 나는 일주일 내내 내복과 속바지를 입었는데 말이다.

오늘날 우리들은 수백 가지 브랜드의 요구르트, 비스킷, 탐폰 사이에서 힘든 선택에 얼떨떨하게 휩쓸리며 마치 머리 없는 오리들처럼 한 물건에서 다른 물건을 향해 뛰어가고 있다. 이런 우리에게 세탁할 수 있는 패드가 절친한 친구가 될 수도 있다. 손으로 헹구어서 다른 세탁물들과 함께 세탁기에 30도로 돌리면, 팬티나 양말과 별다를 것 없는 색깔의 작은 깃발들이 되어 집을 장식할 것이다. 이 패드들은 일반적으로 흰색이 아닌 유색이고, 여성들은 다 알다시피, 손에만 달라붙는 일회용 패드의 접착 밴드보다 효과가 훨씬 더 좋은 고정 장치를 갖고 있다. 속옷의 겉과 안 모두를 완전히 못쓰게 만들려는 유일한 목적을 가지고 제멋대로 접히는 일회용 패드의 날개에 대해서는 얘기하지도 말자. 세탁 가능한 패드의 똑딱단추 시스템은 더 훌륭한 안정성을 보장해주고, 피부에 닿았을 때에도 더 편안하다. 제조 업체들의 말에 따르면, 재료는 대부분 피를 흡수하기 위한 면과 대나무 섬유이며, 90퍼센트나 100퍼센트 유기농 재료로 구성되어 있다.

프랑스에서는 여러 기업에서 재사용이 가능한 생리 용품을 주로 유기농 매장이나 인터넷에서 판매하고 있다. 2009년 설립된 플림은 생리컵, 패드, 팬티라이너뿐 아니라 요실금 용품, 생리통 완화를 위해 데워서 사용하는 체리 씨 쿠션, 주머니와 세트 제품도 팔고 있다. 이 제품들은 프랑스에서 천연 재료나 유기농 재료로 만들어진다. 당마퀼로트['내 팬티 속'이라는 뜻이다]라는 브랜드도 마찬가지로, 브랜드 이름이 지칭하듯이, 원하는 경우 직접 완성할 수 있는 패드와 팬티라이너, 생리컵과 유기농 탐폰 모두 노르망디에서 만들어 팔고 있다. 처음에는 가격이 높을 수도 있지만, 계속 쓰다 보면 전통적인 일회용 공업 생리 용품에 비해 이득이다.

생리의 금기에 대항하려는 의지가 용감하고 멋진 일로 비춰지는 미국에서도 이 분야는 발전하고 있다. 앞에서 언급한 루피 카우르와 키란 간디처럼 인도 출신인 쌍둥이 자매 라다Radha와 미키 아그라월Miki Agrawal은 2012년에 싱스라는 브랜드를 만들기로 결심한다. 그리고 이 트렌디한 생리 팬티 제품들은 뉴욕과 인터넷에서 크게 인기를 끌었다. 2015년에는 "싱스, 생리 중인 여성을 위한 속옷"이라는 이 업체의 지하철 광고가 '생리'라는 단어를 사용했다는 이유로 당국과 운수 업체의 검열 위기에 처했다. 검열이 진지한 것이었든 아니든 간에 그 덕분에 브랜드는 최고의 노출 효과를 누렸다. 싱스는, 생리를 할 수는 있지만 자신들에게 부여된 성별로 스스로를 정의하고 싶어하지 않는 '트랜스젠더와 퀴어'들을 등장시키는 광고를 만들기도 했다.

겉보기에는 단순한 팬티가 어떻게 탐폰 두 개 분량의 피를 저장할 수 있는지 그 비밀이 궁금한 이들을 위해서 말하자면, 싱스에서 판매되는 팬티들은 서로 다른 네 겹으로 이루어져 있다. 첫번째 겹은 면으로 되어 피부와 점막과 닿는 부분이고, 두번째 겹은 박테리아와 싸우며, 세번째 겹은 면과 폴리우레탄의 조합 덕분에 피를 흡수하고, 네번째는 천을 방수로 만들어주는 은 도금 덕분에 새는 것을 방지해준다. 비록 폴리우레탄의 존재가 나를 즐겁게 하지는 못하고 내 질 안에서는 이미 미생물들이 제 역할을 하고 있는데도 왜 팬티가 박테리아와 싸워야 하는지 이해할 수 없지만, 은으로 된 팬티를 입는다는 아이디어는 매혹적이었다. 물론 직접 사 입는다는 조건에서겠지만 말이다. 24달러(적은 양)에서 39달러(많은 양)[13] 사이에 팔리고 있는 이 재사용 가능한 생리 용품은, 생리 '키트'를 구성하려면 석 장에서 일곱 장의 팬티가 필요하기 때문에, 초기에 투자한 이후로는 상당히 절약할 수 있게 해준다.

내 요청에 이메일로 답을 준 브랜드 커뮤니케이션 책임자 첼시 라이보는 자사 팬티 제품들이 스리랑카에서 생산되며, 제품 하나가 팔릴 때마다 싱스가 세탁과 재사용이 가능한 패드 한 키트를 우간다로 보내, 어린 소녀들이 자신들의 '수치심 주간' 동안에도 학교에 계속 갈 수 있도록 한다는 사실을 알려주었다. 한편 싱스는 매출이나 판매량, 뉴요커와 이 팬티를 알고 있는 유러피언들의 생리 팬티를 생산하고 있는 스리랑카 노동자들의 임금이나 근로 조건에 대해서는 알려주지 않았다. "그 정보들은 기밀이다. 우리는 민간 회사다"라고 커뮤니케이션 담당자는 설명했다.

투명성이 싱스의 우선순위는 아니지만, 경쟁사의 강한 압박에 놓여 있는 싱스가 생리를 아무런 거리낌 없이 말할 수 있는 주제로 만든 것은 자랑할 만하다. 2016년 9월, 뉴욕 패션위크에서 대부분의 일반 팬티보다 더 예쁘고 십중팔구 더 편안한 생리 팬티를 입은 모델들이 소개됐던 것처럼 말이다. 게다가 그날은 아티스트이자 생리 마라톤 선수인 키란 간디가 드럼을 치며 배경 음악을 책임졌다.

본능적 자유 흐름

통계에 따르면 당신이 지금 이 책을 읽는 순간에도 8억 명의 여성이 생리를 하고 있다. 이 여성들 가운데 절대 다수에게는 생리가 매달 해결해야 하는 '문제'다. 방금 전까지 봤듯이 좋은 생리 용품을 선택하는 것은 매 순간이 골치 아픈 일이다.

몇 해 전 미국에서는 '본능적 자유 흐름Free flow instinct'이라는 혁신적인 생리 대책이 등장했다. 생리혈을 질 속에 잡아두었다가 화장실에서 소변처럼 배출하는 방법이다. 이 방법은 이론적으로는 생리 용품을 전혀 사용하지 않게 해준다. 이른바 심층 생태학계에서(여기에 대해서는 내가 바닥을 가본 후에 얘기하겠다) 크게 유행하는 이 방법은 추종자들이 점점 더 늘어나는 중이다. 약 2500명에 가까운 사람들이 있는 페이스북 모임이 이를 증명한다. 점점 더 많은 여성들이 패드, 탐폰, 컵, 기타 조잡한 생리 용품들에서 벗어나길 바라고 있다. 자신의 몸에 대한 주도권을 되찾고, 자신의 자궁과 질, 난소 그리고 아마도 현대 생활로 인해 잘못 다뤄진 뇌와도 친구가 되기 위해서다.

나 역시도 다른 모든 여성들처럼 생리 용품을 구하지 못했을 때 이미 본능적 자유 흐름을 경험한 적이 있다. 바로 예상치 못한 생리의 출현에 놀란 상황이었다. 피를 막고 있기가 쉽지는 않지만, 회음부 근육을 단련시키면 불가능하지도 않으며 괄약근을 쓰지 않아도 전혀 어렵지 않다. 이 방법이 성공하기 위해서는 게이샤 볼 geisha ball이나 요니 에그yoni egg[회음부 근육 강화 운동을 위한 기구로 게이샤 볼은 과거 일본에서 게이샤들이 질 수축을 위해 이용하던 데서 유래했고, 요니 에그는 달걀 모양으로 깎인 준보석이다]만 한 것이 없다. 골반 바닥 근육(그래요, 당신 마음에 들든 안 들든 내 몸에는 바닥도 있습니다)의 탄력을 자극하므로 섹스에도 좋고 폐경 후에 소변이 새는 현상을 방지할 수도 있다.

몇 해 전이었다면 나를 '나의 모태에 다시 연결한다'는 발상이 당혹스러웠을 것이다. 그리고 이와 관련된 몇몇 후기를 읽었을 때 미친 듯이 웃지 않을 수 없었다. 하지만 불규칙적이긴 했어도 태극권 수련을 하면서 이 문제를 다시 생각해보게 됐다. 자신의 모태 (사춘기 이후로 나를 괴롭혔던 모태)뿐만 아니라 자신의 몸, 자신의 뇌와 다시 연결되는 것은 나무들 사이의 바람이나 하늘에서 떨어지는 빗방울처럼, 그 존재를 전혀 의심하지 않았던 것들을 대할 때 기쁨을 느끼게 해주었다. 그래서 나는 본능적 자유 흐름을 유물사관에 대한 나의 집착보다 더 호의적으로 본다.

긴장을 풀고 흐르게 하는 것, 이것은 마치 나체로 물놀이를 하는 것과 같다. 우리는 자기 자신 그리고 주변 요소와 분리되지 않을 때 더 편안해한다. 그러나 안타깝지만 벌거벗은 채로 산책하면서 자신이 지나가는 길에 핏방울을 흩뿌리는 행위는 사회에서 쉽게 받아들일 수 있는 행동이 아니다. 사무실, 공장, 대중교통이나 슈퍼마켓에서 사람들은 당신이 위생 규칙을 위반하고 있다는 사실을 틀림없이 알아챌 것이다. 그러므로 모든 사람이 현대 생활의 제약에서 벗어날 수 있는 기회를 가지는 것은 아니다. 나보다 어린 여러 친구들은 이 본능적 자유 흐름을 시도했지만 현재까지 아무도 성공하지 못했다. 전문가들에 따르면 이 기술을 익히기 위해서는 네 번에서 다섯 번의 주기와 자신에 대한 강한 믿음이 필요하다. 이 방법을 시도하는 동안에는 침착하게 화장실 근처에 있으면서, 필요가 느껴지는 즉시 가서 피를 배출할 수 있도록 해야 한다. 초보자들의 얘기에 따르면 이런 상황은 약 10분마다 한 번씩 일어날 수 있다.

인터넷 블로그에서 본능적 자유 흐름을 성공적으로 실천하고 있다고 말하는 이들은 이것이 해방이라고 말한다. 하지만 관련 기사에서는 종종 이 방법을 날것을 먹거나 채식주의이거나 또는 호르몬 피임법을 쓰지 않는 등 특이한 생활 방식과 연관지으며 조롱하거나 비난한다. 그 비판 정신이 공업 제품에 적용되는 모습을 더자주 보면 좋겠는데 말이다. 본능적 자유 흐름에 위험성이 없느냐는 질문에, 의사들은 질 안에 2시간 이상 피를 가둬두는 것은 박테리아 증식에 유리하기 때문에 위험할 수도 있다고 주장한다. 생리혈과 함께 체내에 8시간까지 지니고 있어도 된다고 겉포장에 쓰여있는, 성분이 알려지지 않은 일부 탐폰에 대해서 이들은 뭐라고 말할까? 정액이 자궁 안에서 나흘 가까이 살아남을 수 있다는 사실에도 나는 몸이 떨린다. 의사들은 이 액체의 존재에 대해 경고하지않으며, 질 내 미생물들은 이 낯선 액체를 완벽하게 처리할 줄 모른다.

나는 이제 본능적 자유 흐름으로 넘어갈 나이도 아니고, 이 방법이 내 과거와 현재의 생활 방식과 완벽하게 양립할 수 있을지 의심스럽다. 하지만 세계의 여성들이 생리에 대한 주도권을 되찾고이를 통해 생리 용품들에서 해방되어 쓰레기도 줄이면서 많은 것을 절약할 수 있다는 사실을 알게 되는 것은 좋다.

예술 안에서의 생리

인터넷에서, 열정적인 사람들은 재사용 가능한 생리컵이나 본능적 자유 흐름을 자기 몸과 화해하는 일이라고 말한다. 탐폰이나 패드 위의 피를 더러운 얼룩이 아닌 액체나 용액, 즙과 같은것으로 발견하는 일은 이 피를 다르게 생각하고 피의 가치를 인식하게 해준다. 생태학의 위대한 도약 속에서, 어떤 이들은 이 피를 모아 녹색 식물이나 텃밭용 비료로 쓰기도 한다. 이미 고대 사람들이 짐작했듯이, 생리혈 안에는 땅을 비옥하게 해주는 칼륨이 들어 있다. 이러한 생리혈의 명예 회복 움직임은 컵을 넘어선다. 역시 예술가들에 의해 이런 움직임이 이뤄지고 있는데, 점점 더 많은 이들이 자신의 생리혈을 가지고 그림을 그리거나 공연을 한다.

예술 역사가 에밀리 부바르Émilie Bouvard는 오스트리아의 예술가 발리 엑스포트Valie Export가 처음이었다고 말한다. "그녀가 최초로 생리혈을 퍼포먼스에 사용했고 영상을 촬영했으나, 촬영한 테이프는 분실된 것으로 보인다. 이것은 페미니즘이 비상하기 전인 1966~1967년에 제작된 3분 분량의 8밀리미터 필름으로, 〈월경 필름Menstruationsfilm〉이라는 제목의 퍼포먼스를 보여주었다. 발리 엑스포트는 당시에 페미니즘에 대해 이야기하는 것을 들어본 적 없다고 여러 차례 밝혔는데, 당시 페미니즘은 아직 초보 단계였고 특히나 오스트리아의 상황은 2차 세계대전을 기억하지 않는 도덕적 질서로 회귀했던 터라 더욱더 그러했다. 예술가의 자매는 촬영을 하고, 예술가는 나체로 의자 위에 앉아 생리를 하는 순간에 소변을 본다. 그러자 의자를 따라서, 그리고 벽 위로 피가 섞인 소변이 흐른다. 여기에서 혼돈을 일으키는 위반 사항은 세 가지다. 즉, 생리혈과 소변은 더러운 것으로 여겨지는 물질이고, 소변을 보는 것은 안도감이나 기쁨, 그 자체로 금기인 배설의 기쁨을 주며, 마지막으로 여성은 여기에서 적극적인 방식으로 이 물질들을 배설하고 있다."[14]

에밀리 부바르는 생리혈이 프레즈노 주립대학과 캘리포니아

예술대학교California Institute of Arts의 주디 시카고Judy Chicago가 로스앤젤레스의 우먼하우스Womanhouse 프로젝트를 통해 만든 교육의 일환으로도 등장한다고 말한다. "주디 시카고는 1971년에 미니멀 아트가 아닌 추상적인 첫 작품, 〈레드 플래그Red Flag〉를 제작한다. 한 여성이 탐폰을 제거하는 모습이 나타나는 석판화다. …… 나중에 이 이미지는 엠블럼이 되어 페미니스트 예술 잡지에서 수없이 재현된다."[15] 1972년에 이 예술가는 순백의 욕실에 다쓴 탐폰이 넘쳐나는 쓰레기통이 놓인 설치물을 만든다.

오늘날 미국에서는 젠 루이스Jen Lewis가 자신의 웹 사이트 '뷰티 인 블러드Beauty in Blood'에서 생리혈에 마법의 액체라는 외관을 부여하고, 버네사 티그스Vanessa Tiegs는 명상의 만다라mandala와 월경menstruation을 결합한 '멘스트랄라menstrala'를 그린다.

남아프리카공화국에서는, 예술가이자 레즈비언 활동가인 자넬레 무홀리Zanele Muholi가 2006년에서 2011년 사이에 케이프타운에서 '생리의 고통Period Pain'이라는 프로젝트를 진행했는데, 자신의 생리혈을 이용해 최면을 거는 듯이 아름다운 강력한 작품들을 만들었다.

프랑스에서는 잉그리드 베르통무안Ingrid Berthon-Moine을 예로 들 수 있는데, '레드 이즈 더 컬러Red is the colour'라는 제목이 달린 열두 작품의 초상화 시리즈에서 립스틱 대신 생리혈를 바른 여성들을 보여주었다. 그리고 존 애나John Anna는 자신의 생리혈로 그림을 그리고, 조형 예술과 현대 페미니즘의 교차점이 되길 바라는 '우먼스트루에이션womanstruation[여성을 뜻하는 woman과 월경을 뜻하는 menstruation의 합성어다]'이라는 인터넷 사이트를 개설했다. 스웨덴의 여성 사진 작가 아르비다 뷔스트롬Arvida Bystrom은 11만 3000 명이 팔로잉하는 자신의 인스타그램에 가장 사적인 모습을 등장시키며 생리를 해독하는 일을 즐긴다.

2014년에는 여성 사진 예술가 마리안 로젠스틸Marianne Rosen-stiehl이, 미국이나 영국에서 생리를 지칭하는 이름 중 하나이기도 한, '저주The Curse'라는 이름의 전시회를 파리에서 열었다. 전시 소개글에 나온 작가의 설명에 따르면, 청소년기의 생리에서부터 완경까지의 탐험을 담은 스물네 장의 사진은 '인류 절반의 사생활에 전적으로 관여하는 이 생리적 현상, 즉 생리의 불가시성'이라는 주제를 가진 예술적 방식을 보여준다. 자신의 생리혈로 민달팽이를 죽이기 위해 밭을 뛰어넘는 여자들을 보여주는 작품이 되었든, 아니면 여성의 몸에서 나오는 작은 '영국' 군인들을 보여주는 작품이 되었든, 이 예술가는 유머와 감동을 드러내 보인다. "나는 사진을 통해 평화롭게, 정면에서 또는 조금 떨어져서 금기를 관찰한다. 여성의 사생활, 사랑의 관계, 완경, 일부 트랜스젠더들의 필사적인 여성스러움 추구, 언어의 코드들(모든 언어에서 그것을 말하지 않기 위해 사용하는 엄청난 어휘론) 그리고 희망과 화해를."[16]

6장_
나는 100번째 피까지
셀 수 있다

열다섯 살, 내 사랑의 사원에 손님들을 들일 시간이 왔다. 그리고 문제의 이 사원이 너무 빠르게 신생아실로 변하는 것을 피하기 위해 효과적인 피임 방법을 생각해야 했다.

이미 말했듯이 내가 속한 세대는 처음으로, 적어도 내가 자란 특혜 받은 환경에서는, 피임약 덕분에 임신할 위험 없이 사랑을 나눌 수 있는 행운을 가졌다. 이런 기쁨은 짧은 편이었지만, 1984년 이후 피의 금기를 되살아나게 만든 에이즈의 발현 전까지 그래도 피임약은 내 성생활의 첫 10년을 지켜주었다.

피임약을 먹는다는 것은 해방의 표시였지만 뭔가 전투사의 길에 속하는 일이기도 했다. 당시에 의사들은 두 부류로 나뉘었다. 반동적인 산부인과 의사들은 피임약을 처방하지 않으려고 온갖 핑곗거리를 찾으며 여자아이들이 피임을 하지 않도록 설득하려 했다. 반면에 페미니스트 산부인과 의사들은, 우리가 미처 깨닫지도 못한 채 이 사치품을 누릴 수 있다는 사실과 또 우리들이 그에 대해 감사의 마음도 품지 않는다는 사실에 늘 우리를 원망하는 듯한 모습이었다.

이들 두 부류 사이에 가족 주치의가 있었다. 소심하고 약간은 시대에 뒤처진 그 남자는 눈썹을 찡그리며 피임약 처방을 해주었는데, 우리 눈을 쳐다보기 힘들어하는 표정으로 마치 우리의 모험을 만류하려는 것 같았다.

내가 처음 생리를 시작했을 때부터 산부인과 의사는 규칙성에 대해 물었고, 내가 피를 흘리는 날짜를 적어두라고 했다. 아마 좋은 의도에서 나온 얘기였을 것이다. 많은 의사들은 생리 주기를 규칙적으로 만들거나, 여드름을 치료하거나, 또는 심한 생리통을 치료하기 위해서라고 주장하면서 피임약을 주었다. 그리고 많은 여자아이들은 같은 이유로 피임약을 원한다고 주장했다. 왜냐하면 아옌데의 몰락 이후 피노체트 독재 정권에 의해 일부 가족이 목숨을 잃어 부모님과 칠레에서 온 로베르토라는 한 남자와 함께 가능성을 탐험해보길 꿈꾸고 있다고 사실대로 털어놓기는 힘들었기 때문이다.

규칙성을 황금송아지와 동급으로 떠받들던 이 보수적 매뉴얼은 일종의 탱고춤을 만들어냈다. 우리는 '의학적' 문제가 있는 척했고, 산부인과 남자 의사들 또는 여자 의사들은 그 문제에 '의학적' 해결 방법을 알려주는 것처럼 행동했다. 여기서 잊지 말아야 할 사실이 있다. 미국 의사이자 생물학자인 그레고리 핑커스Gregory Pincus가 발명해 규칙적인 생리 주기를 만들기 위한 목적으로 1957년에 상품화한 최초의 피임약이 여성의 건강과 출산에 필수적이라고 간주됐다는 점이다. 이는 규칙적인 간격으로 흐르지 않는 생리혈은 본래 나약하고 건강하지 않은 여성을 중독시킬 위험이 있다는 고대의 발상에 따른 생각이었다.

규칙성régularité은 '생리règles'라는 단어의 뜻이기도 하다. 이 단어는 독일어(die Regel)와 스페인어(las reglas)로도 생리 즉 월경을 지칭하는 데 쓰인다. 라틴어 '레굴라regula'에서 비롯된 것으로, 이 단어는 몸을 세우는 것(발기, 네가 내 얘기를 듣고 있다면)과 동시에 '곧은'이라는 뜻이고, 확대해서 법, 권력, 왕rex을 연상시킨다. 영국인들은 '룰스rules'라는 단어를 사용해 생리를 지칭하기도 했고, 미국에서는 문장의 마지막에 오는 마침표를 가리키는 '피리어드period'가 1867년부터 생리를 가리키는 데 사용되었다. 대화를 짧게 끝내려고 종종 사용되는 이 단어는 프랑스어에서도 다음의 표현으로 쓰인다. "됐어, 끝, 더는 말하지 마C'est comme ça, un point, c'est tout!" 그러므로 이 단어는 주기적으로 흘러나오는 피와 문장을 끝내기 위한 신호를 동시에 가리킨다. 어떤 남자가 당신의 말을 끊고 혹시나 당신이 생리 중인 건 아닌지 물었을 때 당신이 분명히 말했던 그 문장 말이다.

생리 주기의 규칙성이 왜 그렇게나 중요한지를 이해하기 위해 나는 오랜 시간 노력했고 명백한 사실을 인정하게 됐다. 생리 주기가 규칙적이고 반복적이어야만 임신 시기를 계산할 수 있고, 아버지를 확실히 판별할 수 있기 때문이었다. 남자들에게 이 문제는 아주 중요하다. 태어날 아이가 정말 자신의 아이인지 아닌지 아는 척도가 되니까.

나는 달에게 물었다

만약 월경 왕국이 존재한다면, 아마도 아르테미스와 이피게네이아의 피난처이자 가슴을 드러낸 페멘들의 인큐베이터인 우크라이나일 것이다. 그러므로 그곳에 위치한 유럽의 중요한 고고학 발굴 지역 중 한 곳에서 옛 태음력 달력일 수도 있는 유물이 발견된 것은 그리 놀랄 일이 아니다. 1871년에 G. S. 키리야코프G. S. Kyriakov가 발견한 곤치Gontsy는 동유럽에서 알려진 최초의 구석기 시대 발굴 지역이다. 이 지역은 1914~1915년과 1933년에 짧게 발굴되었다가, 1993년에 새로운 국제 발굴 현장이 개설되어 지금까지 이어지고 있다.

1만 4000년 가까이를 거슬러 올라가는, 매머드 뼈로 지어진 작은 집인 이 수렵·채집인의 캠프 거처는 약 천 년 동안 굉장히 광활한 영토를 차지하고 있었던 것으로 추정된다. 이곳에서 나온 유물들로는 무기, 도구, 보석, 작은 여성 입상이나 남근상이 있다. 일부 상아 뼈 위에는 네 번의 태음월이 지나갔음을 연상시키는 홈들이 파여 있다. 태음력 달력으로 확인된 유물들은 프랑스의 라스코Lascaux와 아브리 블랑샤르Abri Blanchard에서도 발견됐고, 콩고에서도 발견됐다. 콩고의 이상고Ishango에서 발견된 뼈들은 그 시기가 2만 년 전으로 거슬러 올라가는데, 1970년대에는 태음력 달력으로 해석되었고 나중에는 옛날 '계산기'로 해석되었지만, 오늘날 과학자들은 이 뼈들의 실제 용도가 무엇인지에 대해 동의하지 못하고 있다.

여성들의 생리와 임신 계산이 수학적 발명의 원인이 됐을 수도 있다는 가설[1]을 1980년대 말에 처음으로 주장한 미국인 페미니스트 철학자 주디 그란Judy Grahn에게 영향을 받은 미국의 민속 수학자[민속수학은 수학과 문화 사이의 관계를 연구하는 학문이다] 존 켈러마이어John Kellermeier는 이 달력들을 동시적 여성 숭배와 연결 지었다. 이 숭배는 구석기 시대 유적지에서 발견된 빌렌도르프의 비너스Venus of Willendorf(기원전 3만~기원전 2만 5000년), 로셀의 비너스Venus of Laussel(기원전 2만 5000~기원전 2만 년)나 간혹 흠이 파여 있는 추상적인 여성 소형 입상 등에 의해 입증된다. 누가 달력을 새겨놨을까? 누가 사용했을까? 주디 그란에 따르면 생리 덕분에 여성들이 "이 발견들의 기원이 될 수 있는 모티프와 방법, 기회를" 가졌다.

생리와의 연관성을 만드는 것은 쉽다. 여성의 주기와 달의 순환 주기가 지구일 기준 29.54일로 일치하기 때문이다. 그래서 달은 임신을 계산하는 데 쓰였는데, 달의 개수나 건너뛴 생리의 수를 세는 식이었다. 이에 따라, 켈러마이어가 그랬듯이, 여성들을 '최초의 수학자들'[2]로 규정하는 것은 그저 한 걸음이면 된다. 하지만 이를 증명하기란 터무니없고 불가능한 일이다.

어쨌든 '월경menstruation'이라는 단어는 '월mois'이라는 단어에 해당하는 '멘스mens'에서 왔고, 인도유럽어족에서 '달'을 의미하는 'mehns'에서 유래한다. 마찬가지로 '의식rituel'이라는 단어는 계절, 희생의 시기, 월경을 뜻하는 산스크리트어 'r'tu'에서 왔다.

아주 먼 옛날부터 통계적인 규칙성은 달을 신성하게 해주었다. 그리고 유일하게 피를 흘리고 이 출혈이 멈추면 아이들을 낳았던 여성들은 달과 연결되어 있었다. 아주 오래된 신화들은 임신과 월경을 동시에 설명하기 위해 달을 참조한다. 클로드 레비스트로스는 아메리카 인디언 신화에 따르면 "여성들은 달과 월경이 동시에 나타난 이후에만 자식을 낳을 권리를 얻었다"[3]라고 설명한다. 그는 카시나와Kashinawa[브라질과 페루에 사는 원주민 부족이다] 여러 신화에 대해서도 이렇게 언급했다. "신화는 이 주기적 성질을 두 가지 간단한 형태와 연결시킨다. 달은 처음으로 모습을 드러낼 때 여성들에게 생리 출혈을 일으킨다. 그리고 수태되는 순간에 신월新月[음력 초하룻날의 달로, 달이 지구와 태양 사이에 들어와 일직선을 이루어 지구에서는 달이 보이지 않는다]이나 보름달이 뜨면, 남성의 정액이나 여성의 피가 모태 안에서 응고되고 아이들은 낮처럼 밝은 피부나 밤처럼 어두운 피부를 가지고 태어나게 된다."[4] 또 다른 신화에서는 달을 가지고 임신 기간을 설명한다. "수태와 출산 사이에 열 번의 태음월이 흘러야 한다. 여자가 생리를 했던 마지막 달은 셈에 넣지 않는다. 이어서 생리가 없었던 여덟 달을 세고 그다음 열번째 달은 출혈을 동반한 출산의 달이 될 것이다. 이렇게 자신의 손가락으로 세어보면 여자는 자신이 어떤 산짐승에 의해 느닷없이 임신한 게 아님을 알게 될 것이다. 여자는 자신의 어머니와 남편에게 이를 한참 먼저 알리게 될 것이다."[5]

달은 고대 종교들에서 중심적인 역할을 했고, 원시 여신들의 주요한 상징이자 화신이었다. 아르테미스, 이난나, 이슈타르, 아스타르테, 이시스, 셀레네, 헤카테는 모두 달의 여신이다. 고대 메소포타미아의 신, 고대 이집트의 토스나 인도의 찬드라처럼 달의 남신도 존재했다.

이렇듯 초기 종교들은 달과 생리 주기에 관련되었을 뿐만 아니라, 우리도 이 연관성을 우리 문화를 결속시키는 것으로 만들기도 했다. 여전히 점성술을 믿는 사람들의 엄청난 비율이 이를 증명한다.[6] 1975년에 미국 여성 루이즈 레이시Louise Lacey는 '루나셉션 lunaception'이라는 난해한 방법을 개발하기까지 했다. 달의 주기 첫 15일 동안에는 완전한 어둠 속에서 자고, 그다음에는 3일 동안 약한 불빛(40와트)에서 잠을 자면서 달의 주기를 인위적으로 재현하는 방법인데, 솔방울샘[생식샘 자극 호르몬을 억제하는 멜라토닌을 만들어내는 솔방울 모양의 내분비 기관이다]에게 정확한 순간에 배란을 시작하라는 신호를 주기 위해서이다. 간단히 말해서 덜 정확한 행로를 따르는 주기를 환경, 날씨 또는 전날 먹었던 음식에 의존하여 '조절[프랑스어로 régler다]'하는 것이다. 그러고는 생리를 할 때까지 다시 완전한 어둠 속에서 잠든다(밤에만).

내가 이 방법에 대해 들은 것은 2015년 12월, 고혈압 증상을 가라앉히기 위해 남동생을 끌고 갔던 '단식과 하이킹' 연수에서였다. 남동생은 불행하게도 그해 11월 13일에 어떤 작은 레스토랑에서 아내와 함께 저녁을 먹다가 바타클랑Bataclan 테러[2015년 11월 13일 밤, 파리에서 동시다발적으로 발생한 테러 공격 중 가장 많은 희생자를 낸 바타클랑 극장 테러다]에 앞서 벌어진 일명 테라스 테러를 목격했다. 그 이후로 동생은 잠도 제대로 못 잤고, 끊임없이 반복해서 나타나는 이미지들에서 벗어나지 못했다. 그 이미지들은 동생 부부가 도우려고 했지만 끝내 살리지 못하고 그들의 품에서 죽은 사람들의 얼굴이었다.

동생은 산속에서 오래 걷기와 음식에 대한 집착으로 결국 그 어두운 생각들을 몰아냈고, 몇 년 만에 처음으로 약을 복용하지 않고도 혈압이 정상으로 돌아왔다. 나로 말할 것 같으면, 나는 4킬로그램을 뺐고, 단식자들이 모인 철야 모임에서 맹세한 것처럼 이 책을 끝내겠다는 결심을 비롯해 큰 결심을 했다는 사실에 만족한다. 위가 비어 있던 우리의 마스터가 그중 한 모임에서 루나셉션으로 주기를 제어하는 이야기를 했다. 마스터의 말이 끝나기를 기다린 후에야 채소 수프에 덤벼들 수 있었으므로, 우리는 마스터의 말을 방해하지 않고, 특히나 우리의 단식 시간을 지나치게 늘여버릴지 모를 질문도 던지지 않고 이야기를 들었다.

루나셉션은 과학적으로 연구된 적도 입증된 적도 없지만 달과 여성의 몸의 관계가 단순한 우연을 넘어선다는 생각에 바탕을 두고 있고, 자신의 주기와 다시 좀더 자연스러운 관계를 맺길 희망하는 여성들의 마음을 여전히 사로잡고 있다. 루이즈 레이시는 두 번이나 세 번의 주기, 최대 네 번의 주기가 진행되는 동안 주기가 28일로 재설정된다고 주장한다. 실제로 완벽한 어둠 속에서 규칙적으로 수면 단계를 적용하는 일은 확실히 안정을 찾게 하고 호르몬 균형을 돕는 데 기여한다. 하지만 이 방법은 자연 속에서 달빛의 예측 불가능성을 맞닥뜨릴 때에는 난관에 봉착한다. 보름달이라고 해서 항상 빛이 비치는 것도 아니고, 구름이나 계절, 달 표면의 기복, 풍경에 따라 다 다르다. 필시 그 때문에 우리 인류가 배란을 하기 위해 달 근처에서만 서성이지는 않았던 것이다. 역설적으로 달에게 우리를 지배할 힘을 부여했으면서도 말이다.

그러나 현대 과학은 달의 주기와 생리 주기의 유사성은 순수한 우연이라고 확신한다. 28일이 주기인 여성은 30퍼센트뿐이고, 나머지 3분의 2는 23~35로 다양하다고 한다. 그리고 생리를 하는 종 가운데 우리가 유일하게 달의 주기를 따른다. 그러니 여전히 의문은 남는다. 달의 주기와 생리 주기의 막연한 유사성을 가지고 어떻게 인간은 인과관계를 만들어낸 것일까?

가장 확실한 지점에서 시작해보자. 우선 달 주기의 단계들에 생리 주기의 네 단계가 자리를 잡고 있는 것 같다. 배란 전 단계(포상 단계라고도 함)는 상현달, 배란은 보름달, 생리 전 단계는 하현달, 생리는 신월에 해당한다고 할 수 있다. 동기화 가설은 달이 우리 생리 주기의 '기본 설정'이 된다고 가정한다. 달빛에 노출되면 골단epiphysis이라고도 불리는 솔방울샘을 통해 배란의 신호를 줄 수도 있다는 것이다. 고대부터 알려진 이 샘은 현대 과학에 의해 뒤늦게 이해되었다. 데카르트는 이곳에 영혼이 있다고 했고, 베다 신화[인도 바라문교 사상의 근본 성전인 베다에 나오는 신화를 말한다]에서는 이를 세번째 눈으로 여겼다. 오늘날에는 솔방울샘이 멜라토닌을 생성하며, 낮과 밤 주기의 생물학적 조절에 관련되어 있고, 사춘기의 시작에 관여한다는 사실이 알려졌다.

실생활에서 생리 주기와 달 주기의 동기성은 우연한 현상일 뿐이다. 가끔 우리는 보름달이 뜰 때 배란을 하고 신월일 때 생리를 하지만 대부분의 경우에는 그렇지 않다. 이러한 동기성이 생리나 배란에 어떤 변화를 주는지 아닌지는 아무도 알지 못한다. 조화를 이루며 살아가는 데 이러한 동기성이 바람직하다고 대자연의 친구들이 보증하지만 말이다. 조화를 이루며 산다는 발상은 당연히 매력적이다. 그들이 선천적인 불안 장애 환자들에게 국경을 개방하는 순간, 나도 비자를 신청할 것이다. 하지만 그 아름다운 나라에 도착하자마자 실망할까 겁난다. 왜냐하면 전설은 완고하게, 예를 들어 달이 가득 찼을 때 출산이 가장 많이 이뤄진다고 하지만, 이는 적어도 40년 전부터 통계에 의해 반박되었기 때문이다. 2015년 캘리포니아 대학교의 장뤼크 마르고Jean-Luc Margot가 수행한 연구도 이를 확인해준다.[7] "달은 결백하다. 달은 입원 환자 수뿐만 아니라 교통사고 수치, 월경, 우울한 사건들, 폭력적인 행동, 범죄 행위들과도 아무런 관련이 없다."[8]

하지만 우리가 이미 봤듯이 달의 주기는 우리 문화에서 '인지적 편향cognitive bias'을 초래한다고 과학자들은 말한다. 대규모로 이뤄진 많은 연구에서 정반대의 증거를 제시했음에도 불구하고, 이 인지적 편향은 병원에서 일하는 사람들로 하여금 보름달이 뜨는 저녁에는 더 많은 출산과 사고, 불면증이 있을 것이라 믿게 하고, 이어서 우리도 그렇게 믿고 싶게 만든다.

낸시 휴스턴Nancy Huston이 『상상의 인류L'Espèce fabulatrice』[9]를 통해, 또는 유발 노아 하라리Yuval Noah Harari가 『사피엔스』[10]에서 설명했듯이, 인류는 이야기를 창조해내는 놀라운 능력으로 구분되며, 아마도 이런 허구에 대한 소질이 인류의 엄청난 진화적 성공을 설명해줄 수 있을 것이다. 달에 관한 한, 지구에 피임약이 확산되던 시기인 1969년에 사람들은 드디어 달에 가는 데 성공했다. 하지만 달리 증명될 때까지는 수태와 우주 정복 사이에 아무런 인과관계도 없다.

크나우스·오기노 피임법

　인간은 오랫동안 생리 중에 배란이 이루어진다고 믿어왔으면서도 이 기간에는 성관계를 갖지 못하게 금지했고, 성관계를 다시 갖기 위해 생리 후 7일이라는 기한을 지키도록 권장했다. 이는 정확하게 배란이 일어나는 주와 맞아떨어졌고, 이러한 전략은 진화의 측면에서는 최고의 전략으로 간주됐다. 단, 남자들과 여자들 모두가 생리혈을 두려워해야 한다는 조건이 따라붙었는데, 이미 확인했듯이 이 조건은 지금까지도 꽤나 잘 작동하고 있다.

　그러다 1924년에 일본의 산부인과 의사 오기노 규사쿠荻野久作가 여성들이 일반적으로 주기마다 생리 시작 12일째에서 16일째에 한 번밖에 배란을 하지 않는다는 사실을 밝혀냈다. 그때까지 사람들은 언제 배란이 이뤄지는지, 몇 시간이나 지속되는지 알지 못했다. 정자가 자궁 안에서 4일밖에 살아남지 못한다는 사실을 고려하면 수정은 8일째와 17일째 사이에서 찾아야 한다고 오기노 박사는 확신했다. 그는 임신을 원하는 부부들을 돕기 위해 열두 달 동안 연속으로 달력에 생리가 있는 날을 표시하라고 권했다. 이를 통해 통계적인 규칙성을 밝혀내고 매 주기별로 예상 배란일을 계산하기 위해서였다. 그는 모든 여성이 각자 고유한 기간의 주기를 가지고 있고 작은 생리 음악을 보유한다고 생각했다. 그렇지 않아도 '오선지처럼 규칙적이다réglée comme du papier à musique'라는 말도 있지 않은가?

　그러나 이 방법은 생리 주기의 규칙성이 어떤 요인에 의해서든 혼란에 빠질 수 있다는 사실이 고려되지 않았다. 배불리 먹고, 감금되지도 않고, 과도하게 힘을 쓰지 않는 여성은 사춘기에서 완경에 이르기까지 대체로 규칙적으로 배란을 한다. 하지만 이 여성이 오랜 기간 먹지 못하거나, 여행을 하거나, 전문 운동선수이거나, 난소에 호르몬 메시지를 전달할 만큼 충분히 지방을 비축하고 있지 않다면, 혹시 감옥이나 더 심하게는 강제 수용소로 보내졌다면, 이 여성은 배란, 곧 생리가 멎는다. 스트레스를 크게 받는 경우에도 주기가 새로 시작되거나 중단된다는 사실은 이미 알려졌다. 전쟁 기간 동안, 망명이나 강제 이주 같은 비극적 시련을 겪는 여성들은 생리량이 줄어들거나 아예 멈춘다. 이 여성들의 몸은 생존 모드로 들어가는 것이다. 이를 전쟁 무월경 또는 기근 무월경, 기아 무월경이라고 부른다.

1969년에 역사학자 에마뉘엘 르 루아 라뒤르Emmanuel Le Roy Laduire는 1693년에서 1694년경 루이 14세 시대의 대기근 시기에 관찰된 무월경과 양차 세계대전 때 의사들이 진단했던 무월경 사이의 연관성을 밝혀냈다. 1916년에는 폴란드에 이어 빈, 함부르크, 프라이부르크, 베를린, 쾰른, 킬에서 무월경 사례가 늘기 시작했다. 프랑스 릴에서는 1914년에서 1918년 사이 종합병원의 여성 고객 200명 중 79명이 6개월 이상 생리가 중단되었다. 1936년(스페인 전쟁)에서 1946년(독일의 항복) 사이에도 같은 일이 관찰되었다. 1942년에는 "파리의 여자 초등학생들의 사춘기 징후(첫 생리)가 더 늦게 나타났다. 파리 교외 지역 학군에서 그 나이가 1937년에는 열두 살 반이었는데 열세 살 반이나 열 네 살로 늦춰진 것"이다.[11] 1944년 9월에는 주위에서 발생한 기근 때문에 암스테르담 여성의 70퍼센트가 생리를 하지 않게 됐고, 아홉 달 후 급격히 감소한 출산이 이 사실을 증명했다. "의학 참고 문헌에서 지금까지 한 번도 볼 수 없었던 이 끔찍한 비율은 그래도 전쟁 직후 강제 수용소 수용자들의 폭로로 드러난 정보에 비하면 별것 아니다. 테레지엔슈타트 수용소에서는 여성 수용자 1만 명 중에 54퍼센트가 감금된 지 한두 달 또는 석 달 만에 생리가 멎었다. 18개월간 또는 20개월간 수용소 생활이 이어진 이후, 이 54퍼센트 가운데 절대 다수의 생존자들이 다시 생리를 시작했다. 테레지엔슈타트의 생활 환경이 나아지지는 않았지만 적응 현상이 나타난 것이다. 말하자면 이 여성들의 생체 기관이 본의 아니게 '견디기 힘든 상황에 익숙해진' 것이다."[12]

이런 극단적인 상황까지 가지 않더라도 불빛이나 온도, 강렬한 감정이나 가벼운 질병도 우리가 모르는 사이에 주기를 변화시키고, 배란을 없애버리거나 교란시킬 수 있다. 끊이지 않는 한 소문에 따르면 강력한 오르가슴이 거꾸로 '자발적인' 배란을 일으킬 수 있는데, 이는 생리 기간에도 해당하는 현상이다. 모든 인간에게는 다양한 감정이 존재하고, 이런 감정은 현대 생활에 의해 과도한 영향과 자극을 받기도 한다(물론 매머드 사냥을 하러 가는 것도 스트레스였겠지만). 이 모든 사실을 고려하면 호르몬 주기를 예측할 수 없는 것이 놀라운 일은 아니다.

오기노가 유명해진 것은 그의 발견이 헤르만 크나우스Hermann Knaus라는 오스트리아 산부인과 의사에 의해 동시에 확인되었기 때문이다. 크나우스는 후에 '크나우스·오기노' 피임법을 만들어냈다. '생리 주기법' '리듬법' 또는 '달력 주기법'이라는 이름으로도 알려진 이 방법은 배란이 예측되는 날에는 성관계를 피하는 방법이다. 물론 자연스러운 욕구가 조금 방해를 받기는 했지만, 원하지 않는 수차례의 임신과 비교한다면 이는 진보였고, 20세기 후반 내내 많은 여성들이 피임을 목적으로 생리 수첩을 가지고 있었다.

2차 세계대전 이후, 가톨릭 신자들은 1951년 교황 비오 12세가 허용한 이 방법의 열렬한 홍보가들이 되었다. 그들은 배란 기간을 '교황의 날들'이라 불렀고, 이탈리아 사람들은 이 방법을 "오기, 노 Oggi, no[오늘은, 안 돼]"라며 비웃었다.

나는 이 방법을 써보지 못하고 다섯 아이를 낳으신 내 할머니의 후회를 기억한다. 사제 한 명이 할머니에게, 남편에게 몸을 허락하지 않거나 성교중절법coitus interruptus을 쓰면 곧바로 지옥에 갈 것이라는 말을 했기 때문에 우리 아버지가 1939년에 막내로 태어났다. "죽을 죄야, 죽을 죄"라고 할머니는 씁쓸한 목소리로 말했다. 굳이 섹스 이야기를 하려는 것은 아니지만 '후퇴법'이라는 이름으로도 알려진 성교중절법이 무엇인지 설명해야겠다. 이 방법은 이름에서 알 수 있듯, 남자가 파트너의 몸 밖에 자신의 소중한 정액을 두기 위해 오르가슴 직전에 삽입 행위를 중단하는 방법이다.

이 방법은 오르가슴 결핍을 넘어, 사정을 하지 못함으로써 여러 가지 통증이나 불쾌감을 유발했기에 남성들이 별로 좋아하지 않았다. 탄트라 경전에서는 이를 반박하는데, 여기에 대해서는 당신이 현명하다면 나중에 말해주겠다. 결과적으로, 성교중절법은 남자와 그가 사랑하는 여인을 지옥 불 속으로 보냈을 뿐 아니라 거기에다가 그 효과도 불확실했다. 사정 전에 빠져나가는 정액 속에는 지구에서 또는 어머니한테서 자신의 운을 시험해보려는 팔팔한 정자들이 포함되어 있기 때문이다(1회 사정액에 포함된 정자의 수는 수백만 개에 달하며, 따라서 몇 방울만으로도 자기 자손을 발사대에 올려두기에는 충분하다는 사실을 기억하자).

삶은 짓궂은 장난을 좋아하기 때문에, 우리 할머니의 불행으로 지금 내가 이런 이야기를 할 수 있게 되었다. 하지만 크나우스·오기노법도 할머니를 구하지는 못했을 것이다. 이 피임법의 실패 확률이 25~40퍼센트에 달해, 프랑스에서는 이 피임법 덕분에 세상에 나올 수 있었던 아이들을 '오기노 베이비'라고 불렀다.

기적의 빌링스법

1968년에 「인간 생명Humanae Vitae」이라는 이름으로 알려진 회칙[로마 교황이 교회 전체에 관련된 문제에 관하여 전 세계의 주교에게 보내는 칙서]에서 바오로 6세는 피임을 확정적으로 단죄했다. 완전한 제목은 'Humanae vitae tradendae munus gravissimum'으로, '인간 생명을 전하는 아주 중요한 의무'를 뜻하는데, 우리 할머니처럼 아이를 갖고 싶(고 성관계도 하고 싶)은 만큼 한겨울에 찬 물속에도 빠져보고 싶어 하는 여성들에게 희망이 거의 없음을 의미했다. 2008년에 베네딕토 16세는 이 회칙의 40주년을 기념하면서 회칙의 '본질이 전혀 훼손되지 않았다'는 사실을 강조했는데, 히틀러 청소년단에서 영적 삶을 시작했던 남자에게서 나온 말이라 놀랍지도 않다. 지구상에서 비非아리아인을 몰살시키기 위한 나치의 노력에도 불구하고 세계 인구는 오늘날 73억 명에 달하고, 상당히 많은 수의 세계 여성들이 여전히 피임에 접근하기가 어렵다.

하지만 가톨릭 신자들은 포기하지 않았고, 자연적인 방법으로 할 수 있는 모든 것을 시도하려고 노력했다. 그래서 이들은 크나우스·오기노법의 변형인 '체온법'에도 관심을 가졌는데, 이 방법은 이름이 말해주듯 매일 아침 체온을 재서 주기의 진행을 알아보는 방법이다. 주기의 첫 단계에서는 체온이 낮고, 배란의 순간에는 약간 낮아졌다가, 이른바 '황체기'에는 생리를 할 때까지 체온이 지속적으로 오른다. 황체기는 배란이 지나간 시기이므로 위험이 없는 것으로 유명하다. 크나우스·오기노법과 결합한 이 피임법은 실패율이 약 20퍼센트로, 크게 신뢰할 수 있는 방법은 아니었다.

1970년대 이후, 새로운 가톨릭 피임법인 빌링스법billings이 생겨났는데, 이는 질 속에 있는 자궁경부 점액을 배출시키는 방법이다. 그 자체로는 그다지 매력적으로 보이지 않지만 정자들에게 자궁경부 점액은 카탈루냐 사람들에게 타파스 식당이 의미하는 것처럼 떼려야 뗄 수 없다. 배란이 되는 순간에 질 속에 있는 점액은, 자궁을 감염에서 보호하기 위해 산성을 띠고 있는 질의 pH를 낮춰주어 정자에게 좀더 호의적인 상황을 만들어준다. 점액은 당단백질의 분비물이어서 자궁경부를 기어오르려는 용감한 등산가들에게 상당한 양의 에너지를 전달한다. 또한 현수교 방식과 유사하게 자신의 그물을 넓혀주면서 이들이 올라가기 쉽도록 해준다.

자궁경부의 점액은 주기 초기에는 농도가 진하고 흰색이다가 배란의 순간에는 달걀흰자처럼 끈적끈적하고 투명해지고, 이어 노랗게 된 다음에 생리 때까지 다시 농도가 진해진다. 빌링스법은 매일 이 점액을 손가락으로 채취해 배란이 진행 중이라는 증거인, 유동성과 투명도와 탄성을 측정(엄지와 검지로 5센티미터에 걸쳐 테스트)하는 것이다. 매일 아침 손가락을 집어넣는다는 점이 이론적으로는 에로틱한 장점이 될 수도 있겠다. 그런데 이 행위의 유희적인 측면은 아침 식사를 하기 전에 자궁경부 점액의 상태를 시각적으로 점검해야 하기 때문에 강력하게 상쇄된다. 실제로 이 과정은 사랑의 준비 과정이라기보다는 자동차 오일 상태를 점검하는 일과 닮았다. 이 방법은 앞에서 설명했던 루나셉션 방법이나, 매일 자궁경부를 촉진하는 방법과 함께 결합하여 시행될 수 있다.

한가할 때면 나는, 여자들이 주위가 완전히 깜깜한 상태에서 자궁경부 점액의 상태를 살펴보는 동시에 침대 옆에 있는 테이블을 더듬거리며 체온계를 찾아 체온을 재고 수첩에 수치를 기록하는 모습을 상상해보려고 한다. 미래 세대들이 우리가 살았던 세상의 고고학 잔해 중에서 그 수첩을 발견한다면 분명 애를 먹을 것이다. 우리가 오늘날 곤치의 매머드 뼈에서 얻는 결론처럼, 미래 세대들도 그 수첩을 통해 우리 사회 여성들의 위치에 대해 어떤 혼란스러운 결론에 이르게 될까?

2차 세계대전 직후, 이 자궁경부 점액 관찰법을 제시한 사람은 바로 오스트레일리아의 가톨릭 신자 존과 린 빌링스John & Lyn Billings 부부였다. 존 빌링스는 2000년에 열린 한 강연에서 신의 섭리 덕분에 어떻게 이런 발견을 하게 됐는지 밝혔다. 그리고 실제로는 "P유형 점액이 생성되는 부위를 훼손하고 불임을 초래하는, 슬프게도 유명한" 피임약에 맞서 싸우기 위해 이 발견을 했다고 이야기했다. 빌링스 부부에 따르면 사랑의 사원인 자궁경부는 P유형, S유형, L유형 등 각기 특별한 점액을 만들어내는 부위를 갖는다.

1976년 이후 WHO의 전문가가 된 빌링스 부부는 교황과 테레사 수녀를 만나, 자신들의 방법이 우르비 에트 오르비urbi et orbi['로마 시와 온 세계를 향해'라는 뜻으로, 전 세계인을 향한 교황의 공식적인 축복과 강론을 의미한다] 기적을 이뤄낼 것이라고 장담했다. 북아메리카의 한 커플은 이 방법이 자신들의 결혼 생활을 구했고 자신들을 다시 신앙으로 데려왔다고 고백했다. 알코올 의존증인 남편 때문에 고통스러워하던 열두 아이의 어머니는 한 선교사 자매를 통해 이 방법을 배우고 나서, 자신이 "막내들을 출산한 뒤, 임신 가능 기간에는 남편이 습관적으로 술에 취해 집으로 들어오기 전에 밤마다 어떻게 마을에 숨어 있을 수 있었는지 이야기했다. 그녀는 매일 아침 집으로 돌아가 남편에게 자신이 무엇을 했는지, 왜 그런 일을 했는지 설명했다. 불임 기간이 돌아오면 가능한 모든 방법으로 남편에게 자신의 사랑을 보여주었다."[13] 그 자매에 따르면 몇 년 후에 "남편은 절주를 하게 되었고 더 안정된 일자리를 얻었으며, 그 결과 그 가정에 평화와 행복이 다시 찾아왔다"고 했다. 존 빌링스도, 습관적으로 부인을 때리던 케냐의 한 남성이 이 방법을 발견한 뒤 부인이 '경이로운 피조물'이었음을 깨닫고 '이제 나는 그녀를 사랑한다'는 결론을 내렸다는 이야기를 했다.

배우자의 폭행으로 4일마다 여성 한 명이 사망하고 있는 프랑스에서 알코올 의존증과 부부간 폭력에 맞서 싸우기 위해 빌링스법을 권장하는 것도 좋을 것 같다. 반면 피임 효과는 아직 입증되지 않았다. 이 방법이 '베이비 붐'이라는 이름으로 역사에 기억될 1950~1960년대에 특히나 인기를 끌었다는 사실을 기억하자. 나의 출생이 이런 피임법의 실패 덕분인지는 잘 모르겠으나, 시인인 우리 어머니는 그 당시에는 감기에 걸리듯 아이들에게 걸려들었다고 말하기를 좋아하셨다. 그렇다면 '파시옹 망스트뤼' 사이트의 군주 잭 파커가 코피와 생리 사이의 유사성에 관해 한 말이 어느 정도 신뢰를 얻게 된다.

피임약 또는 생리의 끝

나는 10여 년 동안 피임약을 복용했고 이 때문에 나의 생리는 '위축 출혈[에스트로겐 또는 프로게스테론 혈중 농도가 감소하면 그것이 자극이 되어 자궁내막이 박탈해서 생기는 출혈을 말한다]'로 변했다. 나는 이 피임법이 편리하고 믿을 만하다고 생각했는데 오늘날 이 방법에 대한 신뢰가 상대적으로 하락했다는 사실에 놀랐다. 이성적인 이들이라고 생각했던 여러 여성들도 내게 피임 호르몬이 '독'이었다고 말했다. 그리고 과학적 이유보다는 이념적인 이유로 피임약과 임신 중절, 피임 기구를 악마로 변모시키는 사이트들을 찾아본 젊은 여성들이 점점 더 많이 이 피임법에 등을 돌리고 있다.

'호르몬hormone'이란 단어는 그리스어로 '나는 자극한다'를 뜻한다. 몸 속 기관들을 자극하는 능력에서 유래한 이름이다. 이 단어가 쓰이게 된 것은 두 영국인 어니스트 스탈링Ernest Starling과 그의 매제 윌리엄 베일리스William Bayliss 덕분인데, 이들은 1905년에 췌장에서 소화 효소들의 분비를 유발하는 물질인 세크레틴secretin을 발견했다.

하지만 샤를에두아르 브라운세카르Charles-Édouard Brown-Séquard가 자신의 조수인 아르센 다르송발Arsène d'Arsonval과 함께 일부 기관들과 내분비샘이 '세크레틴'을 만들어내고, 이 세크레틴이 혈액을 통해 퍼져서 기관들이 서로 소통할 수 있게 해주어 이런 저런 생리 활동을 자극하거나 억제한다는 사실을 1889년에 처음으로 증명했다. 의학 박사인 브라운세카르는 존경받는 학자였다. 그는 하버드 대학에서 생리학을 가르쳤고, 이어 콜레주 드 프랑스 Collège de France[프랑수아 1세가 설립한 고등 교육 기관이다]에서 클로드 베르나르Claude Bernard의 뒤를 이었으며, 자신의 이름을 딴 신경학 증후군을 설명하고 척수생리학을 연구한 최초의 학자들 중 한 명이었다.

하지만 그의 실험은 너무 대담해서 로버트 루이스 스티븐슨 Robert Louis Stevenson은 그를 만나고 난 뒤, 그를 자신의 소설 『지킬 박사와 하이드 씨』의 모델로 삼았다. 브라운세카르는 자신의 피를 사형수에게 주입하여 그의 손을(다른 버전에서는 머리를) 되살리려 했는가 하면, 세포 조직의 특성을 연구하기 위해 고양이 꼬리를 닭의 볏에 이식하기도 했으며, 머리가 두 개 달린 개를 만들기도 했다. 말년에는 고환이 현대의 묘약이라고 확신하여, 노화와 정력 상실에 맞서 싸우기 위해 개의 고환 추출물을 자신에게 주입하려 하기도 했다. 첫 호르몬 요법의 여파는 어마어마했다. 비록 동물성 물질로 만들어진 수많은 '강장제'와 '재생' 제품이 출시되자마자 그 효과에 대해 의혹이 일었지만 말이다. 어찌 됐든 기이한 일화는 무시하더라도, 브라운세카르의 내분비샘 발견은 전례가 없는 의학 혁명의 길을 열어주었다. 사실 이때까지 사람들은 신경계 홀로 여러 기관 사이를 연결하고 있다고 생각했었다.

우리 모두는, 통증이나 스트레스가 있을 때 마치 효과를 만들어내는 엔도르핀, 수면 주기를 조절하는 멜라토닌, 혈액 내 당 조절에 관여하는 인슐린, 이름에서 알 수 있듯 젖 분비를 일으키는 프로락틴에 대해 들어본 적이 있다. 분만 시 자궁 수축과 모성애에 관여하는 호르몬인 옥시토신도 빼놓을 수 없다. 호르몬은 당뇨병 치료를 가능하게 했을 뿐 아니라 넓은 의미에서 의학 혁신을 가져다주었는데, 그중에서도 엄청난 영향을 미친 것은 바로 생식 분야였다.

과학자들은 노화와 죽음을 늦추게 하는 만병통치약을 발견했다고 믿은 후에는 남자 또는 여자 인간의 '본질'을 만드는 것, 즉 성 호르몬이 무엇인지 알아내려 열중했다. 오늘날 남성들과 여성들 모두가 예를 들어 ('남성적'이라 간주되는) 테스토스테론과 (여성들에게 훨씬 더 많은 양이 존재하는) 에스트로겐을 만들어낸다는 사실은 이미 알려져 있다. 그리고 특히 생리 주기는 호르몬에 박자가 맞춰진다는 사실도 알고 있다. 매달 우리는 진정한 릴레이 경주를 목격한다. 한 호르몬이 다른 호르몬을 작동시키고 이 다른 호르몬은 또 다른 호르몬을 풀어주는데, 두번째 호르몬이 세번째 호르몬에 의해 자극받지 않는 한, 이 또 다른 호르몬은 첫번째 호르몬을 억제한다. 이 과정이 어찌나 복잡한지 그 오랜 세월을 생리 두통으로 고통받았던 게 놀랍지도 않다. 생리 주기에 관련된 호르몬들의 이름마저도 현기증을 불러일으킨다. LHRH(황체형성호르몬분비호르몬luteinizing hormone releasing hormone), FSH(여포자극호르몬follicle stimulating hormone), LH(황체형성호르몬luteinizing hormone) 그리고 에스트로겐, 인히빈inhibin[FSH분비억제호르몬이다], 옥시토신이나 프로게스테론도 있다. 유일하게 약간 매력적인 호르몬은 릴랙신relaxin이다. 긴장을 풀어주는 이 호르몬의 효과가 두통으로 고통받고 있는 내 머리보다는 임신 중인 자궁에서 더 많이 관찰되긴 하지만 말이다.

이러한 호르몬들의 왈츠는 사실 늦게, 그러니까 20세기 초에 여러 과학자들이 출산율 제어 가능성을 검토하면서 알려졌다. 그래서 아직 완전히 알려진 것은 아니다.

1885년에 태어난 오스트리아 의사 루트비히 하베르란트Ludwig Haberlandt는 자신의 아내가 낙태를 경험했던 1919년에 호르몬 피임법에 대해 직감을 가졌던 최초의 과학자다. 2013년 조엘 스톨츠Joëlle Stolz가 『르몽드』지를 통해 이야기했듯이[14] '외투[프랑스어로 콘돔을 칭하는 속어로, '영국 외투capote anglaise'라고도 한다] 외에 다른 것'이 존재해야 한다고 확신했던 하베르란트는 여성들이 임신하는 것을 막기 위해 임신을 가장하라는, '위에서 오는 계시'를 받았다. 자신의 직감을 확인하기 위해 "그는 실험용 암컷 모르모트들에게 독일 기업 메르크Merck가 보내온 난소 표본을 주입하고 그 효능을 보여주었다." 하지만 가톨릭 신자들이 그를 마법사 취급하며 그의 집 창문 아래에서 시위를 벌일 준비를 하고 있었다. 그는 헝가리로 피신해야 했고, 거기에서 1930년에 제약 회사 리히터Richter와 함께 인페쿤딘Infecundin이라 명명된 첫 피임약을 개발했다. 이로써 그는 에스트로겐과 프로게스테론 호르몬이 몸속에 대량으로 존재하면 배란이나 생리의 시작을 막을 수 있다는 사실을 증명했다. 그러나 자신의 연구를 반대하는 움직임에 상처받은 그는 1932년에 사이안화물을 흡입하여 자살했다. "80년 후, 인스부르크 의과 대학은 그의 행동 방식이 나치의 우생학과 일치'할 수도' 있다는 이유로 아직도 그가 받아 마땅한 경의를 그에게 표해야 할지 말지 결정하지 못했다"라고 조엘 스톨츠는 끝맺었다.

그보다 조금 앞선 1929년 경제 위기가 한창일 때, 독일의 생화학자 아돌프 부테난트Adolf Butenant는 임신한 여성의 소변에서 에스트론을 분리해내는 데 성공했고, 1931년에는 고환에서 분비되는 안드로스테론의 분리에 성공했다. 그는 베를린 경찰들에게서 거둔 1만 5000리터의 남성 소변에서 50밀리그램의 결정화된 생성물을 얻었다. 히틀러가 정권을 잡은 지 1년이던 1934년, 그는 암퇘지의 난소에서 프로게스테론을 추출하는 데 성공한다. 이런 연구들 덕분에 그는 1939년에 노벨상을 받았고 전쟁 후에 최초의 경구용 피임약을 개발했다.

20여 년 후, 미국인 의사 그레고리 핑커스는 자신의 연구에 재정 지원을 해준 백만장자 캐서린 매코믹Katharine McCormick의 요청에 따라 사용하기 쉽고 가역성을 가진 호르몬 피임약을 고안한다. 핑커스는 동료 장밍제張明覺와 함께, 두 화학자 칼 제라시Carl Djerassi와 루이스 미라몬테스Luis Miramontes의 도움으로 1957년에 멕시코에서 프로게스테론을 제조하는 데 성공한다. 이 피임약은 1960년대부터 상품화되었고 프랑스에서는 1967년에야 허용되었다. 이 약은 우선 '주기를 조절하기' 위해 처방됐는데, 빠르게 세계적으로 성공을 거둔다.

피임약을 사용하는 15세에서 49세의 여성 비율이 미국은 25퍼센트이고 중국은 1퍼센트인 데 반해 프랑스는 그 비율이 57퍼센트로, 경구용 또는 점점 더 많아지는 패치형, 체내 이식형 또는 자궁링 형태의 가역성 호르몬 피임법이 가장 널리 퍼져 있는 나라에 속한다.[15] 경구용 피임약을 제외한 나머지 방법들은 호르몬이 지속적으로 분비되므로 몇 달이 지나면 생리를 멈추게 한다. 경구 피임약을 지속적으로 복용하는 것 역시 별다른 의학적 금기를 감수하지 않고, 물론 여성들이 이 금기를 따르는 경우는 드물지만, 생리를 완전히 없앨 수도 있다.

2000년대 전환기에, 연간 생리 횟수를 열세 번에서 네 번으로 줄여주는, 시즈널이라는 새로운 경구용 피임약이 미국 시장에 등장했다. 이 약의 광고는, 잦은 생리는 현대 생활의 영향 탓이고 선사시대의 여성은 오늘날처럼 자주 생리를 하지 않았다는 논리를 편다. 석기 시대로 돌아가기 위해 생리에서 벗어난다는 것일까? 어쨌든 이 약을 개발할 필요는 있었다.

동기화: 우리, 여자들

1971년에 심리학을 전공하는 미국의 여대생 마사 매클린톡Martha McClintock은 같이 사는 여성들의 생리 주기가 동시에 맞춰지는 경향이 있다는 사실을 관찰했다. 『네이처』에 발표한 논문[16]은 큰 반향을 일으켰고, 이 '공동 침실 효과'를 우선 확인하려는 여러 연구가 이어졌는데, 마사 매클린톡이 이 현상을 자신이 일하던 한 여자 기숙사에서 관찰했기 때문에 이런 이름이 붙었다. 주문에 따라 다량으로 배란하는 실험실의 쥐와 여자를 비교하는 언론 기사들이 쏟아졌는데, 이러한 기사들이 쏟아지게 만든 매클린톡 효과는 허구일까 아니면 실재하는 것일까? 이 주제에 대해서 과학은 아직 결론을 내리지 못했다. 하지만 생리 동기화 가설은 수많은 인류학 이론을 양산했는데, 그중에는 영국인 크리스 나이트의 이론도 있다. 그는 여성들이 일종의 협력 모델을 따라 서로 그리고 달과의 연대를 통해 동기화되는 선사시대 세계를 상상했는데, 남성들이 무슨 일이 벌어질지 생각도 없이 그 여성들 중 누군가를 덮치는 것을 막기 위함이라는 것이었다.

압도적 다수의 여성들이 주변에 남자가 없어도 여전히 생리에 대해 차마 솔직히 얘기하지 못하고 있지만, 생리 주기의 동기화에 대한 증언은 넘쳐난다. 어떤 이는 사무실 동료들과 동시에 생리를 한다고 믿고 있고, 다른 이는 자신의 자매와 늘 동시에 생리를 한다고 주장하며, 또 다른 이는 가장 친한 중학교 친구와 늘 같은 순간에 생리가 시작된다고 자신 있게 말한다. 자신의 생리 상태와 관련해서는 거의 정보를 나누지 않는 여자들이 어떻게 이런 건 아는 걸까? 미스터리다. 하지만 달과 조금 비슷한 것 같다. 이 주제에 관련해서 우리는 기꺼이 우리의 꿈들을 실현한다.

1990년대에 이스라엘 바르일란 대학교의 레너드와 에런 웰러 Leonard & Aron Weller는 여자 중학생들, 레즈비언 커플들, 여자 운동선수들에게서 매클린톡 모델을 확인하려는 시도를 했는데 상반된 결과를 얻었다. 왜 그런지 이유는 설명할 수 없지만 일부는 서로 동기화됐고 나머지는 그렇지 않았다. 1992년에 미국인 인류학자 H. 클라이드 윌슨 주니어H. Clyde Wilson Jr.는 매클린톡의 연구에 관심을 가졌는데, 연구의 데이터 및 정보 수집 방법이 잘못되었으며 주기의 동기화는 사실 발표된 내용보다 훨씬 더 예측 불가능하게 나타난다고 밝혔다. 135명의 젊은 여성 패널들을 대상으로 제한된 개월수 동안 진행된 실험에서, 4분의 1, 아니 거의 3분의 1에 해당하는 여성들이 필연적으로 같은 시기에 생리를 했는데, 주기들의 지속 시간이 일정하지 않았다. 우리가 확인했다시피, 사소한 일 하나라도 배란을 교란시킬 수 있다.

교도소, 사창가, 수도원, 가정 또는 기숙사에서 관찰된 여성들 사이의 동기화 가설은 우리가 페로몬, 다시 말해 성이나 포식 또는 보호를 목적으로 독특한 냄새를 발산하는 휘발성 호르몬을 만들어 낸다는 사실에 그 근거를 두고 있다. 페로몬은 공기 중을 여행하는 메신저로, 발산자의 땀이나 소변으로 분비된 후 접촉을 통해서 전달된다.

너무나 절망스럽게도 아버지는 내가 어릴 적에 기쁨을 느끼며 보았던 우리의 열 권짜리 『그랑 로베르 사전』을 『파브르 곤충기』와 바꿔 왔다. 그 책에서 자연주의자 장앙리 파브르Jean-Henri Fabre는 완벽하게 방수가 되는 덮개에 갇히지 않는 이상, 암컷 나비 한 마리가 수백 마리의 수컷에게 매력을 뿜낼 수 있다는 사실을 20세기 초에 이미 관찰했다. 이후에 아돌프 부테난트는 (누에나방이라는 이름으로 더 잘 알려진) 봄빅스 모리bombyx mori에게서 나오는 이 분비물의 화학 성분을 정의하는 데 성공했다. 무고한 30만 마리의 암컷을 희생한 결과는 그가 '봄비콜bombykol'이라 이름 붙인 불포화 지방 알코올이다. 봄비콜에 노출된 불행한 수컷 나비는 완전히 수줍음을 잃고 자신의 더듬이와 날개를 사방으로 흔들면서 바람 속에서 짝짓기 움직임을 내보인다.

페로몬은 생쥐에게도 존재한다. 수컷 없이 암컷들끼리만 살 때 암컷 생쥐들의 배란은 늦춰지다가 멈춘다. 이 현상을 리부트 효과

lee-boot effect라고 부른다. 그러다가 우리 안에 수컷 한 마리를 넣으면, 수컷의 소변이 마법과 같은 효과를 부려서 배란이 다시 시작되고 암컷들의 주기가 동기화된다. 이것은 휘튼 효과다whitten effect(메모하시라, 책 마지막에 테스트가 있을 수도 있다). 그다음으로 나오는 것은 밴덴버그 효과vandenberg effect로 쥐들에게서 관찰되는데, 낯선 수컷 어른 쥐 한 마리가 암컷 사회에 들어오면 암컷 쥐들의 사춘기가 촉진되는 현상이다. 하지만 내가 좋아하는 것은 브루스 효과bruce effect다. 임신한 생쥐가 교미한 수컷이 아닌 다른 수컷과 우리를 같이 쓰면, 새로운 남자 친구를 통해 다시 빨리 임신하기 위해 유산하는 경향이 나타나는 것을 말한다. 이 수컷이 페로몬을 가지고 암컷을 마음대로 부리는 것이다.

페로몬은 특수한 수신기를 통해 식별된다. 바로 보습코 기관vomeronasal organ이나, 가질 수 있는 행운을 누리는 종들만이 갖고 있는 더듬이다(분명히 말하지만 전화기는 해면 스펀지와 달리 살아 있는 생물이 아니다. 그러므로 페로몬을 느낄 수 없다). 보습코 기관은 생식 생리와 동시에 번식 행동을 책임지는 내분비 계통을 제어하는 시상하부와 연결되어 있다. 인간도 이 기관을 갖고 있는데, 사실은 안타깝게도 과학자들에 따르면 이 기관은 '잔존'하고 있다. 다시 말해 더는 활동하고 있지 않거나, 대략 10퍼센트 수준으로 잔류하고 있다는 뜻이다. 요약하자면 누군가 당신에게 페로몬으로 메시지를 보낸다고 해도 대부분의 경우에 그 메시지는 곧장 당신의 스팸 메일함에 해당하는 곳으로 간다는 얘기다.

그럼에도 여성에게서는 아기의 빨기 반사sucking reflex를 일으키기 위해 유륜 주변에서 페로몬이 생성되고, 질에서는 (일반적으로 위와는 다른 순간에) 수컷을 북돋아주기 위해 특별한 액을 내보낸다. 왔다 갔다 움직여야 한다는 생각은 하지 못하고 자신의 부어오른 음경에서 정액이 스스로 나가길 기다리며 꼼짝 않고 있는 수컷을 위해서다.

시카고 대학에서 생물학과 행동 사이의 연관성에 관한 연구를 지속하고 있는 마사 매클린톡은 인간에게서 나타나는 페로몬의 역할을 계속 탐구하고 있다. 그녀는 여성들의 생리 주기 기간을 변화시키는 데 페로몬이 기여하는 바를 증명하기 위해, 남성의 땀을 적신 솜 냄새를 여자들에게 맡게 하는 연구를 하기도 했다.

하지만 결국 우리는 우리의 감정 상태가 우리의 생화학과 호르몬 균형에 영향을 미치는지, 아니면 오히려 우리의 생화학이 우리의 정서와 행복을 지배하는지 여전히 알지 못한다. 선진국에서는 부부 네 쌍 중 한 쌍이 불임 때문에 진찰을 받고 있는 상황에서, 생리 주기의 비밀스런 힘을 이해하려는 의지는 지속적으로 과학을 이에 몰두하게 만든다. 우리의 사생활 아주 깊은 곳까지 말이다.

인터넷에 접속한 질

몇 년 전부터, 여성 주기의 미스터리는 생리 용품 브랜드들의 제안에 따라 이따금씩 스마트폰 애플리케이션으로 이동해갔다. 마야Maya, 글로Glow, 오비아Ovia는 생식을 원하거나 원하지 않는 젊은 여성들에게 '간단하고 재미있는' 생리 관리를 제안한다.

많은 애플리케이션이 '여성 해방의 도구'처럼 소개되는 증상체온법symptothermal method이나 '가임 인지fertility awareness'를 표방한다. 1970년대에 개발된 증상체온법은 사실 이 장에서 설명된 모든 방법의 혼합체다. 2016년 2월 4일 생프토테름SymptoTherm이라는 스위스 재단에 연결된 블로그(sympto.org)에 게시된 한 기사가 증명하듯, 이 방법의 이념적 배경이 항상 중립인 것은 아니었다. "여성의 가임은 병리학이 아니다. 호르몬 피임이 자연적인 가임을 병으로 변화시킨 것이다. 여기에서 지금 취약하고 문맹이며 위급한 상황에 처해 있는 여성들을 대상으로 정당화된 공공보건 조치들을 이야기하는 게 아니다. 원인도 알지 못한 채, 건강에 해로운 이런 소비를 하도록 사방에서 조종당하는 우리 소녀들의 이야기를 하는 것이다. 우리 시대의 풍조는 여자아이들에게 피임약 처방을 해주는 것을 하나의 성교육 수단으로 여기길 바라고 있다. 이는 여자아이들을 자신들의 주기와 스스로 얻을 수 있는 깨달음으로부터 멀어지게 만든다. 50년 전에 피임약의 출현은 환영받을 일이었음을 우리도 인정하고 싶다. 세계의 몇몇 사회나 일부 취약한 여성들에게는 여전히 그렇다. 하지만 이 자유가 우리에게서 소비의 속박 상태로 변형됐다는 사실이 개탄스럽다. 여성의 자유와 여성의 해방은 어떠한가? 생물학적 리듬에 순종한 덕분에, 혹은 '불편한' 월경을 제거한 덕분에 여전히 남성의 성적 욕구에 '생물학적으로 사용 가능'하거나 노동 시장의 속도에 더욱 잘 '적응하게 됐다.'"[17]

여성의 욕구는 여성 해방에 포함되지 않는다고 인정하면서, 남성이나 시장의 욕구에 대한 생물학적 사용 가능성을 결정하기 위해, 체온, 점액(자궁경부 점액이 아닌 '엘릭시르élixir'라고도 불림), 자가 촉진, 내부 충동이 주의 깊게 탐색된다. 우리가 이해한 게 맞는다면, 가난하고 문맹인 아프리카 여성들은 이용을 피해야 하는 반면 '인식을 가지고' 번식할 자격이 있는 '우리나라의' 여성 이용자들은 자신의 몸이나 아니면 아마 성령과 다시 접속하는 기쁨을 얻을 것이다[생프토 애플리케이션의 홍보 문구가 "나의 몸과 다시 접속한다"이다]. 휴대전화 안의 마이엔에프피MyNFP(독일어), 사이클프로고CycleProGo, 릴리프로 킨다라LilyPro Kindara, 생프토플뤼스SymptoPlus 같은 애플리케이션으로 피임약이나 피임 기구를 대체하는 생프토Sympto 여성들은 주기적으로 다음과 같은 메시지를 받을 각오를 해야 한다. '2일 내로 체온을 다시 잴 것'이라거나 '오늘 저녁 19시 이후부터 임신 가능성 없음, 체온 잴 필요 없음' '오늘, 가슴 자가 촉진', 그 외에 또는 임신에 대해서도 이 애플리케이션을 '따르고' 싶어하는 여성들을 위한 메시지로는 '3일 내로 출산 가능성 있음' 등이 있다. 이 모든 메시지에는 출혈을 상징화한 물방울 모양, 최대 배란기에는 별 모양, 배우자의 불건전한 충동을 만족시켜주기 위해 아마도, 마지못해(한마디로 '제발') 합의한 성관계를 나타내는 하트 모양 아이콘들이 수놓아져 있다.

독일의 스타트업 클루Clue는 완전히 다른 취지로 "사람들에게 인생의 각 단계마다 자신의 주기가 지닌 고유한 특징을 따르고 발견할 수 있는 방법"을 제안하고, 웹 사이트에서는 "우리는 휴대폰에 연결된 기술이 가족계획의 미래라고 믿는다"라고 말한다. 또 광고에서는 장래성을 드러내 보이고 싶어한다. "클루는 당신의 다음 생리 날짜, 월경전증후군, 임신에 가장 적합한 날을 계산합니다. 당신의 기분 변화가 당신의 월경 주기와 관련된 증상들일까요? 더 알고 싶은 카테고리를 선택하기만 하세요. 나머지는 클루가 알아서 합니다. 당신이 기다리던 모니터링 어플, 아주 예쁘게 과학적입니다!"

600만 여성이 자사의 애플리케이션에 접속한다고 주장하는 클루는 여성 건강에 관련된 연구 프로젝트들을 위해 미국의 스탠퍼드, 컬럼비아, 워싱턴 대학교 그리고 영국의 옥스퍼드 대학교와 협력 관계를 체결했다. 가장 최근에 진행 중인 연구는 2016년 옥스퍼드 대학과 진행하는 생리 주기와 성병 사이의 상호작용에 대한 연구다. 자사의 애플리케이션을 통해 180개국(이 중 프랑스는 2014년부터) 600만 여성 회원에게 질문지를 보낸 클루는 과학 연구에 전례 없는 큰 규모와 정확도를 보여주었다. 그러나 창업을 위해 700만 달러를 모금해서 2012년에 설립된 이 독일 스타트업은 이용자들의 데이터로 돈벌이를 한다는 주장은 부인하고 있다. 애플리케이션에 사용되는 모듈은 원하는 여성들에 한해서 자신의 데이터를 여자/남자 친구/들이나, 여자/남자/ 애인/들, 가족 등 원하는 사람들과 공유할 수 있게 해주지만, 클루는 과학 연구용으로 전달되는 정보들을 철저히 익명화하고 있으며 더 정확한 프리미엄 서비스를 제공할 계획이다. 아이를 원하는지 원하지 않는지 여부에 따라 자신의 주기를 다른 방식으로 관찰하는 것이 사실이고, 임신을 기다리고 있는 경우에는 개인에게 맞춰진 지원이 큰 도움이 될 수 있다는 것도 맞는 말이다.

어쨌든 주기를 스스로 제어할 수 있다는 의도 뒤에는, 주기에 동반되는 것으로 간주하는 '기분'과 '감정'을 섬세하게 열거하면서, 예컨대 여성들이 배란기에는 자연스럽게 아기들에게 더 이끌리고,

생리 전에는 역시 자연스럽게 슬프거나 안 좋은 기분을 갖게 된다는 암시가 자리 잡고 있다. 다이어트 애플리케이션들과 마찬가지로 이 기술 중계자들은 우리의 질 안에서, 특히 우리의 뇌 안에서까지 데이터를 관리하도록 만든다.

우리가 배란을 하고 있을 때에는 정말로 길거리에서 아기를 보면 더 감동하는 걸까? 개인적으로 나는 언제나 아기들을 보면 감동을 느꼈고 이미 여러 해 전부터 배란을 하지 않는다. 성적 욕구에 관해서라면, 내 경우에는 그 당시 파트너와 내 관계의 질, 충분히 잠잘 수 있는 가능성, 가까운 이들이나 나에 대한 걱정 또는 일과 관련된 문제 등 항상 아주 다른 요인들과 연관되어 있었다. 나는 항상, 나도 모르지만 뭔가가 다가올 때면 두통이 있었고 가끔은 기분이 몹시 안 좋아져서 내 사랑하는 사람마저 혹시 내가 생리 중인건 아닌가 혼자 궁금해한 적도 있다고 했다. 그런데 그게 다 호르몬 탓이라면 침울한 기분일 때는 뭘 해야 하는 걸까? 스마트폰을 자기 자아의 확장이라고 여기는 스무 살짜리 내 딸은 이 애플리케이션을 자신에게 훨씬 더 세심한 눈길을 가져다주고 주기에 대한 이해를 돕는 소중한 도구로 보게 될 것이다. 나로 말할 것 같으면, 기분이 좋지 않거나 걱정이 있을 때는 한동안 의자에 앉아서 아무런 생각도 하지 않고 있는 편이 아직도 더 좋다. 내 호르몬들, 신경들, 마음이 순식간에 진정된다. 휴대폰을 끄는 것을 잊지 않았을 경우에만 말이다.

7장_

나쁜 피

몇 년 전, 내가 아직 생리를 하고 있을 때였는데, 지방 선거에 출마할 좌파 후보 선출 집회에 참석하기 위해 어느 지방 도시에 간 적이 있다.

어느 겨울 저녁에 나는 고향인 남부 지방에 있었는데 기분이 별로 좋지 않은 상태였다. 배가 아팠고 극심한 두통도 있는 데다가 생리를 예상해 그것을 흡수시키는 데 필요한 것을 챙겨야 한다는 걸 잊었기에 내 속옷에는 얼룩이 묻고 있었다. 한 여자 친구가 나보고 집회에 와서 자기를 지지해달라고, 아마도 조언을 해달라고 부탁했던 것 같다. 사실 그 친구는 국민전선[프랑스의 극우 정당이다]에 대비하는 전략과 관련해 자신의 선거 캠프와 의견 대립이 있었다. 이 친구(에밀리라고 부릅시다)는 기존의 방식에서 벗어나 '적극적으로 참여하는' 캠페인을 벌일 필요가 있다고 주장했다. 친구는 열린 토론을 개최해 극우파가 던진 질문들을 피하지 않고 농민, 환경, 주거 문제를 토론 테이블 위에 올려놓길 원했다.

부당하게 자리에 오른 선거 운동 지도부의 몇몇 남성들은 내 친구의 의견과 생각이 달랐다. 그들은 당시 정치 현실과는 완전히 동떨어진 상투적인 정치 선전 문구가 들어간 느긋한 연출을 택했다. 그때 막 끝난 선거 운동 개시 집회가 그 증거였다. 거기서 반백의 군중이 지역 인사들의 연설에 무기력하게 박수를 치고 있었고, 지역 인사들은 목을 가다듬어가며 단결을 호소하거나 인민전선과 레지스탕스의 영광스러운 과거만 늘어놓을 뿐, 힘의 중심이 완전히 금융의 손으로 넘어간 세상에서 유권자의 일상이 어떠한지, 더는 존재하지 않는 것 같고 어떤 힘도 낼 수 없을 것 같다고 느끼는 유권자에 대해서는 단 한 순간도 언급하지 않았다.

여러 후보 중에서 가장 젊은 후보였던 에밀리는 미니스커트와 승마 부츠 차림으로 집회에 왔는데 이 모습이 나에게는 약간 낙천적으로 보였다. 미니스커트를 입고 연단에 오르는 것은 초보자의 실수였다. 랩댄스 공연을 하려는 것이 아닌 이상 말이다. 물론 확신컨대 그건 그녀의 의도가 아니었다. 그렇더라도 그녀는 그런 예측 가능한 불편함에 고통받을 사람은 아니었다. 마지막 순간에 그녀가 연설을 하지 않기로 결정되었다. "왜냐하면 그렇게 하지 않으면 너무 지나칠 것이고 사람들이 따분해할 것이기 때문"이었다. 그러므로 연단에서 퇴장. 그녀가 틀림없이 받았을 음탕한 눈길들도 역시 퇴장. 선거 운동은 그녀의 부츠와 스커트와 아이디어가 조금도 포함되지 않은 채 공식적으로 시작되었다. 기다란 연설가 명단에서 여성은 단 두 명뿐이었고, 그 두 명은 모두 60세가 넘었었다.

그런 상징적 굴욕을 당한 후, 참석자들이 한잔하려고 뷔페로 모이고 서로 축하 인사를 나누는 와중에 에밀리는 눈에 띄게 낙심한 모습으로 홀의 한가운데에 있었다. 나는 그녀와 잠시 애기를 나누려고 다가갔다. 그 상황에서 별다르게 할 말은 없었고, 그 돌발 상황에는 설명이 필요하지 않았다. 그녀는 눈썹을 찡긋하면서 가짜 철학으로 내게 말했다. "이게 정치예요."

에밀리는 내 어릴 적 친구의 여동생이었다. 후보 명단의 선두에 있던 어떤 남자도 내가 아는 사람이었는데, 중견 도시의 시장인 그는 남동생의 중학교 친구였다. 한편 경쾌한 열정을 드러내 보이며 사방으로 뛰어다니던 아주 적극적인 젊은 남자인 선거 운동 디렉터에 대해서는 아무것도 아는 게 없었다. 그는 정치의 작은 길을 자주 드나드는 스핀 닥터spin doctor[특정 정치인이나 고위 관료의 정치 홍보 전문가를 말한다]의 캐리커처 같았다. 테스토스테론이 가득한 그는 땀 냄새를 풍겼고, 두 다리 사이에 잘 자리 잡은 남성스러움을 과시했으며, 스포츠나 성에 관련된 은유만 사용했다. "우리가 그들을 다 따먹어 버릴 거야"나 "내가 말하는데, 우린 로또 맞은 거야" 같은. 명단의 선두에 있던 그 남자의 상관에게 인사를 하러 가는데, 이 남자는 경솔하게도 비참여 민주주의의 그 위대한 순간에 대한 내 의견을 묻는 실수를 했고, 나는 그에게 최대한 외교적으로 내가 생각하는 방식을 알게 해주었다. 너무 무르고(어이쿠, 발기부전에 대한 은유는 암을 유발한다) 진부했다고 말이다. 에밀리의 참여주의 전략에 대해, 그리고 에밀리가 왜 버려졌는지 그에게 한번 물어봤다. 바로 그 순간에 선거 운동 디렉터가 눈을 들어 하늘을 쳐다봤다. "아, 에밀리, 신경 쓰지 마요. 에밀리는 성가셔요. 틀림없이 지금 생리 중일 거예요." 그가 자신의 농담에 혼자 웃고 있을 때, 나는 홍분한 수컷 특유의 냄새가 내 콧구멍으로 올라오는 것을 느꼈다. 선거 운동은 불멸의 원칙에 따라 작용하는 작은 전쟁이다. 그 전쟁에서 호르몬학은 남성에게만 적용될 뿐이다. 가장 강력한 자의 목소리가 법이다. 남자들은 그런 상황이 너무나 편안해서 이 매력적인 합의가 절대 깨질 수 없다고 느낀다. 이 합의라는 말에서 당신이 음부, 피 그리고 '빨다'라는 동사(하지만 성공이라는 단어는 아니다)를 구분하는 성적 다의성을 생각할 수도 있지만 말이다 ['합의consensus'를 음절별로 구분하면 차례대로, 음부를 속되게 이르는 단어인 콩 con, 피를 뜻하는 상sang, '빨다'를 뜻하는 쉬세sucer의 발음과 매우 유사하다. 그리고 '빨다sucer'와 '성공succès'의 발음도 유사하다].

뒤이은 추락은 전혀 놀라울 게 없었다. 명단에 있던 좌파 중의 좌파 후보들은 선거에서 너무나 기념비적으로 실패했다. 선거 운동 비용을 환급받을 수 있는 득표율 5퍼센트에도 미치지 못했고 그 지방에서 퇴출된 반면, 국민전선의 득표 수는 폭발했다. 몇 주 후 에밀리는 내게 아이를 가졌다고 알려왔다. 집회 당일 에밀리는 '라냐냐'를 하지 않았을뿐더러 이미 임신 3개월째였다. 그녀의 전략이 동지들을 몰락에서 구할 수 있었을지는 아무도 모른다.

나에 관해서 말하자면, 아무도 내가 생리를 하고 있다는 사실을 눈치채지 못했지만 내 기분은 너무나 안 좋았다. 솔직히 말하자면, 내 주기의 마지막 10년은 생각했던 것보다 훨씬 더 견디기 힘들었다. 얼마나 심했던지 2005년의 어느 날에는 내 사랑하는 파트너가 소파에서 고통으로 몸을 비틀고 있는 나를 보면서 결국 이 일에 엮이기로 결심하고 말했다. "자, 이제 바보짓 그만하고 병원 예약해." 그 병원 예약이 나로 하여금 생리전증후군과 자궁내막증의 차이점을 알게 해줄 터였다.

네가 한번 상상해본다면

두통, 가슴과 배와 다리의 부종, 여드름, 근육통, 긴장 상태, 허기, 수분 저류[수분이 비정상적으로 축적되어 신체 기관이 붓는 현상이다]……. 생리가 시작되기 전 15일 동안 일부 여성들에게 나타나는 증상의 목록을 보며 40년 동안 매달 이런 일이 벌어질 거라고 말한다면 누구든 도망갈 것이다. 그리고 사실 이 여성들 주위에서는 침울하거나 우울한 분위기를 느낄 수 있다. 어떤 여성들은 생리 인생 내내 이런 불편함을 겪는데, 거기서 벗어날 수 있는 때는 임신이라는 축복받은 기간이다. 그렇지만 이런 불편함은 구토, 변비, 요로 감염으로 대체되며, 남자들의 세계에서 그토록 부러움을 사는 분만이라는 기분 좋은 순간은 말할 것도 없다.

나 역시도 생리 인생 동안 이런 불쾌함, 특히 이른바 생리 두통 migraines cataméniales을 생리 전이나 생리 도중에 겪었다. 이 단어는 '월경'을 뜻하는 그리스어 '카타메니아katamenia'에서 왔다. '은밀하게en catimini'라는 말도 이 단어에서 비밀스럽게, 몰래 가져왔다. 절대 우리의 예상대로 나타나지 않는 이 생리전증후군PMS처럼 말이다.

여러 연구들에서는 그 대단한 생리전증후군을 설명하고 계량화하기 위해 애를 쓰고 있는데, 직접 겪는 여성들이 생각하는 것과는 달리 생리전증후군은 '고약한 빌어먹을 젠장super putain de merde[프랑스어로 생리전증후군은 SPM이다]'이란 뜻이 아니다. 오랜 친구 한 명이 절망스러워했던 일이 아직도 기억난다. 그 친구는 어느 날 저녁 내게 울면서 전화를 걸어, 매번 숙명의 날이 다가올 때마다 창문 밖으로 뛰어내리고 싶은 욕구를 없애줄 좋은 산부인과 의사의 주소를 알려달라고 부탁했다. 친구는 쉰 살이었는데, 통증을 이겨내도록 도와줄 효과적인 의료적 해결법은 차치하고 그 어떤 위안도 찾거나 들어본 적이 없었다. 나는 의사가 그 친구를 치료할 방법을 찾기 전에 친구가 완경기에 도달할 것이라고 생각한다. 의사들이 말하듯 '호르몬 개편'이 동반되는 이 민감한 시기는 어쨌든 우리에게 고된 시련을 겪게 하는데, 일반적으로 완경이 자녀들의 청소년기, 부모들의 발병이나 사망과 비슷한 시기에 일어나기에 더욱 그러하다. 생리는 마치 영원처럼 길고 특히나 끝을 향해서는 더 길다. 게다가 행복은 절대 혼자 오는 법이 없기 때문에, 남자들에게도 완경은 좋은 기회다. 호르몬 주기를 방패 삼아 조금의 비난이라도 담길 수 있는 우리들의 하소연을 안 들을 수 있으니 말이다. 생리전증후군은 정말이지 그 대가를 치르는 사람들에게는, 이들이 동의를 했든 안 했든 간에, 온갖 덫의 모양을 하고 있다. 그런데 혹시 이게 상상의 병일 수도 있지 않을까?

1949년에 시몬 드 보부아르가 『제2의 성』에서 그런 얘기를 했다. "여성 생리학의 특징 중 하나는 바로 내분비 작용과 신경 조절의 밀접한 연관성이다. 여기에는 상호작용이 있다. 여성의 몸, 특히 어린 여자의 몸은 정신적인 삶과 그것의 생리학적 실현에 거리가 없다는 의미에서 '히스테릭한' 몸이다. 사춘기 장애의 발견이 여자아이에게 미치는 충격은 이 장애들을 격화시킨다. 왜냐하면 이 여자아이는 자신의 몸이 의심스럽기 때문에, 그리고 자신의 몸을 걱정스럽게 탐색하기 때문에 자신의 몸이 아파 보이는 것이다. 그래서 실제로 몸이 아프다. 우리는 사실 이 몸이 연약하고, 기관들

　　　　　　　7장_ 나쁜 피

의 장애가 몸 안에서 발생하고 있다는 것을 확인했다. 하지만 산부인과 의사들은 환자 열 명 가운데 아홉 명이 상상 환자라는 데 의견을 모은다. 다시 말해 그들의 거북함이 그 어떤 생리학적 사실성도 없거나, 기관들의 장애 자체도 심리적인 태도에서 야기된다는 뜻이다. 대부분은 여성이 된다는 불안감이 여성의 몸을 괴롭히는 것이다."[1]

그로부터 66년이 지난 뒤, '롭스/뤼 89 L'Obs/Rue 89' 사이트에 게시된 「생리전증후군, 나는 그것이 전설인 줄 알았다」[2]라는 제목의 기사는 트위터에서 수집한 증언들을 강력한 원군으로 삼아 이런 가설에 반대하고자 했다. 에스텔은 "매달 일주일씩, 나는 내 자유의지를 잃는다"라고 말했다. "내 주기와 기분 변화 사이의 연관성을 이해하기까지 10년이 걸렸다. 내 과거를 돌이켜보면 하지 말았어야 할 잘못된 결정들이 너무 많다고 생각한다"라고 로르는 이야기한다. "생리전증후군은 대량 살상 무기다. 제임스 본드 영화 다음 편은 우리가 찍고 싶다"라는 이야기도 있다. 이 기사에서 인터뷰에 응한 제네바 대학교의 산과 의학 박사 프란체스코 비앙키데미켈리Francesco Bianchi-Demicheli는, 자신이 주장하는 대로 여성들 중 80퍼센트가 고통받고 있는 이러한 장애의 존재를 문제 삼자 분노했다. "여성이 이 증상들에서 해방된다면 엄청난 변화가 생길 것이다. 그녀는 다시 살아날 것이다." 하지만 여성이 어떻게 해방될 수 있는지 그 방법에 대해서는 기사에 한마디도 나와 있지 않다.

한편 일반적으로 인정되는 이 80퍼센트라는 수치는 어떠한 과학적 근거도 없다. 이 발표에 따라, 혹은 저 발표에 따라 생리전증후군을 겪는 여성의 비율은 10퍼센트에서 90퍼센트로 그 격차

fourchette[포크, 격차, 폭이라는 의미가 있다]가 너무나 커서, 그 폭은 마치 포크 날 사이의 폭이 아니라 쇠스랑이나 탈곡기라고 해도 될 것 같다. 2016년에 제네바 의료교육연구재단 사이트에서 열람한 생리전 증후군에 대한 산부인과 의사 파비앵 보두아예Fabien Vaudoyer의 논문[3]에 따르면 연구에 따라 결과가 달랐다. 어떤 연구에 따르면 여성들 중 95퍼센트에게 생식 기간 동안 월경 곤란molimen cataménial[4]의 작은 장애들이 나타났고, 다른 연구에서는 여자 간호사 75퍼센트와 여자 노동자 36퍼센트가 영향을 받았다고 했으며, 마지막 연구에서는 여성들 중 40퍼센트가 이것을 겪고 있다고 주장했다.

증상의 가짓수도 마찬가지다. 150가지가 넘는 증상이 집계됐는데, 질문에 답한 여성들이 "셋째 날에 왼쪽 손목이 아프다"라거나 "오른쪽 눈이 쿡쿡 쑤시고 헤어 컬이 망가져 엄청나게 고통스럽다"라는 식의 괴상한 증상들을 언급했다는 사실을 알아야 한다. '복부-골반 징후' 외에도 '유방과 관련된 증상 발현', 성욕 감퇴와 에로틱한 망상, 두통과 자살 시도, 여기에 더해 불면증과 칼슘 경직에 이르기까지, 심리 및 신경적 장애도 찾아볼 수 있다. 치질 장애, 생리 포진, 두드러기, 생리 천식, 얼굴 화끈거림, 방광염, 식욕 변화, 항문 또는 외음부 소양증(또는 둘 다), 가슴 두근거림, 국소 부위의 가벼운 땀, 비염, 경련성 기침, 홍채모양체염, 두피 피지 과다 분비, 손목터널증후군도 언급됐다.

프레베르Prévert의 어떤 시처럼 아무런 의미도 없고 잡다한 이 목록을 읽다보니, 아무나 생리전증후군에 걸릴 수 있겠다는 생각이 든다. 늘 어딘가가 아픈 내 남동생이나 가끔씩 예측 불가능한 행동을 하는 내 고양이도 말이다. 좀더 진지하게 말하면, 주로 서양 국가들에서 관찰된 이런 장애 전체가 정상적인 상태에 속하는 건 아닌지 자문해볼 수도 있다. 이미 그 사람이 갖고 있던 다른 질병에 따라 호르몬이 변화하고, 이에 대한 그 사람의 반응을 표현한 것이 위에서 말한 장애들이라는 뜻에서 본다면 말이다. 우울증, 당뇨, 고혈압 아니면 단순히 삼십 대에서 사십 대 여성이 그 시기에 겪는 결혼, 이혼, 출산 그리고 프랑스에서는 남자들보다 거의 두 배에 가까운 가사노동을 하면서도(3시간 26분 대비 2시간)[5] 배우자보다 25.7퍼센트 정도 더 적은 급여를 받는[6] 직업 생활 등에서 느끼는 스트레스를 예로 들 수 있다.

간단히 말해서 생리전증후군은 청소년기, 임신, 소화 혹은 폐경과 동일하게 질병이 아닌, 시기와 사람에 따라 저마다 겪게 마련인 생물학적 현상이 아닐까?

생식기 공감

고대부터 많은 작가들이 생리와 결합된 여성 장애에 대해 서술했다. 2장에서 봤듯이, 기원전 5세기에 히포크라테스는 자궁이 여성의 모든 질병과 자연적 열세의 원인이라고 생각했다. 이런 생각은 스무 세기가 넘는 시간 동안 지배적이었다. 1890년 프랑스의 정신과 의사 세브랭 이카르Séverin Icard는 『월경 기간 동안의 여성La Femme pendant la période menstruelle』[7]에서 그 자신에게는 명백한, 생식 기관 손상과 광기의 관계에 대해서 서술했다. 당시는 호르몬이 아직 알려지지 않은 때였는데, 그는 "생식기 공감, 다시 말해 정신적 중추와 생식 기관들 사이에 아주 내밀한 관련성이 있다. …… 그리고 이러한 공감은 남성보다 여성에게서 더 뚜렷하게 나타난다"라고 주장했다. 그는 생리 전에 나타나는 증상에 대해서도 서술했다. "월경은 복통, 유방 따끔거림, 두통을 통해 8일 동안 예고된다. 여성은 심술궂어지고, 걸핏하면 화를 내고, 사소한 반대에도 분노하게 된다. 이 기간이 끝나면 모든 게 정상으로 돌아온다."

생리전증후군이 공식 무대에 출현하기 위해서는 1952년까지 기다려야 하는데, 영국 산부인과 의사 캐서리나 돌턴Katharina Dalton이 『영국 의학 저널British Medical Journal』에서 최초로 이 증상들에 대해 기술했다. 당시 서른두 살이던 이 젊은 여성은 임신 기간 동안 두통이 사라졌다는 사실을 깨닫고, 천식이나 뇌전증을 비롯한 수많은 다른 장애처럼 두통도 프로게스테론 부족 탓이라고 생각했다. 이때부터 그녀는 내분비학자 레이먼드 그린Raymond Greene과 함께 이 호르몬을 이용해서 여성들을 치료하기 시작했고, 이 주제에 관련된 데이터도 수집했다. 특히 그녀는 그때까지 관련 연구들을 주도해왔던 남성들과는 달리 이런 증상들이 '심리적인 것이 아니라 본질적으로 물리적인 것'이라고 생각했다.

얼핏 보면 이런 접근은 여성들에게 영향을 미치는 장애들을 여성의 상상이나 성격적 결함의 영향이 아닌 것으로 여기는 진보된 시각처럼 보일 수도 있지만, 이 연구도 결과적으로는 여성을 자기 호르몬의 인질로 표현했다. 예를 들어 캐서리나 돌턴은 심각한 생리전증후군에 시달리던 여성 중학생들의 경우, 생리 중에 시험을 치르게 됐을 때 더 좋지 않은 결과를 얻은 것을 관찰했다. 교도소의 여성 재소자들을 만난 이후에는 생리 전에 많은 증상을 보이는 여성들이 더 쉽게 자기 아이들을 학대하거나 살인(하하하)을 저지른다고 주장했다. 그녀는 또한 그 기간이 자살을 하거나 술에 취하기에 더 적합하다고 생각했다. 그녀는 빅토리아 여왕의 편지와 일기를 분석한 뒤, 여왕이 매달 소리를 지르고 사랑하는 자신의 남편 앨버트 공에게 물건을 던지는 성향을 가졌다는 이유로, 여왕 전하가 극심한 생리전증후군으로 고통받았을 거라는 주장까지 했다. 하지만 여왕의 전기를 빠르게 검토해본 것만으로도 다른 요인들이 감정 기복의 원인이 될 수 있음을 알 수 있었다. 불행한 유년기, 엄청난 횟수의 임신(아홉 명 이상의 아이들이 줄을 섰다), 그녀가 밖으로 나오기만 하면 그녀를 향해 총을 쏘려던 남자들의 강박증, 여왕을 상대로 정신이상자들이 벌인 일곱 차례 이상의 공격. 아무도 그들이 장전한 권총을 들고 왕실 마차를 향해 돌진하던 순간의 호르몬 상태를 살펴볼 생각은 하지 않았다.

50년 전부터 여성들을 대상으로 이 다양한 형태의 장애, 즉 생리전증후군을 치료하기 위해 수많은 치료법이 시험되었다. 호르몬, 이뇨제, 향정신성 의약품, 칼슘, 비타민 B6, 달맞이꽃 오일, 허브티 등등. 하지만 이런 다양한 과학 연구에서도 명백한 결과를 도출하지 못했다. 그리고 캐서리나 돌턴에게 높이 평가받던 프로게스테론의 자연적인 관리법은 그 효과가 플라세보의 효과보다 높지 않다는 사실이 알려진 후 부분적으로 폐기되었고,[8] 생리전증후군을 겪고 있는 여성들의 혈액 검사에서도 일반적으로 비정상적인 호르몬 비율이 나타나지는 않았다. 가장 정직한 임상 의사들은 자기 자신을 더 잘 돌보고, 술이나 커피 또는 담배처럼 자극이 되는 것을 없애거나 줄이고, 물을 많이 마시고, 붉은 고기는 적게 먹고, 과일과 채소는 더 많이 먹고, 운동을 하고, 규칙적인 수면을 취해서 건강 상태와 스트레스 강도를 개선하도록 노력하라고 권장한다. 물론 대부분의 현대 여성들이 이 권고를 따르려고 애를 쓰지만, 이들의 뇌는 이미 기름지고, 달고, 알코올이 함유되고, 중독성이 있는 제품들의 광고에 지속적으로 폭격을 당한 상태인 데다 이 광고에서는 포토샵으로 치장한 섹시한 모델이 나와서 아침부터 여성들의 자존감을 꺾어버린다.

여성 심리학자 로빈 스타인 델루카Robyn Stein Deluca가 'PMS에 관한 좋은 소식'[9]이라는 테드TED 강연에서 이야기했던 대로, 2013년에 와서야 PMS 즉 생리전증후군이 생리전불쾌장애PMDD라는 걱정스러운 이름으로 바뀌며 좀더 과학적인 방식으로 재정의됐다. 증상도 150가지 대신 열한 가지로 줄었는데, 생리전불쾌장애의 진단 역시 일상생활, 일이나 학업에 지장을 주는 '중대한 의학적 고통'에 기초하고 있다. 조금은 덜 애매한 이 형태에서는 여성들 가운데 3퍼센트에서 8퍼센트만이 영향을 받았다. 로빈 스타인 델루카는 다른 것들의 경우, "스트레스를 주는 사건이나 행복한 일 또는 심지어 요일들처럼 불안정한 변수는 한 달의 그 기간보다 훨씬 강력한 감정 지표다"라고 설명한다. 게다가 여러 연구를 살펴봤을 때 남성과 여성의 감정 상태가 현저한 차이를 보이지 않았다고 밝혔다. 비록 우리의 남성 파트너들이 한 번도 생리를 해보지 않았고, 유명한 성차별적 창의력이 담긴 작품인 『화성에서 온 남자, 금성에서 온 여자』의 작가 존 그레이John Gray에 따르면, 우리 여성들은 여전히 도로 지도를 읽을 줄 모르는데도 말이다.

2015년에 미국 잡지 『사이언스 리포트Science Reports』에 발표된 한 연구[10]에서는 2008년의 일명 서브프라임 금융 위기가 트레이더들의 테스토스테론이 최대치였던 사실로 설명될 수 있는데, 그들 대부분이 젊은 남성들(45세 미만)이고 이들이 경쟁 상황에 놓일 때 테스토스테론이 과다하게 분비되기 때문이라고 밝혔다. 코르티솔[스트레스에 반응해 분비되는 물질로 이른바 스트레스 호르몬이다]의 높은 수치도 이 '경쟁 스트레스'와 관련될 수 있는데, 이 때문에 경솔한 낙관주의와 위기 과소평가 경향이라는 결과가 나타났다는 것이다. 테스토스테론은 성능을 높이는 데도 관련이 있지만 성능을 낮추는 데도 관련이 있다. 2008년에 증권 시장은(이름만으로도 우리에게 경계심을 품게 했어야 했다) 무너졌고, 거래소에서 매우 드물었던 여성들은 남성 동료들보다는 잃은 것이 적었을 것이다. 남성에게서도 호르몬 불안정이 종종 관찰되고, 이것이 다수의 재앙, 전쟁, 사고의 원인인데도 항상 여성들만 기분 변화에 대해 손가락질을 당한다. '호르몬에 대한 불공정성'은 고정관념을 더욱 공고히 했다.

그래서 로빈 스타인 델루카도 안타까워하며 이렇게 말했다. "어떤 여성이 모든 사람에게 생리전증후군이 있다고 믿을수록 그 여성은 자신의 존재를 잘못 알릴 위험이 있다. '잘못'이 무슨 뜻인지 설명해주겠다. 여러분들은 이렇게 질문할 수 있을 것이다. '당신에게 생리전증후군이 있나요?' 그러면 그녀는 그렇다고 답한다. 그리고 그녀가 두 달 동안 심리적 증상들을 일기에 적을 때, 그녀는 자신의 증상들과 그 달의 그 순간 사이에 어떠한 상관관계도 찾아내지 못할 것이다."

생리전증후군이라는 잭팟

그렇다면 당신은 생리전증후군 즉 PMS라는 전설이 왜 이렇게나 널리 퍼져 있는지 궁금한가? 심리학자 로빈 스타인 델루카에게 그 답은 명백하다. "PMS 치료는 이익이 되고 번창하는 사업이 됐다." 다만 치료법이 미국 식품의약국FDA의 승인을 받으려면, 그 유명한 '정신 질환 진단 및 통계 편람DSM'을 통해 미국에 등록된 의학 장애에 해당해야 한다. 바로 이런 종류의 요술을 통해 '발기부전'이라 불리는, 있을 법하지도 않은 질병을 발명하고 나서 비아그라가 2000년대 초 시장에 진출할 수 있었다. 말하자면 정상적인 발기 상태보다 덜 길고 덜 단단한 상태로, 이미 오래전부터 어느 정도 나이가 든 남성들과 관계가 있던 증상이다. 그 결과, 제약회사 화이자와 릴리는 연간 수십억이 넘는 이익을 얻었다.

제약 연구소들에서는 생리전증후군과 관련해서도 아마 이런 비슷한 잭팟을 열망하는 것 같다. 그래서 1911년 미국 시장에서는 특수한 약품이 개발되기도 했다. 마이돌이라는 이 약은 이뇨제, 진통제, 카페인 외에는 다른 어떤 성분도 들어 있지 않다. 2001년에 출시된 청소년용 틴 마이돌에는 카페인이 없다. 또한 생리전증후군을 정신장애로 분류함으로써 항우울제 프로작을, 생리전불쾌장애를 겪고 있는 여성들을 위한 사라펨이라는 이름의 약품으로 시의적절하게 재탄생시키는 결과를 낳았다.

2016년 6월,『저널 오브 위민스 헬스Journal of Women's Health』에 발표된 한 연구 결과는 '월경 유레카'라는 기쁜 소리로 프랑스 언론들에 의해 대거 보도되었다. 「과학자들이 드디어 여성들

이 생리 기간에 고통을 겪는 이유를 이해했다」(『리베라시옹』),
「월경전증후군이 단백질에 의해 야기될 수 있다」(『라파리지엔La
Parisienne』), 또는 「고통스러운 생리, 과학자들은 왜 여성들이 고통
받는지 알고 있다」(『뱅미뉘트20Minutes』). 여성 3302명을 대상으
로 한 이 연구 내용을 보면, 생리 주기와 연관되어 만성 염증을 일
으키는 C 반응성 단백(영어 약자 CRP로도 알려진)이 바로 범인이
다. 나는 과학자는 아니지만, 지금까지는 많은 양의 C 반응성 단백
이 염증 상태의 원인이 아니라 결과라고 생각했다. 그리고 생리 주
기의 두번째 단계는, 자궁내막 점막의 염증 상태로 특정지어진다
는 사실에는 의심의 여지가 없다. 자궁내막의 점막은 다소 고통스
럽고 다소 강력한 자궁 수축의 도움으로, 배출되기 전에 스스로 분
해되고 벽에서 떨어져 나간다.

생리전증후군을 겪고 있다고 밝힌 사람들에게서 발견되는 다
량의 C 반응성 단백은, 인생 또는 주기의 그 순간에 스트레스나 유
전적 원인의 면역 계통 기능 장애에서 야기된, 단지 정상 수치보다
높은 염증의 신호일 수 있다. 연구의 저자들도 이 가설을 인정하고
는 있으나, 생리 전 증상들의 시작에 앞서는 만성적인 염증에 면역
계통 기능 장애가 기여하는지는 알지 못한다고 분명히 해두었다.

그렇다고 해서 이들이 C 반응성 단백의 존재를, 분명히 존재하
고 치명적일 수도 있는 고혈압, 당뇨, 경색 등의 다른 질병들과 연
결시킬 수 없는 것은 아니다. 생리전증후군을 겪는 여성들이 이런
질병들에 더 많이 노출될 수 있다고 암시하면서 말이다. 당신은 어
떨지 모르겠지만, 나는 조만간 새로운 약이 나올 것 같은 느낌이
든다. 분명 오래되고 좋은 가정용 항염증제일 텐데, 아주 예쁜 포

장지에는 빨간색으로 생리전증후군이라는 글자가 쓰여 있을 것이다.

그러는 동안 나는 당신에게 생리 전 불편함을 물리치기 위한 나만의 작은 비밀을 알려주겠다. 커피와 레몬주스를 마시고 몇 리터씩 물을 마시며 밤새 춤을 추는 것이다. 춤은 긴장을 풀어주고 골반을 이완시켜주며 베이스라인 리듬은 심장을 진정시킨다. 오르가슴 역시 그 시기에 위안을 얻기 좋은 방법이다. 함께 나누든 혼자서든, 늘 손이 닿는 곳에 있다.

의사가 예측했던 불쾌감들을 최소한으로 겪으며 내가 생리 기간을 넘어갈 수 있었던 것은 춤과 관련된 이런 나의 취향 덕분이었다. 동양이나 중국의 의식과 관련된 춤은 몸의 균형을 이루는 데 도움을 준다. 일부 자연 요법에서는 '자궁의 춤'이라는 '지네짐 gynégym'을 개발했는데 기적을 실현할 것으로 여겨지고 있다. 나는 기공이나 태극권을 수련해온 덕분에 내 주기의 마지막 몇 년, 내 호르몬들이 롤러코스터를 타던 시간을 역설적인 평온의 상태에서 지나갈 수 있었다.

이런 단순한 규칙들을 지키지 않아서, 혹은 내 몸에 대한 믿음이 부족했던 탓에 나는 내 신체를 함부로 다루기도 했고, 진통해열제를 들이부은 나머지 약한 약물성 간염에 걸려서 장 기능이 치명적인 정체에 가까울 정도로 둔화되기도 했다. 그리고 자칭 생리 두통인 내 두통은, 감정 기복과 함께 완경 후에도 계속됐다. 유일한 차이점이라면, 나이를 가지고 내게 환심을 사려 하지 않는 이상은 아무도 내게 혹시 생리 중인 게 아니냐고 물으면서 날 귀찮게 하지 않는다.

다만 후회되는 점이 있다면, 생리통을 완화하기 위해 마리화나를 좌약으로 써보지는 않았다는 것이다. 빅토리아 여왕도 미친 사람들에게 총 맞느라 바쁠 때 말고는 마리화나를 피웠다고 한다. 배우 우피 골드버그Whoopi Goldberg는 미국 시장에 관련 제품을 출시했다. 마야 엘리자베스Maya Elisabeth라는 여자와 협력하여 생리 통증을 줄여준다는, 마리화나를 주 성분으로 하는 질 좌약 브랜드를 만들어낸 것이다. 자궁을 매끄럽게 하는 조합물을 상용화한 포리아라는 캘리포니아 기업도 있는데, 이 제품은 질을 이용하거나 아니면 좌약처럼 항문을 통해서 사용할 수 있다.

자, 젊은 여성 여러분, 한번 해보시라. 그리고 고통이 너무 심하면 혹시 자궁내막증은 아닌지 꼭 확인해보길 바란다. 모든 사람이 생리전증후군이 존재한다고 확신했지만, 프랑스에서 200만~400만 명의 여성이, 세계적으로는 1억 8000만 명의 여성이 겪고 있는 이 기관 질환의 존재를 오랫동안 아무도 믿지 않았으니 말이다. 그리고 무엇보다 가장 중요한 것은, 자궁내막증이 여성들의 첫 번째 불임 원인이 된다는 사실이다. 이 증세가 있는 여성 중 30퍼센트는 아기를 원할 경우에 치료를 받아야 할 수도 있다.

난소에서 발생한 폭풍

나의 자궁내막증 이야기는 내가 마흔세 살이고 딸이 아홉 살이던 2005년에 시작되었다. 그때 유럽 헌법에 대한 국민투표 캠페인이 한창이었는데, 프랑스 유권자의 55퍼센트는 헌법 채택에 반대했지만, 어쨌든 결정을 바꾸지는 못했다. 텔레비전에서는 내 고향 마르세유 시에 있다는 어느 가상의 동네에서 촬영된 〈더 아름다운 인생Plus belle la vie〉이라는 드라마가 배우 래티티아 밀로와 함께 인기를 누리고 있었다. 그리고 나디아 플라자오Nadia Mladjao라는 젊은 여성은 뉴욕에서 트레이시 채프먼의 〈혁명에 대해 이야기하다Talkin' bout a revoultion〉를 듣다가 계시를 받아, 역시 이마니Imany라는 이름으로 음악에 뛰어들었다. 그리고 2014년에 여주인공 조의 호르몬 주기에 벌어지는 이야기를 다룬 오드리 다나Audrey Dana의 영화 〈소녀들의 치마 아래Sous les jupes des filles〉에 삽입된 히트곡 〈너무 수줍어하지 마Don't be so shy〉를 발표한다. 같은 해인 2005년 11월에는, 클리시수부아Clichy-sous-Bois에서 두 명의 청소년, 지예드 베나Zyed Benna와 부나 트라오레Bouna Traoré가 경찰 단속을 피해 변전소로 도피하다가 사망한 이후, 나중에 '외곽 지역 폭동'이라는 이름으로 불리게 될 폭동이 벌어진다. 10년 후에 진행된 재판에서는 경찰들의 무죄로 결론이 났다.

같은 시기에 내 난소들 중 한 곳에서 낭종이 자라기 시작해 나에게 엄청난 통증을 주다가 지름 4센티미터의 꽤 큰 크기가 될 때까지 자라났다. 1996년에 내가 아이를 가질 수 있도록 도와주었던 훌륭한 담당 산부인과 의사는 천자술[내용물을 빼내기 위하여 속이 빈 바늘을 장기의 벽 안에 찔러 넣는 시술이다]을 제안했다. 어느 겨울날 아침, 외곽 지역이 폭동으로 황폐화됐을 때, 내 주치의는 휘파람을 불며 초콜릿색 액체를 뽑아냈고 우리는 힘찬 악수를 나눈 뒤 각자 자기 일로 돌아갔다. 사그라들던 폭동과 달리, 내 생식 계통은 계속해서 낭종을 만들어냈고, 초봄이 되자 주치의는 '더 악화되기 전에' 낭종을 제거하자고 제안했다. 내 아랫배의 폭동은 이름을 갖고 있었다. 바로 자궁내막증. 하지만 내가 주치의에게 이 이상한 병에 대해 설명을 요구했을 때 그는 얼버무렸다. "잘 모릅니다. 여행을 많이 하는 사업가 여성의 병이에요. 완벽하게 치료할 수는 없어요." 구성 성분에 대해 들을 때는 용기가 필요했다. "자궁 조직들인데 생리 때 질을 통해서 배출되는 대신, 설명할 수 없는 이유로 나팔관을 타고 복강으로 거슬러 올라가 몸속에서 흩어집니다. 그러고는 자궁과 난소, 직장, 방광, 장, 때로는 위까지, 혹은 가로막, 폐, 뇌에도 붙습니다. 그리고 면역 체계에 의해 제거되지 않은 이 자궁 조직들은 계속해서 호르몬 주기에 반응합니다. 생리를 하는 순간에 배출됐어야 하는데 그러지 못한 채 염증을 일으키면서 말입니다. 이 때문에 자궁내막증이 있는 여성 중 일부가 극심한 통증에 시달리는 겁니다."

나는 수술 때문에 48시간 동안 거동이 불가능했다. 병원에서 일주일, 침대에서 3주를 붙어 있으면서, 대체 난 사업가 여성도 아닌데 어째서 이런 병에 걸렸는지 궁금해했다. 수술한 다음 날, 나의 산부인과 주치의는 문제의 난소를 제거해야 했고, 복강 안에는 사실상 자궁내막증의 '거미줄'이 있어서 나머지는 카처Kärcher[고압 세척기]로 청소했다고 내게 설명했다. 깜짝 놀란 내 얼굴을 보면서 그는, 당연히, 자기는 니콜라 사르코지가 아니라고 말했다.[14] 실제로 그는 레이저를 사용했던 것이다. 내 산부인과 주치의가 레이저 검을 들고 내 복강에 있는 거대한 거미줄을 공격하는 모습을 떠올리자, 잠시 동안 나는 당혹스러웠다.

그는 재발을 막기 위해서는 인위적 폐경을 통해 내 주기를 정지시켜야 한다고 말했다. 목표는 생리혈이 계속해서 자궁에서 이동하여 내 기관들을 점령하러 가는 것을 막는 것이라고 했다. 자궁에서의 이주나 점령에 관련된 이 은유가 내게는 혼란스러웠다. 자궁 세포들이 도망치고 싶어할 만한 폭동이 내 아랫배에서 일어났다는 건가? 상상을 해봤다. 내 복강이라는 큰 세상 안에서 길을 잃은 그 작은 조직들은 약속의 땅을 찾아 불법 체류 여행자들처럼 여기에서 저기로 가거나, 불길한 거미줄을 치기 위해 식민지 개척자 대장 노릇을 하며 갑작스레 내 가여운 대장大腸을 공격한다. 내 산부인과 주치의가 제안한 방법은 황폐화된 이라크에 폭탄을 보냈던 미국 강경파처럼 극단적이었다. 보통은 전립선 암 치료를 위해 남성들에게 처방되어 팔리는 데카펩틸Decapeptyl이라는 GnRH(생식샘자극호르몬방출호르몬) 아날로그 작용제analogue agonist를 다량으로 주입하여 나의 작은 생태계에 전쟁을 선포하려는 것이었다. 그 결과는 돌이킬 수 없는 인위적 폐경이 될 테고, 내 주치의는 그 상태가 자연스럽게 연장되길 바라고 있었다. 이 아날로그 작용제들이 시간이 되기도 전에 나를 공격하러 오면 어쩌나 하고 걱정하자, 주치의는 생리가 없으면 자궁 조직들이 내 골반강에 놀러가려고 자궁에서 떨어져 나오는 일은 없다고 안심시켰다.

마흔세 살에 생리가 없어지게 된다는 사실이 즐겁지는 않았지만, 별들의 전쟁[미국 레이건 대통령의 전략 방위 구상을 이르는 용어다]에서처럼 나는 주치의의 처방전을 받아, 주기를 정지시키고 생리를 없애는 치료를 시작했다. 얼마나 고통스러웠는지는 이루 말할 수가 없다. 인위적인 완경도 완경과 같지만 농축된 완경이었다. 다시 말해 호르몬 혁명이 시시각각 당신의 몸에서 사막의 폭풍처럼 일어

7장_나쁜 피

난다는 뜻이다. GnRH 아날로그 작용제들이 뇌하수체에 신호를 퍼부으며, 이 몸에는 세번째 밀레니엄까지 버틸 수 있을 만큼 충분한 에스트로겐과 프로게스테론이 있으니 계속 분비할 필요가 없다고 설득시키는 것이다. 그 후 뇌하수체는 실제로, 보통은 주기를 시작하게 만드는 이 호르몬들을 만들어내는 일을 중단했고, 그 결과 금단 현상을 닮은 여러 증상이 나타났다. 갑작스러운 얼굴 화끈거림, 스트레스, 벽에 머리를 찧게 만드는 두통, 악몽으로 가득한 토막 잠들로 수놓아진 불면증, 위태로운 수준까지 갈 정도로 매우 심했던 불안감은 말할 것도 없다. 그냥 물 아니면 탄산수? 설탕은 넣을까, 뺄까? 오른쪽 아니면 왼쪽? 이런 평범한 결정들이 호르몬이 부족한 나의 뇌에게는 며칠 만에 코르네유의 선택[똑같이 중요한 두 가지 가치 중에 하나만을 선택하는 것이 불가능한 상황을 나타내는 표현이다. 프랑스의 극작가 코르네유Corneille가 작품에서 이런 상황을 자주 등장시킨 데에서 유래했다]처럼 어려운 것이 됐다. 성욕도 마비된 듯했고, 질 건조증에 시달렸다. 어느 일요일에 나는 결국 갑자기 울음을 터뜨리고야 말았는데, 아침 식사로 달걀을 먹을지 말지 몰랐기 때문이다. 아날로그 작용제가 내 목숨을 빼앗아가고 있다는 사실을 나는 인정해야만 했다.

한 달간의 치료 후, 남아 있던 데카펩틸 상자들을 약국에 되돌려주었다. 쓰레기통에 버렸다가 환경을 오염시키고 그로 인해 우리 동네의 동물들부터 플로리다의 악어들까지 조기 완경을 겪을 위험을 방지하기 위해서였다. 난 내 자신에 대한 확신이 없었다. 그래서 호르몬 주기는 없지만 위궤양을 갖고 있는 남동생의 조언에 따라 침술 의사와 약속을 잡았고 자궁내막증을 우회적인 방법으로 다뤄보기로 했다. 문제의 침술가는 친절한 사람의 전형은 아니었고, 나의 뇌하수체와 살아남은 난소 사이의 단절된 관계를 선으로 죽 그으며 가르치기 시작했다. "당신이 무슨 일을 벌였는지 알고 있습니까? 당신의 몸에 스스로 테러를 저질렀다는 걸 아시겠어요?"라며 그는 포효했다. 나는 그가 혼자서 화를 내도록 내버려두었고, 그는 그 약물 치료가 나를 얼마나 통탄할 만한 상태로 만들었는지 한참을 얘기했다. 보통 때 같았으면, 그 사람에게 제대로 되받아치고 돌아 나왔겠지만, 그날은 아무 말 없이 누워서 그가 내 몸 여기저기를 찔러 고통을 경감시킬 수 있도록 내버려두었다. 몇 번의 침 치료를 받고 나자 그는 기분이 좋아졌고, 내 몸도 나아졌다. 다만 짧은 몇 주 동안 내 난소가 다시 채워지면서 방광을 눌러 공원에서 조깅을 할 때 소변이 새는 일이 생겼다는 점 외에는, 나와 내 자궁 사이에 상대적인 평화가 자리 잡았다.

인위적 완경을 중단하기로 결정하고 나서, 나는 일부러 내 산부인과 주치의에게 전화를 걸었고 그는 철학적으로 반응했다. "당신은 늘 기복이 있어요"라고 말하며 그는 웃었다. "그래요, 어떻게 될지 두고 봅시다. 가끔씩 스스로 낫는 경우도 있어요. 아참, 연구실에서 결과를 받았는데, 낭종에 비정상적인 세포는 없답니다." 나는 안도의 한숨을 쉬고 나서 그에게 예전에 한 번도 이런 진단을 받은 적이 없는데 이 병이 왜 갑자기 나타났는지 물었다. "아, 아마 오래전부터 있었을 겁니다. 보통은 만성적인 질병이거든요. 하지만 스트레스에 의해 발현되거나 악화될 수 있습니다." 바로 그때, 나는 내 자궁이 '스트레스를 유발'한다고 말할 수 있는 사건들을 겪었던 몇몇 재난이 떠올랐다.

금지된 번식

왜 내 아랫배는 주기적으로 아프고, 그래서 내가 바라던 것보다 덜 만족스러운 성생활을 하게 만드는지 이해하기 위해 몇 년 동안 별 소득 없는 검사를 하던 중 1991년, 나의 자궁경부에서는 유두종바이러스papillomavirius처럼 보이는 것이 일으키는 전암성 병변들이 발견되었다. 페로몬과 아마존 정글의 울창한 아름다움 같은 좋은 향기를 풍기는 시적인 이름과 달리 유두종바이러스는, 가능하면 오래 살고 싶고 그사이에는 번식을 하길 원하는 여성의 친구는 아니었다. 결국 난 이 병변들을 제거하기 위해 수술을 받았는데, 즐거운 경험은 아니었다. 먼저 나는 생애 최초의 마취를 잘 받아들이지 못해서 깨어났을 때 스펙터클한 반응을 보였다. 스펙터클이라 함은, 사탄에라도 쓴 것처럼 내 몸이 침대에서 튀어올랐다는 뜻이다. 그다음에는 통증이 극심한 나머지 울부짖었고, 병원에 반감을 가졌는데도 용기 있게 날 보러 온 어머니를 시작으로 잘못도 없는 사람들에게 욕을 해댔다. 마지막으로는 자궁경부가 유착된 채 그대로 아물어버려, 생리혈이 더는 흘러나오지 못할 지경이 되었다. 그래서 2주 후에는 길을 내기 위한 고통스러운 수술을 새로 받아야 했다.

외과 의사가 나를 불러서 나쁜 소식이 있다고 말했을 때, 난 최악의 일은 이미 겪었다고 생각했었다. 그러나 조직 검사 결과, 병변이 예상보다 더 넓게 나와서 다시 한 번 수술을 해야 했다. 그 이후 한 달 동안을 나는 침상에서 1940년대 미국 희극 비디오를 보고, 긴장을 풀기 위해 블러드 메리를 마시며 숨도 안 쉬고 살았다.

227

이 시기 동안 나는 오로지 내가 아주 좋아하는 음식만 먹었고, 좋아하는 책을 읽고 또 읽었고, 새들과 이야기하며 숲속을 산책했다. 또한 죽음이 가까웠다고 확신한 나는 조건을 정했다. 두번째 수술 때에는 내가 퇴원한 16구의 그 끔찍한 병원 대신 주느빌리에 외딴곳에 있는 다른 병원에서 수술을 받을 생각이었다. 죽을병에 걸렸으니만큼 나에게 피난처 같은 곳으로 가고 싶었다. 치료의 '첫번째 의도'가 수익이 아닌 한 공산주의 도시에 위치한 대중 병원이었다. 또한 나는 분량 조절이 제대로 된 마취를 요구했다. 그리고 누가 되었든 간에 내게 아프지 않을 것이고 내가 변덕을 부린다는 말을 해서는 안 되었다. 인내에도 한계가 있는 법이었다.

수술 당일, 키 190센티미터에 대단히 잘생긴 환자 이송 담당자가 병실로 나를 데리러 왔다. 안타깝게도 이동용 침대 전부가 사용중이어서 남아 있는 게 없었다. 하지만 리모컨 침대, 개인 병실, 다채널 텔레비전은 없어도 인간의 따뜻함이 주요한 동력이었던 그 병원을 선택한 내 결정은 옳았다. 그 이송 담당자는 자신의 팔에 나를 안아서 들고 결혼행진곡을 부르며(왜인지 가서 알아보시라), 수술실까지 가서 나를 수술대에 조심스럽게 내려놓고는 잠들 때까지 곁에 있겠다고 약속했고, 진짜로 그렇게 했다. 수술실은 자연 채광으로 밝혀져 있었고, 해가 밝았으며 꽃이 만발한 나무들 뒤로는 친근한 도시의 타워를 볼 수 있었다.

깨어났을 때는 천국이었다. 외과 의사는 내 수액 안에 모르핀을 넣으라고 지시를 해놨으며, 수호천사 환자 이송 담당자가 찾아와 생글거리며 이제 우리는 가짜로 결혼을 했다며 내게 경의를 표했다. 그래서 그 순간이 내 최고의 기억 중 하나로 남아 있다. 이 이상한 모험의 대미를 장식한 것은, 내게 좋은 소식을 알렸던 외과 의사의 두번째 전화였다. 두번째 수술 후에 한 조직 검사 결과, 어떤 비정상적인 세포도 발견되지 않았다고 했다. "비정상적인 세포가 없다고요? 그럼 쓸데없이 수술을 또 했다는 거예요?" 외과 의사(이제부터는 '미스터 이중 칼날'이라고 부르겠다)는 뭐라고 대답해야 할지 모르는 눈치였다. "검사실에서 비정형 세포들과 상처가 난 세포들을 혼동할 수 있는 것 아닌가요?" 여전히 대답은 없었다. 나중에 그가 내 자궁경부를 열고 생리가 흘러나갈 수 있도록 두번째 수술을 해야 했을 때, 그는 마지못해 '히스테리성 전환'이라는 의례적인 문구를 발음했다. 히스테리성 전환이란 신체 기관과는 연관이 없는 신경 증상들을 흉내 내어 육체적 고통으로 나타내는 것이라는 걸 기억하자. 그래서 그에게, 조직 검사에서 발견된 세포의 비정형을 내가 어떤 방법으로 만들어낼 수 있었는지 묻자 그는 자기도 알 수 없다고 인정했다. "그럼 결국 당신이 아무것도 모르면 무조건 내가 히스테리 환자라서 그렇다는 거예요?"

1991년에 사람들은 자궁내막증에 대해 이야기하지 않았고, 자궁내막증에 걸린 여성 가운데 30~40퍼센트에게 불임을 야기하는 이 병의 진단을 내가 받은 기억도 없다. 한편 내 자궁경부는 너무 심하게 손상되어서 생리가 찔끔찔끔 흘러나왔다. 내 생각에는 아마 이때 내 생리혈들이 복강 탐험을 떠나기 위해 다른 곳으로 돌아다니는 습관을 갖기 시작한 것 같다.

내 자궁이 도려내지고 충격을 받으면서 또 다른 부작용이 생겼다. 정자들이 자궁에 기어오르지 못했고, 그들의 꿈틀거리는 움직임 중에도, 합의된 단계들에서 예정된 자궁경부 점액을 자궁 주름 안에서 찾지 못하게 된 것이다. 내 첫번째 외과 의사는 실험실에서 실수를 했을 수도 있다는 사실을 인정하지 않았고, 내가 자연적으로 낫게 된 것이 블러디 메리와 캐리 그랜트의 아름다움 그리고 새들과의 대화 덕분이라는 것도 인정하지 않았다. 대신 그는 나를 히스테리 환자 취급하고 여전히 바보 취급하며 간단한 원리의 자궁 외 인공수정을 처방했다. 내 파트너는 구석에 가서 자위를 해야 했고 나는 배란일을 파악하기 위해 나흘에 한 번씩 아침마다 채혈을 하고 질 초음파를 했는데 그로 인해 경미한 자극이 있었을 것이다. 그리고 그날, 산부인과 테이블에 누워 그렇게 모아진 정액을 피펫 [일정한 부피의 액체를 정확히 옮기는 데 사용하는 유리관이다]을 통해 받았다. 생식 효율성 측면에서 자연 임신과 자칭 치료란 것의 차이점은 전혀 없었다. 임신의 주요 장애물인, 상처 있는 내 경부가 고집스레 닫혀 있었기 때문이다. 성관계에서도 나는 즐거움을 많이 잃었다.

성과 없는 네 번의 시도 끝에 나는 '미스터 이중 칼날'과 끝을 내고, 전문가일 뿐 아니라 비할 데 없이 인간적이며 뛰어난 현재의 내 산부인과 의사와 약속을 잡는 데 성공했다. 하지만 그도 내게 우위를 가릴 것 없이 고통스러운 일련의 검사를 받게 했다. 그렇지만 어느 순간 나는 그에게 자궁 행성으로의 우주 탐험이 정말 짜증 나기 시작했다고 말할 수밖에 없었다. "확실히 하기 위해서 그런 겁니다!"라고 그는 주장했다. 나는 반문했다. "뭘 확실히 해요? 내 자궁, 내 나팔관들, 내 난소들, 내 뇌하수체를 봤고, 내 피를 뺐고, 내 분비물을 채취했고, 내 파트너의 정액까지 분석했어요. 확실히 하는 데 또 뭐가 모자란 건데요? 심장 절개 수술이요?"

그제야 그는 후퇴하고 자궁 내 인공수정을 해보자고 권했다.

이론적으로는 간단해 보였다. 하지만 실제로는 훨씬 파란만장했다. 성공 확률을 높이기 위해 배란은 다시 한 번 '모니터링'되었고, 자극을 받았고, 촉발되었다. 생리 첫날부터 호르몬 주사를 놓았고 질 초음파를 통해서 배란ovulation의 변화evolution(두운법을 보시라, 문체론에서는 이를 잰말놀이라고 부른다)를 배란이 시작될 때까지 관찰한 다음, 동시에 모아진 정액을 말 그대로 주입시켰다. 그 주사약들 중 하나가 폐경한 여성의 소변에서 채취한 물질인 사람폐경생식샘자극호르몬이었다는 사실을 주사약 포장에서 읽고서 경악했던 기억이 난다. 폐경 여성의 소변 덕에 임신을 한다는 발상부터 이미 당혹스러웠지만, 내 난소들에 대한 이 호르몬의 효과를 관찰하기 위해 인공 음경 초음파와 공개적으로 이상한 성관계를 가져야 했던 것에 비하면 그건 아무것도 아니었다. 모니터링 시간에 화면에서 볼 수 있었던대로, 나는 단 한 개가 아닌 네 개나 다섯 개의 난모세포를 배란할 수 있었지만 결국 단 하나도 수정되지 않았다. 타월을 던지기 전까지 이런 식의 처치를 다섯 번 정도 받았던 것 같다.

내 산부인과 주치의는 이제 변속 기어를 높여, 시험관 시술을 하자고 요구했다. 내 난자들이 채취되어 내 파트너의 정액이 있는 피펫에 옮겨지고, 아마도 아홉 달 동안 살겠다고 받아들인 내 자궁 안에 미래의 배아들이 다시 심어진다. 이런 예상은 날 절망시켰고, 내 임신 파트너인 미스터 손목Mr. Poignet(자위행위를 뜻하는 속어적인 표현 '과부 손목veuve poignet' 때문에 붙여진 이름)에게 입양 절차를 밟자고 말했다. 그리고 우리는 부부로서 입양을 하기 위해 결혼하기로 했다. 동시에 내 산부인과 주치의는 시험관 시술을 하기 전에 마지막으로 인공수정을 해보자고 날 설득했고, 물론 나는 그에게 시험관 시술은 절대로 안 된다고 단언했다.

결혼식은 1995년 11월의 어느 월요일에 열렸다. 그때는 퇴직 연금 개혁에 관한 쥐페 플랜Plan Juppé[1995년에 국무총리 알랭 쥐페가 발표한 퇴직연금 및 사회보장제도 개혁과 관련된 계획을 말한다]에 반대하는 대규모 사회적 운동이 시작되어 프랑스를 마비시키려 하던 때로, 연맹 결성의 슬로건이 우리의 심장을 뜨겁게 달구었다. "모두 함께, 모두 함께, 그래, 그래." 결혼식 전날인 일요일 저녁, 우리는 형제자매들, 몇몇 친구들과 함께 지금은 의류 브랜드 매장으로 바뀐 마레 지구의 유대인 레스토랑 골든베르에 모여 보드카부터 브랜디까지 술로 장식된 취한 밤을 보냈다. 다음 날 시청에서, 아직도 몹시 취한 나를 보고 부시장이 결혼 선언을 망설이기까지 했는데, 내가 합의한 결혼인지 확신할 수 없었기 때문이다. 그때 내 친구들이 마법처럼 나타나 부시장을 이해시키는 데 성공했고, 나는 숙취에서 벗어나기 위해 커피 한 잔을 마시고 크루아상 하나를 먹은 뒤 부부의 집이 된 주거지로 되돌아왔다. 전철과 버스는 이미 파업을 시작한 상태였다. 지치고 여전히 취한 상태로 집에 돌아왔을 때, 생리가 시작된 걸 알았다. 결혼식을 위해 최신 유행이라고 믿었던, 자칭 야성적인 흰색 실크 중국 파자마를 입고 있었기 때문에(무엇보다 내 복장이 부시장에게 의심을 품게 만들었던 것 같다) 핏자국이 아주 선명하게 보였고, 바지를 다시 살리지는 못했다. 깊은 월경 수면 상태로 들어가기 전 마지막 인공수정을 시도하기 위해 병원에 전화를 걸었던 게 생각난다. 보드카가 우크라이나에서 왔던가? 어쨌든 고분고분하지 않은 내 난소들을 다시 움직이게 할 수 있도록 아르테미스가 내게 이 묘약을 보냈다는 생각이 머리에서 떠나지 않았다.

보름 후, 주사들과 일상적인 자위가 행해진 어느 일요일에 미스터 손목의 정액을 주사기로 나의 자궁에 밀어 넣으며 "*Avanti o popolo alla riscossa, bandiera rossa trionferà*[민중이여 앞으로 나아가자 반격을 위해, 붉은 깃발이 승리할 것이다. 이탈리아의 혁명가 〈붉은 깃발 Bandiera Rossa〉의 가사대]"를 흥얼거리던 한 이탈리아 인턴을 통해 나는 인공수정 처치를 받았다. 간호사는 웃으며 내 손을 잡았고, 현미경으로 관찰해보니 아주 착한 것들이라고 내게 말했다. 현미경으로 정자의 성격을 구분할 수 있는지 나는 몰랐다. 정액을 주입하기 전에 정액을 활발하게 만들기 위해 원심분리기에 넣고 카페인을 첨가하는 등 특별한 처치를 거친다는 사실도 그때 알게 되었다. 이마지막 회전목마가 정자들의 열정을 강화해주었다. 나는 크리스마스 축제 전에 이 문제에서 벗어나기 위해 크리스마스이브에 임신 테스트를 했고, 결과는 긍정이었다.

거의 아홉 달이 지난 후, 나는 '아주 착한' 유전 형질을 가진 여자아기를 낳았다. 물론 청소년기 딸의 성격 중 이 부분은 약해졌는데, 틀림없이 모계 쪽 탓이었을 것이다. 인공수정을 위한 모니터링 시간에 그 누구도 용기를 북돋아주는 지적을 할 필요가 없다고 느꼈던 그 부분 말이다. 생식세포들 사이의 이러한 기질적 양립 불능성은 결국 손목씨와 손목씨 부인의 부모 역할을 이겨내고 말았고, 이 두 사람은 2005년 한 부부에서 두 사람으로 이혼을 결심했다. 한편 1995년의 사회운동은 1968년 이래 프랑스에서 가장 큰 규모였고, 향후 20년 내에 유일하게 성공을 장식한 사회 운동이 되었다.

자궁내막증의 오랜 이방인, 여성

이렇게 해서 나는 자궁내막증을 앓는 전 세계 수많은 여성들 중 하나가 되었다. 주르댕 씨Monsieur Jourdain[몰리에르의 작품 〈서민귀족〉의 주인공으로 허영심이 많은 부르주아 상인이다]가 멋모르고 태연히 일을 저지르는 것처럼 말이다. 나는 생리 중에 골반 통증을 보이는 여성들 가운데 40퍼센트가 이 병에 걸린다는 사실도, 이 병이 내 불임에 한몫했을 수 있다는 사실도 전혀 상상하지 못했다. 그리고 내가 받았던 호르몬 치료가 건강에 미칠 수 있는 영향에 대해서도 아무도 내게 경고하지 않았다. 초콜릿색 생리혈이 차올라야만 했던 내 난소들의 성향도 호르몬 치료로 설명될 수 있을지 아직도 잘 모르겠다.

물론 국립보건의학연구원Inserm에 따르면 자궁내막증의 병변들은 단지 양성전이일 뿐이고, 이 증상을 겪는 여성들은 이 병을 '죽지 않는 암'이라고 부른다. 그러나 1퍼센트 정도에게서는 투명세포암종이나 자궁내막양 선암종[12] 같은 희귀 난소암의 아형으로 연결될 수도 있다. 또 자궁내막증이 있는 이들은 가장 치명적이라고 여겨지는 피부암에 걸릴 확률도 높다.

자궁내막증은 사람에 따라서 아주 다양한 형태를 띨 수 있지만, 진단이 7년에서 9년 사이로 늦다는 공통점이 있다. 여성들이 고통을 겪는 몇 년 동안 병은 걷잡을 수 없이 확대된다. 이 장의 초반부에 언급했던 〈더 아름다운 인생〉의 배우이자 앙도프랑스EndoFrance 협회[프랑스 자궁내막증 퇴치 협회]의 홍보 대사인 래티티아 밀로는 아이를 갖기 위해 5년간 소득 없는 시도를 한 끝에 자궁내막증에 걸렸다는 사실을 알게 됐다. 앙도마인드EndoMind 협회 [자궁내막증 행동을 위한 프랑스 협회대의 홍보 대사인 가수 이마니는 스물세 살에 자궁내막증 진단을 받았는데, 열다섯 살 때부터 생리 중에, 가끔은 생리 전후에도 일상생활이 곤란할 정도의 강력한 통증 등의 증상을 겪어왔다고 이야기한다. 어떤 여성들은 성관계 중의 통증, 장 기능 장애 또는 방광 장애 등을 호소한다.

2000년대 말까지, 확정적인 진단은 외과 수술을 통해서만 이루어졌다. 오늘날에는 초음파, MRI, 직장 CT 촬영 등의 의료 영상 덕분에 병변을 정확하게 시각화할 수 있다. 해당 검사 전문의인 에리크 프티Érick Petit 박사는 의료 인력이 제대로 육성되지 않고 환자들을 책임지기에는 그 수도 너무 적다는 사실을 안타까워하며, 그래서 환자들이 이 의사에서 저 의사에게로 방황하다가 긴 시간의 고통과 불임 끝에 파리에 위치한 자신의 병원에 찾아온다고 말했다.

자궁내막증의 메커니즘은 여전히 잘못 알려져 있다. 이 증상이 나타난 여성들 중 90퍼센트가 실제로 '역행성 역류' 증상, 다시 말해 생리혈이 골반강으로 거슬러 올라가는 현상을 겪고 있지만 이들 중 단지 10퍼센트에게서만 이 자궁 조직이 발달한다. 보통 이물질은 면역 체계에 의해 제거된다. 면역 체계가 침입자를 단숨에 파괴해버리는 생체 몰살 부대를 보내기 때문이다. 하지만 자궁내막증의 경우는 전혀 그렇지 않다. 자궁내막 조직들은 마치 면역 체계가 파업이라도 들어간 양 아무런 방해도 받지 않고 복강을 점령한다. 그런데 사실 면역 체계는 파업에 들어가지 않았다. 이상하게도 자궁내막증이 진행되는 동안 면역 체계는 완전히 다른 것을 돌본다. 그래서 자궁내막증에 걸린 여성들은 종종 천식이나 백반병, 낭창, 인체 기관이 자기 스스로를 공격하는 일명 '자가 면역 질환'을 가지고 있다.

이런 스파이더 우먼 방식의 자궁내막 점령은, 유전적 요인들 때문에 새로운 자궁내막 부위를 만들어낼 수 있는 세포들이 야기하는 것으로 보인다. 그래서 자궁내막증이 종종 유전적 질병이 되는 것이다. 이 자궁내막 조직들의 내출혈은, 아주 강력한 통증을 유발할 수도 있는 만성적인 염증 반응에 그 책임이 있다. 연구자들은 그래서 일명 '감수성(쉽게 감정이 상하는 것을 뜻하는 성격의 특징과 혼동하지 말 것)' 유전자 탐색에 나섰고, '질병과 상당 부분 연결된 유전적 변이'를 파악하는 데 성공했다. 그러나 이러한 변이를 보이는 여성들 가운데 30퍼센트에게서만 자궁내막증이 발달했다. 국립보건의학연구원의 자료에 따르면 대상이 좀더 한정된 한 연구에서는 이 질병의 발병 위험성을 일곱 배 높이는 염색체 말단부의 DNA 화학적 변이를 관찰할 수 있었다.

한편 자궁내막증에 걸린 여성들과 다른 여성들 사이에는 기타 생물학적·신체적 차이점이 존재하는데, 이것은 아마 임신 가능성이 감소하는 원인과 연관되어 있을 것이다. 생물학적·신체적 차이점이라고 해서 머리카락 색깔이나 다리 길이를 말하려는 것이 아니다. (비록 어떤 의사는, 자궁내막증을 앓고 있는 여성들은 보통 모델 스타일이어서 자기는 여성을 보면 한눈에 자궁내막증 여부를 알 수 있다고 했지만 말이다.[13]) 프로스타글란딘 유전 정보를 지닌 유전자와 염증의 화학 전달 물질, 자궁내막증에 걸린 여성들 안에서 '해독하다décoder'라는 동사와 '바보짓 하다déconner'라는 동사를 분명히 착각하고 있는 효소들 이야기를 하는 것이다. 유전자gène 에서 신체적 제약gêne까지는 한끝 차이이고, 내분비 교란 물질에 노출되는 것은 추가적인 위험 요소가 되기 때문에 이 둘 사이의 경계는 훨씬 대범하게 무너질 수 있다. 앞 장에서도 이미 이 매력적인 인물들에 대해서 이야기했다. 프탈레이트, 살충제, 다이옥신, 유기 염소 화합물이 이 병에 아무런 영향을 주지 않는 건 아니다. 다니엘 바이만Daniel Vaiman 박사에 따르면 최근에 진행된 한 연구에서는 출생 전 비스페놀 A에 노출된 암컷 생쥐들에게서 자궁내막증과 유사한 질병이 나타날 수 있다는 사실을 알아냈다.

하지만 내게는 이런 사실들이 몇 년 전에는 자궁내막증을 왜 '사업가 여성들의 병'이라고 불렀는지, 왜 여행을 많이 하는 여성들에게 특히 잘 생기는 것 같은지와 같은 의문에 대한 답이 되지는 않는다. 사실은 아마 우연의 일치일 것이다. 사회적 지위가 높고 학업 수준이 높은 여성들은 대부분 아이를 늦게 갖는다. 그녀들이 마음을 정하는 동안, 자궁내막증은 몇 년 동안 나름대로 조용히 거미줄을 칠 시간을 얻는다. 그러다 이 여성들이 아이를 원하는 순간에 진단이 내려진다. 그녀들은 피임약을 오랜 기간 복용한 후에야 불임과 대면하게 되기 때문이다. 이 여성들은 좀더 유능한 의료 행위에 접근할 수 있고 정보를 더 많이 알고 있기 때문에, 1990년대부터 최초로 이 여성들이 자궁내막증을 겪고 있다는 사실이 공식적으로 확인되었을 것이다. 오래전부터, 사회 계층에 따라 피해자를 고르지 않는 이 병을 여성 노동자들이나 여성 직원들도 똑같이 겪고 있다.

한편 의사들은 자궁내막증의 이환율[병에 걸리는 비율을 말한다]이 성폭력이나 정신적 외상과 연결될 수도 있다는 주장을 폈다. 유전이나 호르몬의 흔적을 우선시하는 다른 이들은 이 이론을 철저하게 분석하여, 이 심리학적 접근에서 일종의 사기 행위를 발견했다. 그러나 성폭력에 관한 연구들은 피해자들이 다른 여성들보다 훨씬 더 자주 자가면역 질환, 암, 심혈관계 질환에 걸린다고 밝히고 있다. 정신의학과 의사이자 피해자학자인 뮈리엘 살모나Muriel Salmona는 성폭력을 다룬 자신의 책[15]에서, 성폭력으로 야기된 정신적 외상들은 정신적 측면뿐만 아니라 육체와 신경회로 측면에서도 아주 오랜 기간 동안 면역 계통에 영향을 줄 수 있다고 주장했다.

남성의 성불능에 대처하기 위해 긴급하게 모든 에너지가 결집되는 세상에서, 오랫동안 상상의 병으로 간주되었던 자궁내막증 치료를 위한 자리는 거의 남아 있지 않다. 유전적 치료 요법이나, 아직 알려지지 않은 식물을 원료로 한 기적의 치료약이 나올 때까지 현재로서는 이 질병을 진정으로 낫게 해주는 치료는 존재하지 않는다. 1기에서 가장 심한 경우 4기까지 갈 수 있는 이 병의 위중함에 따라 의사들은 그 지독한 GnRH 아날로그 작용제를 기반으로 하는 조기 환경이나, 생리를 없애기 위한 지속적인 피임약 복용, 또는 주로 항염증제를 이용한 통증 완화 목적의 보조 치료법들을 제안하고 있다. 임신 가능성을 검사하다가 자궁내막증이 발견된 경우, 여성들은 인위적 환경을 제안받는 역설을 맞닥뜨리게 된다. 자궁을 완전히 제거해야 한다는 위협을 받지 않은 경우에 말이다. 모두 동의하겠지만, 임신을 계획하고 있을 때, 이것은 전혀 현실적이지 않은 방법이다. 외과 수술은 자궁내막증 병변이나 낭종 분석을 통해 자궁내막증을 억제하는 차선책이다. 문제는, 이런 외과적 개입들이 질병의 진행을 막지 못하면서 다른 유착을 만들어 낼 수 있다는 점이다. 래티티아 밀로는 수술한 후에 한 텔레비전 인터뷰에서 임신 시도를 위한 넉 달에서 다섯 달의 시간을 얻었다고 이야기했다. 그 후 병변은 다시 발달하기 시작했다. 호르몬 주기가 휴지기에 들어가면, 병변에서는 출혈이 일어나지 않고, 그래서 통증도 없다. 하지만 베를 짜는 페넬로페[그리스 신화에서 오디세우스의 아내다. 남편 오디세우스가 트로이 전쟁에 나가 돌아오지 않는 동안 그녀를 찾아온 많은 구혼자들에게 베를 다 짜면 결혼하겠다고 하며 낮에는 베를 짜고 밤에는 낮에 짠 천을 풀어 시간을 벌어 지조를 지켰다]처럼 이 병변들도 계속 늘어난다. 자궁내막증에 걸린 모든 여성에게 이 병은 인내와 불확실함을 학습하는 장이다. 그리고 이는 수세기 전부터 계속돼왔다.

히스테리, 구마식, 마녀들

유명인들이 노래를 하고, 연기를 하고 또는 올림픽 메달을 따는 대신 텔레비전에 나와서 자기 자궁 이야기를 하도록 만드는 자궁내막증을 최근의 재앙이라고 생각할 수도 있다. 하지만 에리크 프티 박사가 아주 흥미로운 기사에서 말한 것처럼, 실제로 "이 병은 아주 오래되었고 아마 기원전 1855년 이후부터 이집트 여성들은 이를 알고 있었을 것이다. …… 플라톤 역시 일부 여성들의 자궁과 관련된 극심한 고통을 알린 최초의 사람들 중 한 명"이다.[16] 각각 1세기와 2세기의 의사였던 켈수스Celsus와 소라누스 Soranus, 1세기 그리스의 의사였던 디오스코리데스Dioscorides는 이 병의 증상들을 다음과 같이 명확하게 기술했다. "염증으로 격렬한 자궁 수축을 일으키거나, 평생 반복적으로 실신이나 발작 상태를 일으킨다." 에리크 프티 박사의 설명에 따르면 이 설명들이 "모태나 자궁을 의미하는 그리스 단어인 히스테리 발작이란 개념의 시초가" 됐다. 2세기의 의사 갈레노스는 최초로 정신 현상과 자궁 질환 사이의 연관성을 제시했는데, 그의 주장은 거의 스무 세기 가까이 '상상의 병'을 포함해 이 병에 대한 잘못된 인식을 불러일으켰다. 당시에 권장했던 치료법은 오늘날 시행되는 것과 크게 다르지 않다. 체이스트 트리chaste tree나 샐비어salvia, 황소 오줌, 숫염소 고환 등 식물과 동물 추출물이 호르몬 분비를 조절하게 하는 방식이었다. 하지만 가장 중요한 치료법은 결혼이었다. 반복되는 임신과 그에 따른 수유는 생리, 즉 병변의 확대를 멈추게 했는데, 이는 오늘날 경구 피임약이 하는 역할과 같다.

중세에 자궁내막증을 겪는 것은 좋은 일이 아니었다. 자궁내막증의 증상들이 악마에 들린 징후로 여겨졌기 때문이다. 여성들은 매 주기마다 고통을 겪었을 뿐 아니라 마귀를 쫓는 의식을 받아야 했고, 사형에 처해지기도 했다.

르네상스 시대에는 프랑스 의사 앙브루아즈 파레Ambroise Paré 덕분에 이 병에 대한 이해가 진보했지만, 히스테리가 주술의 한 형태로 여겨지던 17세기에는 다시 모든 것이 엉망진창이 됐다. 여성들은 이 병을 겪고 있다는 이유로, 또는 이 병을 겪는 여성들을 치료해주려 했다는 이유로 화형대에서 죽을 수도 있었다. 18세기에 자궁내막증에 걸린 여성들은 '머리가 돌았다'고 여겨지거나 도덕적으로 비열하다고 여겨져 정신병원에 갇혔고, 명백한 이치에 반하여 이 '히스테리'가 색광증과 관련이 있다고까지 주장했다고 에리크 프티 박사는 설명한다. 자궁내막증을 겪고 있는 여성들은 오히려 성관계를 기피하는 경향이 있었는데도 이렇게나 끔찍하고 역설적인 비난을 받았다.

19세기에는 부인과학의 발달과 함께 이 병에 대한 이해가 눈부신 발전을 이루었고, 1858년에 의사인 아르망 트루소Armand Trousseau는 '생리혈종catamenial hematocele'이라는 이름으로 이를 설명했다. 산부인과 의사, 외과 의사, 병리해부학자 들이 연구에 매진했고 확실한 방법으로 골반 병변과 생리 사이의 연관성을 밝혀냈다.

자궁내막증, 정확히 말해 엔도미트리오시스endometriosis라는 용어가 등장한 것은 1927년이 되어서였다. 이 명칭이 생긴 것은 '자궁내막증의 아버지'로 불리는 미국인 산부인과 외과 의사 존 A. 샘프슨John A. Sampson 덕분이다. 이런 병의 '아버지'가 된다는 사실에 의기양양한 것이 이상해 보일 수는 있지만, 관, 여포, 곧창자 자궁오목에 자신의 이름을 붙인 팔로피오, 흐라프, 더글러스 같은 조상들과 달리 이 인물은 약간 겸손했다는 점을 인정해야 한다. 이렇듯 여성의 해부학적 구조는 자신의 발견을 각인하려고 했던 남자들의 이름으로 수놓아지고 있다. 탐험되지 않은 장소에 깃발을 꽂는 탐험가들이나, 폐쇄된 창고에 흔적을 남기는 그라피티 아티스트, 또는 오줌으로 영역 표시를 하는 개들처럼 말이다.

1940년대부터 자궁내막증의 모든 잠재적 위치가 묘사되고, 이 위치들에 대한 진단이 청소년기부터 가능해졌다는 사실을 알고는 기뻤다. 하지만 1970년대까지도 이 병의 70퍼센트가 발견되지 못했고, 플라톤 시대부터 생리학적 질병에 해당했던 히스테리가 샤르코Charcot[루게릭 병을 최초로 발견한 프랑스 의사다] 이후에도, 관련 신체적 증상들을 무시한 채 우선 신경쇠약으로 정의됐다는 사실을 알게 된 것은 유쾌하지 않았다. 정신분석학에서 정의된 신경성 정신 장애의 존재 여부를 문제 삼는 것은 차치하더라도 히스테리를 '상상의' 병으로 간주하는 방식은 이를 겪고 있는 사람에 대한 모욕이다. 게다가 일상 언어에서 히스테릭하다는 말은 이유 없이 지나치게 화를 내는 성격적 특징을 나타내는 말이 되었다. 그러나 '히스테리'를 겪는 여성들은 자신들의 병을 발명해내지 않았다. 오랜 시간 동안 꾀병을 부리는 사람으로 취급된 이 여성들은 여전히 제대로 보살핌을 받지 못하고 존중받지 못하며, 여전히 종종 정신적으로 탈이 났다는 의심을 받는다.

언젠가 자궁내막증 치료법을 찾을 수 있을까? 에리크 프티 박사는 유전학, 후성유전학, 면역학, 내분비샘 관련 연구의 실마리가 왕성하게 발전하고 있다고 말한다. 그사이, 스스로를 '엔도걸스endogirls'라고 이름 붙인 이 여성들은 당국에서 이 질병을 인식하고 인정할 수 있도록 함께 모여 행동하고 있다. 이들의 우선 과제는, 고통스러운 생리를 겪고 있는 여성들이 가능하면 빨리, 돌이킬 수 없는 병변들이 발전하기 전에 진단을 받도록 장려하는 것이다. 자궁내막증을 끝내기 위한 유일한 방법은 생리의 금기를 끝내는 것이다. 다음 장에서 보게 되겠지만, 치유된다는 것은 내가 상상할 수 있는 그 모든 것보다 훨씬 더 훌륭한 모험이 될 수도 있다.

끝이 없는 피 이야기

내 인생의 한 시기, 서른다섯에서 마흔 살 사이에 나는 생리 첫날이면 반복되는 가정생활에서 벗어나기 위해 시크한 바에 가서 블러디 메리를 마시는 습관이 있었다. 마쳐야 할 일이 있다거나 회의가 늦어졌다는 핑계를 대고 비현실적인 저녁 시간, 가끔은 밤 시간을 위해 몰래 도망쳐 나왔다. 배경 음악으로 재즈가 흐르는 바에서 복잡한 이름이 붙여진 칵테일을 마시며 익명의 존재가 되는 것은 내게 재생할 힘을 얻는 유익한 시간이었다. 어떤 경우에는 나이트클럽에까지 가서 밤새 춤을 추고 태양과 내 딸이 일어나는 것을 보러 새벽에야 집에 들어가기도 했다. 하지만 대부분의 경우에는 딱 한 잔만 마셨다. 부자들만 갈 수 있는 곳에 들어간다는 사실은 술을 취하도록 마시지 않고도 나를 취하게 만들었는데, 내가 좋아하던 바는 저녁 식사가 가능하거나 지하에서 음악을 들을 수 있는 셀렉트, 인터컨티넨탈, 차이나 클럽이었다.

몇 달이 지나자 그중 한 곳의 바텐더 펠릭스와 친한 사이가 되었다. 그는 보드카, 토마토 주스, 레몬, 칠리페퍼 그리고 풍미를 더해주고 조금씩 베어 먹기에도 좋은 셀러리를 가지고 완벽한 블러디 메리를 만들었다. 전설에 따르면 이 칵테일은 자신의 부인 메리('블러디'는 '피로 물든'이라는 뜻과 '저주받은'이라는 뜻을 동시에 갖고 있다)가 술 냄새를 느끼지 않고도 마실 수 있는 칵테일을 원하던 어니스트 헤밍웨이를 위해 1920년대에 리츠의 바텐더가 개발한 것이다.

비록 내가 미인도 아니고 내 헤어스타일도 그때그때 달랐지만 종종 남자들이 말을 걸어오곤 했는데, 난 그 남자들을 이런 말들로 퇴짜 놓았다. "이 남자야, 가던 길 가세요. 난 생리 중이고 그럴 기분 아니니까." 똑똑한 사람들은 이 말을 유머로 받아들였고, 또 다른 사람들은 사냥꾼에게 쫓기는 짐승 같은 눈길을 내게 던졌지만, 대부분의 경우에는 황급히 제자리로 돌아갔다. 펠릭스는 전문가로서 그 순간을 감상했고, 내가 저런 말을 내뱉으면 웃음을 터뜨리기 위해 어딘가로 숨어야 했다. 질의 공산주의, 그러니까 내 생리에 대해 누군가에게 이야기하기 시작한 것은 그가 처음이었다. 익명의 장점은 사적인 얘기를 친구들과 있을 때보다 더 쉽게 꺼낼 수 있다는 점이다.

펠릭스는 이 주제에 대단히 흥미를 보였다. 그가 사용하는 호칭에 따르면 그의 '퍼스트 레이디'가 특히 생리 중에 사랑을 나누는 것을 좋아했기(우리가 생각하는 것보다 더 많은 여성이 그렇다) 때문이고, 그 역시도 두 사람 모두를 환희의 절정으로 데려가주는 흡혈구강성교를 위해 그녀의 피를 살짝 한 모금 마시는 것이 싫지 않았기 때문이다. 하지만 이 연인들은 걱정이 됐다. 이런 성행위가 건강에 나쁜 건 아닐까? 내가 기자이고 '여자들 문제'에 능통하다는 걸 알게 된 펠릭스는(참고로 내 남성 친구들 중에도 펠릭스가 여럿 있다) 곧 나를 여성의 지위에 관해 알려주는 움직이는 백과사전으로 여겼다.

지금은 알고 있는 것을 그 당시에 몰랐던 것이 아쉽다. 생리혈은 건강에 나쁘지 않을 뿐만 아니라 통증을 비롯해 심혈관계 질환, 당뇨병, 관절염 또는 암을 치료할 능력이 있으며 언젠가 불멸에 이를 수 있다는 희망을 주는 아주 유망한 줄기세포를 포함하고 있는데, 펠릭스가 그때 이 사실을 알았으면 기뻐했을 테니 말이다. 하지만 2000년대 초에, 나는 신화에서 찾아낸 사실들로 핏빛 결혼에 대한 펠릭스의 입장을 확고히 해주었고, 인류의 역사 속에서 무한한 힘을 가질 수 있는 신성한 묘약이 바로 생리혈이었다는 사실만 알려주었다. 나는 책에서 길어 올린 과학 지식 덕분에 블러디 메리 몇 잔을 공짜로 마실 수도 있었고, 펠릭스가 기분이 좋을 때면 셀러리 조각들을 추가로 먹을 수도 있었다.

칵테일과 연금술 묘약

나의 사랑스런 바텐더에게 첫번째로 알려줘야 했다고 생각되는 부분은 바로 그가 부인이 생리 중일 때 함께 사랑을 나누다가 빨간 머리털을 지닌 아이를 낳을 가능성에 대해서다. 여러 세기 동안 지속되었던 이 전설은 생리 주기 첫날부터 배란이 된다고 가정하지만, 실제로 그런 경우는 드물다. 하지만 펠릭스는 빨간 머리털을 지닌 아이를 낳을 가능성에 개의치 않았다. 부인이 영국 출신인 데다가 빨간 머리카락을 가지고 있었고, 그 유전자를 자손들, 특히 딸에게 물려주고 싶어했을뿐더러 세상에서 가장 아름다운 여자는 빨간 머리에 초록색 눈을 가진 여자라고 그는 단언했기 때문이다. 19세기 프랑스에서는 '정숙한 여성들'과 구분하기 위해 매춘부들에게 머리카락을 빨갛게 염색하라고 요구했고, 중세에 적갈색 머리카락인 남자들은 그들의 체모 색이, 잠재적인 마법사나 악마의 장인이 가진 불의 색이라는 이유로 화형대에서 화형을 당하기도 했다. 이런 특성이 드물지 않은 영국에서는 빅토리아 시대에 머리가 덮여서 태어난 아이, 즉 머리가 양막에 싸인 채 태어난 아이는 생리 중에 잉태되었다고 보았고, 이 아이들은 투시력이나 신비스러운 재주를 가지고 태어난다고 생각했다. 바버라 G.워커Barbara G. Walker도 1983년에 미국에서 출간된 매혹적인 그녀의 책『여자를 위한 신화와 비밀의 백과사전The Woman's Encyclopedia of Myths and Secrets』[1]에서 이 사실을 언급했다. 이 페미니스트 기자는 접근하기 쉽고 제대로 고증된 저서를 통해 신화와 종교에서 언급한 여성들에 대한 내용들을 정리했다. 워커는 뜨개질 전문가이기도 한데, 덕분에 우리는 너무나 안 알려진 이 예술에 대한 수백 작품을 볼 수도 있다.

펠릭스는 최초의 인간의 이름 아담Adam이 '붉은 흙으로 만든'이라는 뜻이 아니라 '흙과 피로 만들어진'이란 뜻이고, 인간이 달의 월경 열매였다는 고대 신화에서 유래했다는 사실을 새롭게 알게 되어 깜짝 놀랐다. 히브리어로 피를 나타내는 말이 '담dam'인데, 이 단어는 인도유럽어에서는 '부인dame'이라는 단어처럼, 그리고 "착한 개양귀비 부인들, 착한 개양귀비 새로운 것gentil coquelicot Mesdames, gentil coquelicot nouveau"이라는 후렴구를 가진 프랑스 전통 노래 〈나는 정원으로 내려갔다J'ai descendu dans mon jardin〉[2]에서처럼 '어머니' 또는 '여성'을 뜻한다.

우리는 3장에서 이미 생리혈과 포도주 사이의 상징적인 동화同化에 대해서도 말했고 정액과 빵에 대해서도 이야기했는데, 이는 우리로 하여금 기독교의 성찬 의식을 다른 눈으로 볼 수 있게 해준다. 그러니 "마셔라, 이는 내 피의 잔이니"라는 표현은 생리혈이 관계된 고대의 신비에 그 기원을 두고 있는 게 아닐까? 그리스도의 옆구리에서 피가 흐르게 했던 십자가형 자체도, 남성들이 어머니 여신의 생리혈을 흉내 내거나 가로채려 했던 그 모방 행위들을 떠오르게 만든다.

힌두교의 전통에서는, 우유 바다 휘젓기에서 베다 의식의 음료인 소마soma가 나왔다고 여긴다. 우유 바다 휘젓기는 다름 아닌 신들이 태어난 대규모 생리 목욕에 해당했다. 어머니 여신은 이들에게 자기 자궁의 핏빛 물결 안에서 목욕을 하게 했고, 이들은 생명의 샘을 마신 뒤에 하늘까지 올라갔다.

고대 이집트의 이야기를 따라가면, 파라오들 역시 '사sa'라는 이름으로 알려진 신성한 음료인 이시스의 피를 삼키면서 불멸을 얻었다. 페르시아에서는 이 불멸의 영약을 '암리타amrita' 또는 '어머니 신의 우유'라고 불렀다. 역시나 달과 연관된 이 발효 음료는 신성한 피와 섞였을 수도 있다. 그리스 신화에서도 마찬가지인데, 바버라 G. 워커에 따르면 신들이 힘을 얻곤 했던 생리혈은 '초자연적인 붉은 포도주'라고 불렸다.

켈트족도 요정의 여왕 마브에게서 받았으며 왕들을 신이 되게 해준 '붉은 꿀물'을 언급한다.

탄트라 전통에서도 남자와 여자가 사랑을 나눈 후에 서로의 정액과 생리혈을 섞어서 얼굴을 뒤덮고, 두 사람의 완벽한 일치의 상징인 이 불멸의 액체를 마시기까지 하는 의식이 존재한다. 오늘날에도 '탄트라 샤크타Tantra Shakta의 길' 추종자들은 요니(여성의 성기)에 특별한 숭배를 바치는데, 이들은 포도주와 섞은 생리액을 맛보면서 공경하는 것을 개의치 않아 하는 것 같다.

도교 신자들의 경우, "그들은 인간이 '음의 붉은 즙'이라 불리는 생리혈을 흡수함으로써 불멸이 될 수 있고(또는 아주 오래 살 수 있고), 그것의 원천인 여성의 외음부에서 직접 마시면 된다고 말한다. 그래서 중국의 현인들은 이 귀중한 묘약이 모든 형태의 생명을 태어나게 하는 어머니 여신의 정수라고 생각했다. 이 신화에 따르면, 황색 제왕 황제[3]는 여성 1200명의 생리혈을 마신 뒤에 신이" 되었다.[4]

대부분의 연금술 전통은 생리액에 중요한 지위를 부여한다. 정액에도 마찬가지다. 그리스, 유럽, 아랍, 중국 또는 인도의 연금술사들은 싸구려 쇠붙이를 금으로 바꾸는 특성을 지녔을, '위대한 작업'이라고도 불리는 화금석 찾기에 더해서 모든 질병을 치유할 수 있는 만병통치약(파나케이아panacea)이나 불멸의 용액을 수세기 동안 계속 찾아왔다. 놀라울 것도 없이 여성의 피는 비밀스러운 준비 과정에 속했고 가끔씩은 짝지어 이런 준비 과정을 진행하기도 했다. 성의 연금술은 종종 화금석을 만들기 위한 '위대한 작업' 실현에 필수적인 영적 상승 및 에너지 상승의 조건으로 여겨진다. 이

화금석은 무한한 힘과 함께 정지 상태에 있는 핵 에너지의 보고이기 때문이다.

연금술의 한 부분인 아르스 마그나ars magna는 연금술사의 변신을 통해 '초인'을 탄생시키려는 목적을 갖고 있다. 반대로 다른 이들은 스위스 의사 파라켈수스Paracelsus가 1637년에 기술한 방법을 따라 '호몬쿨루스homonculus', 즉 인간 모형을 만들려고 노력했다. "밀봉한 용기에 인간 정액을 부패하게 내버려두고 체온과 같은 온도에 40일 동안 두는데, 어떤 움직임을 지각할 수 있을 때까지 그렇게 한다. 그 순간 그 물질이 희미하게 인간의 형태를 띠게 되겠지만 투명하고 몸은 없을 것이다. 이 단계에서 그 물질에게 40주 동안 인간 피의 아르카눔arcanum(한 물질이 가진 마지막 단계의 영속적인 속성)을 먹여야 한다.[5] 이 단계가 지난 뒤 물질은 사지를 다 가진 진정한 아이의 모습을 만들어낼 때까지 성장하는데, 정상적인 아이보다는 훨씬 작다."[6]

이 시대에는, 완전한 인간이 정액 속에 축소되어 들어 있으며, 이 이론들에 따르면 생리혈은 그 인간이 출생하기 전부터, 그리고 출생 이후에도 모유의 형태로 변환되어 영양을 공급하기에 적합하다고 생각했다. 아마도 이 생각으로 아이에게 젖을 먹일 때는 생리를 하지 않는다는 사실이 설명될 수 있었을 것이다.

21세기 초반부터 매우 중요하게 거론된 줄기세포에 대해서도 이런 연금술적인 접근이 아주 멀리 떨어져 있지 않다는 사실을 우리는 곧 알게 될 것이다.

생리혈 속의 줄기세포

한번 떠올려보시라, 2007년은 1월 9일에 애플 사의 설립자 스티브 잡스의 미국 내 아이폰 소개라는 팡파르로 막을 열었다. 며칠 후, 프랑스 공화국 대통령 후보였던 세골렌 루아얄Ségolène Royal은 중국 만리장성을 방문해 '브라비튀드bravitude'라는 단어를 만들어냈다[용감, 용맹이라는 뜻을 가진 브라부르bravoure라는 단어를 써야 할 자리에 실수로 존재하지 않는 이 단어를 사용해 엄청난 비판을 받았다]. 3월 3일에는 개기 월식이 있었고, 5월 6일에 치러진 대선 2차 투표에서는 니콜라 사르코지가 세골렌 루아얄을 이겼다. 몇 주 뒤, 세골렌 루아얄은 자신의 네 아이들의 아버지인 프랑수아 올랑드라는 사람과 헤어진 사실을 발표했는데, 이 사람이 2012년에 대통령이 될 것이라고는 아무도 짐작하지 못했다. 11월 25일에는 청소년 두 명이 경찰 추격 과정에서 사망한 사건으로 야기된 빌리에르벨Villiers-le-Bel 폭동이 터졌다.

이런 혼란 속에서, 12월 3일에 '뷜가리 메디칼Vulgaris Médical'이라는 사이트에 올라온 출처 표시도 없고 저자 서명도 없는 짧은 기사를 눈여겨본 사람은 아무도 없었다. 자궁내막에서 줄기세포를 발견했다는 내용을 다룬 기사였다. 기사에 따르면 신분이 밝혀지지 않은 미국 연구자들이 "호기심으로 생리혈을 분석했고 거기에서 다른 줄기세포들보다 훨씬 빨리 증식할 수 있는 세포들을 발견했다. 이 세포들은 20시간에 한 번씩 분할되고, 탯줄에서 얻은 줄기세포보다 성장 인자 비율이 10만 배나 더 높다. 이 세포들은 아홉 가지 다른 세포들(심장, 폐, 간, ⋯⋯)과 구분된다. 그래서 생리혈 5밀리리터로 2주 만에 박동성(맥이 뛰는) 카디오미오사이트 cardiomyocyte(심장 근육 세포)를 얻기에 충분한 세포들을 생성했다. 자궁내막 재생 세포라고 명명된 이 새로운 줄기세포들은, 때로 막대한 거부 반응을 일으킬 수도 있는, 골수나 탯줄에서 얻은 세포들의 대안이 될 수 있을 것"이다.[7]

내가 왜 이 정보를 찾아냈을까? 아무래도 모르겠다. 혹시 몇 달 전에 받은 자궁내막 수술이 이 기사에 대한 관심을 일깨웠던 걸까? 어쨌든 나는 기사 내용이 가짜라고 결론 내린 뒤에 컴퓨터 구석 어딘가에 넣어두고 금세 잊어버렸다. 이름도 날짜도 뒷받침하는 참조 내용도 전혀 없었으니, 분명 웹에 떠돌아다니고 있던 '혹스 hoax(인터넷에 퍼져 있는 소문이나 거짓말, 선동 내용을 말한다)' 중에 하나일 테고, 이런 걸로 내 머릿속을 복잡하게 할 마음은 없었다. 그러다 2015년에 파일을 정리하다가 이 기사를 다시 찾아냈고, 이번에는 좀더 멀리까지 검색을 진행해보기로 마음먹었다.

어렴풋한 번역으로 날 여러 번 헤매게 만든 선정적인 기사들을 거친 뒤, 첫번째로 놀랐던 점은 그 첫 기사 뒤에 실제로 과학자들이 있었다는 사실을 발견한 것이다. 2007년 11월 15일에『저널 오브 트랜슬레이셔널 메디신Journal of Translational Medicine』에 발표된 한 연구는 실제로 미국의 사립 연구소 메디스템Medistem으로부터 재정 지원을 받았고, 미국과 캐나다의 다양한 연구소 및 대학교 다수의 연구자들이 저자로 참여했다. 메디스템으로서는 연구 결과가 대단히 유망했기 때문에, 이 연구소는 여세를 몰아 자궁내막 재생 세포ERCs(endometrial regenerative cells)에 기초한 치료 효과, 당뇨, 간경변, 폐섬유증, 다발성 경화증만큼이나 다양한 질병에 대한 효과를 연구하기 위해 임상 실험을 발표했다.

생리혈에서 발견된 세포들은 실제로 완전히 새로운 전망을 열어주었다. 이 세포들은 많은 수의 다양한 세포들로 빠르게 증식한다. 이 세포들이 자궁내막에서 유래한 사실을 알면 전혀 놀라운 일도 아니다. 다달이 재생하는 능력을 통해 자궁내벽은 자연스럽게 큰 가능성을 지닌 세포들의 보고가 된다. 임신을 하면 바로 이 고치 안에서 배아가, 나중에는 태아가 자란다. 생리 때 배출되는 조직들에도 미래의 인간을 임신하는 데 도움을 줄 수 있는 세포들이 포함되어 있다. 그러니까 이 생리 블러디 메리에, 손상된 조직들을 치유하고 재생시킬 수 있는 파나케이아, 심지어 연금술사들이 그렇게 오랜 시간 동안 찾아다녔던 그 불멸의 묘약이 들어 있는 것일까?

미국의 크라이오셀Cryo-Cell 연구소는 그렇게 확신하고 2007년부터 생리혈 은행을 열었다. 1991년에 설립되어 이미 탯줄 혈액과 조직의 수집 및 보관을 진행해온 이 회사는 여성들에게 자신의 귀중한 액체를 자사에 맡기도록 설득하는 데 열중하고 있다. 생리하는 여성이 499달러라는 엄청난 액수에 매달 추가로 90달러를 내면, 그 여성은 25년 후에 가공할 만한 전망이 열리는 것을 보게 된다. 자신의 생리 세포가 자기 자신뿐 아니라 자녀가 걸릴지도 모를 질병이나 아직 치료법이 없는 질병의 치료에 이용될 수 있는 것이다. 이는 화장품 세계를 연상시키는 매력적인 대대적 선전과 함께 추천되는 사망 보험이다. 영원한 젊음의 모험가들에게 제공된 키트에는 생리컵 하나와 '페덱스'를 통해 돌려보내야 하는 무균 플라스크 한 병, 그리고 '월간 기적'이라 불리는 생리혈을 모으기 위한 사용 설명서가 들어 있다.

우리를 재배해봅시다

그 뒤로 몇 년간 다수의 과학자가 자궁내막 세포의 치료 잠재력을 시험관을 통해 연구했다. '생리혈의 다분화능 기질 줄기세포'에 관한 2008년 미국의 한 연구[8]에서는 연금술의 위대한 작업 과정과 기이하게도 닮은 이 과정에 대해 서술한다. 이번에는 '생리혈 줄기세포MenSC'로 불리는 기질 세포들의 '자가 갱신 및 다분화능[9]과 여러 계통으로 분화하는 소질'을 보여주는 데 연구자들은 전혀 거리낌이 없었다.

먼저, 원래는 영어로 쓰인 연구의 프랑스어 버전[10]에서 "전문가 위원회로부터 승인받은 남성 공여자donneur[프랑스어 명사는 남성형 명사와 여성형 명사로 구분된다. 남녀 구분 없이 일반적인 의미로 쓰일 때는 주로 남성형 명사가 사용된다. 이 경우에는 도뇌르donneur가 남성형이고 여성형은 도나트리스donnatrice이다]의 명확한 동의로 세포들이 수집되었다"라는 사실을 알고서 나는 놀랐다. 내가 명사의 여성형에 집착하는 편은 아니지만, 이 경우에는 그 번역가traducteur(여성 번역가일지 의심스러워서 남성형으로 쓴다)가 좀더 노력했어야 했다. 논문은 "자궁내막/월경 세포 샘플은 작은 컵인 디바컵Divacup(키치너Kitchener, 온타리오Ontario, 캐나다Canada)의 도움으로 생리 주기 첫날에 얻을 수 있었다"라고 계속 설명한다. 샘플은 인산염으로 완충한 염수 용액으로 이동된 다음, 항생제 및 헤파린 처리를 거쳐 온도 4도를 유지하며 처리실까지 옮겨지고 박테리아를 없애기 위한 원심 분리를 거친다. 그런 다음에 말 그대로 세포 배양이 시작된다. 세포들을 번식시키기 위해 여러 화학 혼합물, 특히 소태아혈

청까지 포함된 '드 창de Chang' 세포 배양 배지에 세포들을 담근다. 7일이 (또) 지나면 배지를 교체하고 다른 혼합물이 있는 배지를 다시 꽂으면 5만 개나 되는 세포를 모을 수 있다. 이어서 마그네틱 마이크로비즈와 '생쥐에서 만들어진 항인체(IgG1) CD117 모노클론 항체와 104D2클론' 덕분에 'C-kit 분리'를 통한 처리로 연금술의 춤은 계속된다. 자세한 세부 사항은 여러분이 직접 알아보시라. 어쨌든 결국에는 유전 분석을 할 수 있는 세포 1000만 개가 생긴다. 그 후에는 에디포제닉adipogenic(지방질의) 세포, 오스테오제닉osteogenic(뼈의) 세포, 콘드로제닉chondrogenic(연골의) 세포, 심장 및 신경계 세포를 형성하기 위한 다양한 군집을 번식시킨다. 26일이 지나면 염색체 변이가 없는 4800만 개 세포를 얻는다. 결론적으로, 저자들은 "생리혈 줄기세포는 수집 및 분리 용이성 덕분에 큰 가능성을 지닌 다분화능 세포의 원천이 될 수 있다"라고 주장한다.

실제로 2008년 8월에 '과학과 미래Science et Avenir' 사이트는 「자궁내막 세포들로 동맥을 자유롭게 하다」라는 혁명적인 제목의 기사를 발표한다. 『저널 오브 트랜슬레이셔널 메디신』에 근거한 이 기사에서는, 외과 의사들이 "하지 동맥염에 걸린 생쥐들의 동맥 순환을 회복시킬 수 있었다. 이를 위해 그들은 특별한 선행 처치 없이 병변 부위에 CRE(자궁내막 재생 세포)를 주사했다. 이런 초기 실험 결과들은, 아주 장기적으로 볼 때 폐색성 혈관 질환을 앓고 있는 환자들에게 치료의 희망을 어렴풋이 갖게 해준다. 또한 이는 민간 회사에서 개발한 새로운 영역의 세포가 유용하다는 점을 증명한 것이기도 하다"[11]라고 이야기한다.

2011년에 예일 대학교 의과 대학에서 진행한 또 다른 연구[12]에서는 자궁점막 세포를 인슐린 생산 세포로 변환시켜 생쥐의 당뇨병이 치료될 수 있다는 사실을 증명했다. 이 세포들은 생리혈에서 나오지는 않았지만 자궁내막이라는 같은 원천을 갖고 있다. 문제의 그 생쥐들은 내가 당신에게 말하고 있는 지금 이 시간까지도 분명 이 소식을 축하하고 있을 것이다. 그 생쥐들이 지금 단것을 게걸스럽게 먹으면서 감금 상태에서의 번식에 관한 리부트·휘튼·밴덴버그·브루스 효과의 개별적인 장점에 대해 이야기하고 있지 않다면 말이다. (3장에서 내가 당신에게 이 책의 끝에 테스트가 있을 거라고 예고하지 않았나. 여기 있다.)

사기를 북돋아주기 위해 생쥐들에게 도파민을 주입할 가능성도 있다. 이는 이 주제에 대해서는 확실히 선두에 있는 예일대 의과 대학에서 『세포 및 분자 의학 저널Journal of Cellular and Molecular Medicine』에 2014년 3월에 발표한 연구 덕분이다. 이 연구에 따르면 뇌에 자궁내막 줄기세포를 주사한 생쥐들은 도파민을 생성했고 파킨슨병에서 '치유'되었지만, 연구자들은 사람에게 사용하기 전에 이 기술의 무해성과 실효성을 평가하기 위한 다른 연구들이 진행되어야 한다고 썼다. 하지만 이들은 "자궁내막 조직에서 유래한 줄기세포들은 다른 원천에서 온 줄기세포들보다 거부 반응이 나타날 가능성이 적다"라고 주장한다.[13]

100조 개의 세포 그리고 나 그리고 나 그리고 나

이 정도 단계의 고찰에서는 줄기세포가 무엇인지 명확히 하는 것도 쓸모없는 일은 아닐 듯하다. 인간의 몸은 상이한 200종류 이상의 100조 개에 가까운 세포들로 이루어져 있다. 혈액, 피부, 심장, 근육, 간, 뇌세포 등등. 세포들은 저마다 고유한 특성과 매력을 지니고 있다. 기억하자. 모든 것은 하나의 난자와 하나의 정자의 융합에서 태어난 단 하나의 세포에서 시작된다. 몇 시간 만에 이 세포는 두 개로 분할되고, 분할된 이 세포들도 각각 다른 두 개의 세포로 분할해 닷새 후면 100여 개의 세포가 생기는데, 이 중에 70개는 이미 자신들의 로드맵을 받은 상태다. 이 세포들은 심장, 뇌, 근육, 간, 혈액, 장 등이 될 것이다. 하지만 아직 다중 작업 세포이며 아무것으로나 변형될 수 있는 서른 개 세포가 남아 있다. 이 세포들이 바로 우리가 배아 줄기세포라고 부르는 세포들로, 프랑스에서는 2013년에야 겨우 엄격한 관리와 감시를 받는 조건하에 연구가 허용되었다. 초기 배아 세포들은 일명 '전형성능全形成能'으로, 무엇이든 할 수 있다. 이 세포들은 1998년에 발견되었는데, 이론적으로는 이 세포들이 장기를 통째로 만들어내거나, 부상을 입거나 질병이 생길 경우에 당신을 완전하게 회복시킬 수 있도록 배양시킬 수도 있다. 배아 줄기세포와 관련한 작은 걱정거리라면, 이 세포들이 증대되는 속도와 활력이, 이 세포들을 살아 있는 유기체에 주입할 경우에 폭주하는 경향을 가지거나 매우 공격적인 배아 종양의 일종인 기형 종양을 생성하는 경향을 갖게 할 수도 있다는 점이다. 예를 들어 이 종양은 난소에다 치아나 털을 만들어낼

8장_ 끝이 없는 피 이야기

수도 있고, 그럴 경우 머리 손질을 하거나 양치질을 하기에 전혀 편리하지 않을 것이다. 그뿐만 아니라 치명적인 암의 형태를 생성할 수도 있다. 한편으로 이 세포들은 당신의 조직을 고쳐주겠지만, 다른 한편으로는 당신을 죽이게 될 작은 신체 기형을 만들어낼 수도 있다.

그리고 이렛날이 되었다. 나도 안다, 이 말이 성경 같다는 걸. 하지만 내 잘못은 아니다. 일곱번째 날은 마치 학교 개학 날 같다. 교실로 들어가기 위해 벌써 두 줄로 서 있는 '범생이'들이 있는가 하면, 아직도 방학인 줄 알고 웃으며 나뭇잎을 바라보는 아이들도 있다. 하지만 그렇다. 이미 종소리는 울렸고 게임은 끝났다. 이제부터는 원하든 아니든 간에 모든 세포는 **평생 동안** 자신들이 가져야 할 '직업', 곧 골수, 심장, 신경계통 등 중에 하나를 선택해야 한다. 아니, '선택하다'라는 단어는 너무 강한 것 같고 '부름에 응답하다'가 이 거대한 계획, 피라미드 건설과 닮은 이 계획을 가리키는데 더 적절할 것 같다. 별들을 향한 피라미드의 방향이나 황금비를 고려하면 말이다. 하지만 지금은 배아가 겨우 존재 2주차에 들어갔으니, 세포들은 나중에 장기들이 되고, 어쩌면 아홉 달 후에는 인간이 될 조직들을 만들어내기 위해 모이느라 너무 바쁘다.

이 속도라면 몸의 세포들은 곧 임청난 공동체를 형성한다. 나는 이 지구를 채우고 있는 73억 인간에 대해 아주 희미한 의식만을 갖고 있는데, 내 몸의 세포들도 자신들의 동종 전체에 대해서 마찬가지일 것이라 생각한다. 물론 이 세포들이 의식을 갖고 있다는 가정하에서이고, 그렇게 입증될 일은 없을 것이다. 아마 일부 세포는 자신에게 부여된 임무에 따라 대장이나 척주 안에서 이웃이나 친구 관계를 맺고 있을 수도 있다. 일부는 가장 아래 단계에서 진화의 희망 없이 존재한다. 광산의 가장 깊은 곳에서 일하며, 자신의 일을 해내기 위해 역경 속에서 매 순간 고군분투하는 건 일벌들이다. 18세기에 비샤Bichat 박사가 규정한 이 정의를 믿는다면 말이다. "삶은 죽음에 저항하는 기능들의 집합이다."

다른 세포들은 재생되는 능력을 일생토록 유지한다. 우리 인체의 진정한 맥가이버 칼인 이 세포들은 분할되면서 새로운 모습을 갖게 될 뿐 아니라, 질병이나 상처로 결함이 생기거나 죽은 세포들을 대체하면서, 훼손된 조직을 고치기 위해 필요에 따라 특화된다. 좋은 소식은 모든 다세포 생명체들, 즉 동물이나 식물 모두가 모든 발달의 단계에서 줄기세포를 보유하고 있다는 사실이다. 배아 줄기세포 외에도 몸은 일생 동안, 그리고 파스퇴르 연구소가 2012년에 진행한 한 연구[14]에 따르면 죽고 나서도 며칠 동안은, 영구적으로 기능하는 일명 '성체' 줄기세포를 갖고 있다. 예를 들어 혈액, 피부, 장의 세포들이 그러하고, 심장이나 췌장 같은 다른 기관들은 그렇지 않다.

한층 발전된 연구를 이끈 것은 바로 이 성체 줄기세포다. 이 세포를 발견할 수 있는 곳은 원래 이들이 혈액 세포로 있었던 골수(조혈 줄기세포), 외피(케라티노사이트 줄기세포), 혹은 지방 조직(중간엽 줄기세포) 등이다. 이들의 장점은, 불가피하게 우리 것이 아닌 다른 조직체에서 나오는 배아 세포들과 달리, 환자에게서 직접 성체 줄기세포를 채취해 배양한 뒤 환자에게 재주입할 수 있다는 사실이다. 바로 자가이식이라 부르는 것이다. 이들의 약점은 일반적으로 자신이 추출된 조직과 유사한 세포 종류 몇 가지밖에는 만들어내지 못한다는 사실이다. 그럼에도 골수나 지방 조직에서 추출된 줄기세포를 이용해 예를 들어 피부 경화증, 류머티스 관절염 같은 염증 질환이나 골관절염 같은 퇴행성 질환을 치료하기 위한 수많은 임상 실험이 진행 중이다. 몽펠리에에서 국립보건의학연구원의 U1183 '줄기세포, 세포 가소성, 재생의학 및 면역 요법' 팀을 이끌고 있는 크리스티앙 요르겐센Christian Jorgensen은 언젠가 자궁내막 줄기세포를 사용할 수 있을 거라는 추측을 배제하지 않는다. 자신의 팀에서 진행한 연구에서도 치료의 가능성이 입증되긴 했으나, "임상 실험을 계획하기에는 그들의 발견이 지나치게 최근의 것이다"[15]라고 그는 우리에게 고백했다.

반면 우리가 자궁내막 줄기세포의 가능성을 발견한 2007년에 일본 연구자 야마나카 신야山中伸弥는 분화된 세포들을 유전적으로 재배합해, 배아 줄기세포와 가능성은 동일하지만 단점은 없는 '만능 분화능' 줄기세포, 바로 iPS(유도만능) 줄기세포induced pluripotent stem cell로 만드는 데 성공했다. 이 발견으로 그는 2012년에 영국의 연구자 존 거던John Gurdon과 함께 노벨 의학상을 받았다. 임상 실험은 예를 들어 망막 질병인 노인황반변성DMLA을 치료하기 위한 실험이 이미 진행 중이고, 이 연구에서 유래한 치료법은 2016년에 원숭이들을 대상으로 이미 성공적인 테스트를 마쳤다.

영생으로 가는 길

영원한 삶에 이르는 것은 이미 그리스도의 피와 관련된 기독교의 약속이다. 생리혈에 대해서는, 2007년에 발표한 약속들과 효과에 비추어, 나는 좀더 빨리 치료에 대한 임상 실험이 시작되기를 기대했다. 하지만 질풍처럼 시작된 실험에 대한 결과는 아직 좀더 기다려야 한다.

지난 10여 년 동안 줄기세포 연구자들은 지름길을 찾았고, 특히 미국에서는 수백 군데 병원에서 모험적인 치료를 제안하며 기적(마비됐던 한 남자가 이동성을 되찾고 다시 걷기 시작했다)과 재앙(뇌혈관 장애에서 회복하고자 했던 한 남성은 사실상 마비가 되었다) 사이에서 흔들리고 있는 한편, 영생에 도달하려는 트랜스휴머니스트들[트랜스휴머니즘은 과학과 기술을 이용해 사람의 정신적·육체적 성질과 능력을 개선하려는 지적·문화적 운동이다]의 공론도 순조롭게 진행되고 있다.

커뮤니케이션 분야의 여성 연구자 로리 파레데스Laurie Paredes가 2014년 몬트리올 대학교 예술과학대학에 제출한 논문에서 이야기했듯이, "트랜스휴머니즘과 거기에서 유래한 생각들은 일반적으로 신화와 종교에 관련된 작품에 그 기원이 있는 것처럼 소개된다. 닉 보스트롬Nick Bostrom과 같은 트랜스휴머니즘 운동의 지지자들에 따르면 인간은 항상 자연이 정해준 여러 가지 한계를 뛰어넘으려고 노력했다. 다시 말해 소멸할 수밖에 없는 자신의 조건을 버리고 싶어했다. 여기에서 반복되는 것은 이카로스나 골렘, 프로메테우스의 형상"이다.[16] 로리 파레데스는 현재의 트랜스휴머니즘이 2차 세계대전 직후에 등장했음을 상기시키며, 오늘날에는 "여러 가지 다양한 모습의 개인들로 구성된 이질적인 운동이다. 하지만 운동의 지지자들은 모두 공통적으로 오늘날 있는 그대로의 인간은 육체적으로나 정신적으로 변화되고 개선될 수 있다는 믿음을 갖고 있다"라고 강조한다.

「트랜스휴머니스트 FAQ」[17]라는 트랜스휴머니즘 운동 참고 글에 따르면 가능한 개선의 축들은 다양한 코스를 따른다. 바이오테크놀로지, 유전자공학, 줄기세포와 클론화 등이 가장 앞서 나오고 그 뒤를 이어 나노테크놀로지(축 2), 수퍼인텔리전스(축 3), 가상현실(축 4), 인체냉동보존(축 5)이 있다.

생물노인학자를 자칭하는 영국인 오브리 드 그레이Aubrey de Grey는 억만장자들과 유명 인사들이 모인 트랜스휴머니스트 성좌의 중심에 있다. 이들은 이 운동에 동참하고 약간의 상상력을 더하면 삶, 특히 죽음의 자연적 경계를 넘어설 수 있다고 믿는다. 오스카 와일드의 소설 『도리언 그레이의 초상』에서 주인공은 자신의 초상화가 자기 대신 살아가고 늙어가는 것을 본다. 와일드의 작중 인물과 성이 한 글자 차이인 오브리 드 그레이는 이 기괴한 이야기가 줄기세포 덕분에 우리의 현실에서 곧 출현하게 될 것이며, 노화는 과학을 통해 간단하고 완전하게 사라질 것이라고 생각한다. 이는 인류 역사상 지금까지 가장 나이가 많았던 프랑스 여성 잔 칼망Jeanne Calment의 나이 122세에 다다르자는 것이 아니다. 결국 그녀는 1997년 8월 4일에 죽었다. 아니, 오브리 드 그레이가 겨냥하는 것은 약 5000세의 수명이다. 주기적인 배아 줄기세포를 주입하고, 원치 않는 세포를 제거하거나, (노화에 책임이 있는) 노쇠화 세포들이 스스로 할복자살을 하도록 이 세포 안으로 자살 유전자를 주입하여 이 꿈을 이루겠다는 것이다.

팔처럼 긴 수염 때문에 실제 나이보다 열 살은 더 들어 보이는 (1963년에 태어난 그는 2005년 테드 엑스Ted X 강연에서 자신이 실제로 158세라고 웃으며 말했다) 오브리 드 그레이는 이 목표를 적당한 시일 내에 달성할 수 있다고 확신한다. 2014년 1월『파리 마치Paris-Match』에 실린 인터뷰에서 그는 "향후 8년에서 10년 내에 쥐를 대상으로 한 실험에서 현저한 발전이 있을 것이며, 이는 향후 20년에서 40년 내에 인간들에게도 적용할 수 있다"[18]라고 주장했다. 재생의학 연구자들에게 지원금을 보조해주는 SENS 재단의 대표로 있는 그는 이런 의학적 발전이 모두에게 혜택을 가져다줄 거라고 생각한다. '노화와 연관된 질병들은 천문학적인 비용이 들기' 때문이다. 하지만 지금 트랜스휴머니즘은 억만장자의 일로만 보인다. 이들 억만장자들에게는 사회나 평등이 일반적으로 주요 관심사가 아니다.

호모 사피엔스가 거의 불멸의 존재가 된다는 이 근본적인 패러다임의 변화가 부자들의 엉뚱한 욕망에 불과한 것만은 아니다. 국립보건의학연구원 산하 몽펠리에 기능유전체학 연구소의 장뤼크 르메트르Jean-Luc Lemaître 교수팀이 한 연구에 따르면 노화는 인젠가 정복이 가능하다. 2011년에 이 연구자들은 실제로 노화된 세포를 재배합해 이 세포들을 배아 줄기세포로 변형시키면서 이들 세포가 젊어지게 하는 방법을 찾았고, 재생의 전망을 무한대로 열었다.

이런 치료가 머지않아 실행에 옮겨지지 않을 경우를 대비해, 트랜스휴머니스트들은 인체냉동보존(사망 후 몇 분 내로 몸을 얼리는 것)을 권한다. 다시 시작할 수 있도록 모든 것이 준비되면 되살아나게 하기 위한 조치다. 미국이나 모스크바에서는 이미 어떤 기업이, 나중에 되살아날 수 있으며 75년 후에 치유될 것이라는 약속을 하고 있다(기업들에 따라 3만에서 20만 유로의 저렴한 가격으로 이 서비스를 제공한다).

그사이에 기억들이 사라질 경우를 대비해, 트랜스휴머니즘 프로젝트는 언젠가 당신 뇌의 내용물을 가상 현실의 도움으로 컴퓨터에 다운로드해서 다음번 부활을 목적으로 저장해두려는 계획을 갖고 있다. 이와 반대의 경우, 즉 컴퓨터의 내용을 뇌로 다운로드해서 지식과 지능을 현저히 증대시키는 상황도 예견된다.

트랜스휴머니즘 운동이 번식과 성의 속박에서 해방되려는 의지가 강하다면, 전통 과학은 더욱 내밀하게 전통 과학 연구자들과 관련된 문제에 집중한다. 유네스코에 따르면 연구개발 분야에서 일하는 과학자들 가운데 70퍼센트가 남성이다.[19] 놀라울 것 없이, 이들은 골수에서 추출한 줄기세포를 이용한 치료를 통해 전립선암으로 성불능이 된 남성들에게 성적 활력을 다시 부여해주었고, 머지않아 줄기세포를 이용해 탈모증도 치료할 계획이다. 하지만 생리혈에서 유래한 줄기세포와 관련한 발전은 아직 더디다. 그리고 여성들이 겪고 있는 질병들은 연구자들의 우선순위가 아닌 듯하다.

삶을 무한히 연장하는 일에 전념하는 것은 트랜스휴머니스트들을 꿈꾸게 할 수도 있지만, 평생 생리를 450회 해야 하는 대신 가령 4500회를 하게 될 여성은 어떻게 되는 것인지 의문을 품지 않을 수 없다. 트랜스휴머니즘이 여성을 번식 능력에서 해방시켜준다면 모르겠지만 말이다. 그렇지 않다면 생리 용품 쓰레기가 지구를 점령할 수 있냐는 사실 때문에 크게 걱정이 된다. 그런 조건이라면, 3016년경의 고래와 새 들의 삶에 별로 기대를 걸지 않겠다. 한편 자녀들의 경우, 오늘날에는 서른 살 언저리나 그 이후에 부모의 집을 떠나지만, 자녀들이 1500살이 되기 이전에 스스로 비상하는 모습을 볼 수 없을 확률이 높을 것이다.

'생리' 은행

2016년 9월, 나는 미국의 생리혈 은행 크라이오셀에 대해 더 자세히 알아보려던 중에 이곳의 인터넷 사이트 연결 링크가 '죽어 있는' 것을 발견했다. 이메일 교환을 통해 크라이오셀에서 이 서비스를 더는 제공하지 않는다는 사실을 확인했다. 여전히 인도에서 생리혈을 받고 있는, (내가 틀린 게 아니라면) 세계에서 유일한 '바이오 은행'인 자회사 '라이프셀Life Cell'을 참고하라고만 하면서 크라이오셀은 내 요청에 답변을 하지 않았다. 그 서비스는 왜 사라졌습니까? 크라이오셀은 샘플을 몇 개나 가지고 있습니까? 그 샘플들은 어떻게 됐습니까? 이 질문에 대해서 나는 무한한 디지털 침묵을 얻었을 뿐이다. 미국의 연구소 메디스템의 경우는 어떤가? 기억을 떠올려보시라. 2007년에 첫 생리혈 줄기세포 관련 연구가 발표됐을 때 연관됐던 그곳은 이후 파나마에 자리를 잡았다. 분명 파나마모자 때문이다.

인도의 라이프셀 생리혈 은행은 내 요청에 대한 답변은 거부했지만 인터넷 사이트에서는 더 장황해진 모습이다. 라이프셀팜Life

Cell Femme[20] 홍보 소책자는 "신께서 내게 생리를 주신 것에 감사해요"라고 말하며 가슴에 두 손을 모은 매력적인 여자 청소년의 모습으로 거창하게 시작된다. 부제목에서는, 라이프셀은 여성들이 '생리혈 줄기세포를 보관하고 평생 동안 보호받을 수 있도록' 한다고 말한다. 안쪽 페이지들은 흡사 좋은 소식들의 전시회를 방불케 한다. 핏방울 안에 다시 젊은 여성의 얼굴이 나타나 우리에게 생리혈 줄기세포의 세 가지 주요 효용성(어떤 종류의 근육, 뼈, 혈액 세포로도 변환이 가능한 능력을 가졌고, 무제한으로 복제되거나 다시 베껴지고, 신체의 기능을 회복하고 재생시킨다)을 알려준 뒤, 이 젊은 여성 조교는 이 세포들 덕분에 치료가 가능할 수도 있는 질병들을 열거한 페이지를 설명한다. 알츠하이머, 자폐증, 심근증, 당뇨병, 간경화, 낭창, 다발성 경화증, 류머티스 관절염 또는 척추 손상. 홍보 책자는 승리의 표시로 두 팔을 하늘로 뻗어 올린 젊은 여성의 모습을 내보이며 "당신 스스로를 보호하기 위한 가장 좋은 방법?!"이라고 외친다.

라이프셀팜은 당신이 어리면 어릴수록 당신 세포들의 성능이 더욱 좋을 가능성이 있다며, 영원한 삶의 후보자들에게 생리혈을 되도록 빨리 맡길 것을 권유한다. 수집을 위한 다섯 단계는 아주 간단해 보이고, 9990루피(2016년 10월 환율에 따르면 약 130유로)만 내면 그 귀중한 액체가 두 곳의 다른 장소에 보관될 수 있는데, 여기에 설치 비용 2000루피와 연간 납입금 1200루피가 더 요구된다. 2016년 인도의 평균 급여가 2000루피이긴 했지만, 이 조촐한 금액의 투자로 선견지명이 있는 여성은 15년 동안 자신의 줄기세포를 이용하는 상황에 놓일 수 있다. 그러나 사이트 내의 '자주하는 질문' 난에서 라이프셀은 지금까지 효과적인 치료법을 발견했다는 보장은 없다고 명시한다.

어쨌든 최근의 연구들이 보여주듯이, 생리혈 줄기세포에 대한 연구가 드디어 여성의 건강을 향하고 있다. 2013년 이후에 발표된 자궁내막 줄기세포에 관한 연구 결과들은 이 세포들 덕분에 반복적인 유산, 탈출증(여성 생식 기관의 하강)이나 결장염을 치료할 것이라고 전망한다. 하지만 가장 유망한 연구는 2012년에 타이완에서 발표된 자궁내막증에 대한 연구 결과다. 이 연구는 질병의 외연이 확장됨에 따라 줄기세포가 수행할 수 있는 역할이 무엇일지 보여준다.[21] 펠릭스, 내 바텐더 친구, 그의 부인은 몇 해 전 이 병을 진단받았다. 그래서 그는 그 병을 치료할 수 있다는 소식을 내가 언젠가 가져온다면, 내게 평생 공짜 블러디 메리를 주겠다고 맹세했다. 그때가 올 때까지 나는 그의 건강을 위해 내 포도주 잔을 들며 이렇게 말하는 것으로 만족하려 한다. "이것은 나의 피다."

8장_끝이 없는 피 이야기

그리고 우리가 만약
생리에 대한 생각을 바꾼다면

나는 내 '초경'에 대해서는 아직도 잘 기억하는 반면에 2015년 초에 갑작스레 나타난 마지막 생리에 대해서는 약간 흐릿하게 기억한다. 마지막에 내 생리는 그 어떤 것도 지키지 않았다. 가장 예상치 못한 순간에 불쑥, 가끔은 엄청난 양이, 가끔은 눈에 띄지 않게, 가끔은 고통스럽게 또 가끔은 소리 없이, 마치 내 몸이 할 수 있는 모든 판타지를 동원해서 마지막으로 생리 음악을 노래하려고 하는 것 같았다.

소스라치며 잠에서 깨느라 나의 밤들은 혼란스러웠고, 그러는 동안 숨이 막히는 것 같았고, 마치 봄속 경련으로 뒤흔들리는 것 같았다. 최소한의 감정에도 얼굴에는 갑작스레 열이 올랐고, 옷 입기마저 골치 아픈 일이 됐다. 털옷을 입고도 덜덜 떠는 친구들 옆에서 웃옷을 벗고 있었던 적도 여러 번이었다. 질 건조증도 있어서 코코넛 오일로 그럭저럭 적응은 했지만, 결국에는 가라앉은 다른 완경 증상들과 달리 이 증세는 영속적으로 자리 잡은 듯했다. 나는 이 기회를 이용해서, 남성 발기를 보존하기 위해 지체 없이 대처한 제약업계에, 실용적이고 인체에 유해한 영향이 없는 질 건조증 약을 개발해야 한다고 알리고 싶다. 가능하다면 퇴직연금을 깰 필요 없는 가격으로 말이다. 왜냐하면 오늘날 윤활제의 가격은 1회 사용분의 애플리케이터 하나에 약 3유로에서 5유로 정도로, 지나치게 높기 때문이다.

내 자궁내막증의 일화를 고려하면 내게 완경 대용 치료를 처방하는 것은 안 될 일이었다. 유방암이나 자궁암의 발병에서 이 치료법들이 미치는 영향은 이미 20년 전에 밝혀졌고, 그 위험성을 줄이기 위해 오늘날 제안되는 치료에서는 양이 잘 조절되는 것처럼 보이지만, 내 입장에서는 제한적인 이점만 보였다. 나는 더는 임신이 불가능했고, 늙어가고 있었고, 더는 매달 피를 흘리지 않았기 때문에 내 자신이 여자로 느껴지지 않았다. 골다공증은 운동과 적절한 영양 섭취 덕분에 효과적으로 예방한 것 같다. 지금 내 딸 나이인 스무 살 때보다도 난 더 행복하고 더 활동적이고 더 무르익었다.

내 딸이 열세 살에 첫 생리를 했을 때 난 함께 있지 않았다. 딸아이는 자기에게 일어난 일을 설명해줄 수 있도록 내가 곁에 있지 않았다는 사실에 분노하는 모습을 보였다. 매일 내 휴대전화로 문자 메시지가 왔는데, 내가 산을 걷고 있을 때 딸은 자기 아빠랑 바닷가에 있었다. 딸아이는 생리에 대해서 아빠에게 말하는 것을 거부했고 우리 둘이 전화 암호를 만들자고 요구했다. 생리는 '학교', 패드는 '숙제'였다. 하지만 나의 부재에 대해 퍼부었던 비난 가운데 (지금도 보관하고 있는) 어떤 메시지에서는 이렇게 말했다. "날 낳아줘서 고마워. 왜냐하면 난 여자가 됐고 남자애들이 날 좋아하니까." 그 순간 나는 감격스레 우리 아버지가 내게 했던 말을 다시 생각했다. "그래, 이제 네가 여자가 되었다지?"

딸이 돌아왔을 때 나는 알록달록한 주머니에 담긴 패드와 탐폰, 콘돔, 사후피임약, 정보 팸플릿 '키트'를 선물했다. 딸은 아무 말 없이 그걸 가져갔고, 열여덟 살이 될 때까지 우리는 그 애의 생리와 연애 생활에 대해 다시는 얘기하지 않았다. 나는 그 침묵이 아직도 낯설다. 그리고 첫 생리의 시작이 그 어떤 의식이나 입문의 대상도 아니라는 사실이 애석하다. 물론 미국에는 아마도 인디언의 의식에서 영감을 받은 '분홍 텐트'라는 이름의 '파티들'이 존재한다고 들었지만 말이다. 그러나 나는 내 딸이 자신의 생리에 대하여 내가 그 아이와 같은 나이였을 때 느꼈던 것과 같은 불편함을 느끼지 않고, 더 쉽게 생리 얘기를 하며, 자신의 생리 인생에 대한 주도권을 스스로 갖기로 결심한 듯이 보인다는 사실을 관찰했다.

하지만 이 분야의 혁명은 아직 오지 않았다. 이 '작은 생리 이야기'는 당연히 나의 이야기다. 수천 가지 이야기를 말하고, 글로 쓰고, 공유해야 한다. 우리 인생에 대한 주도권을 드디어 되찾고, 우리 고유의 규칙을 만들어내며 생리혈을 재평가할 시간이 아마도 온 것 같다. 여성들이 함께 연구가 필요한 우선 과제들을 의논하고, 생리 용품 제조사들에게 압력을 가할 수 있도록 계획을 세우고, 생리에 대한 정보와 지식, 경험 들을 나눌 초국가적 협동조합을 만들면 어떨까? 우리는 컵으로, 재사용이 가능한 패드와 팬티로 옮겨 가며 생리와 관련된 비용을 낮출 수 있다는 사실을 보았다. 이렇게 절약된 비용으로 기금을 조성해서 새로운 규칙을 장려하고, 자궁내막증 연구를 지원하고, 여성과 남성 모두가 접근할 수 있는 생리 댄스 또는 대중 교육 이틀리에를 만들면 어떨까?

미국의 제3세대 페미니스트들은 이미 '멘스트루에이터men-struator'라는 단어에 대해 이야기하고 있다. 스스로를 여성으로 인정하든 아니든 생리하는 사람을 지칭하기 위한 단어다. 온갖 종류의 투기꾼들이 우리의 세포, 우리의 몸, 우리의 욕구, 그리고 우리의 운명에 대한 권력을 잡기 전에 인간을 우리의 생리 인생 한가운데로 다시 돌려놓아야 할 순간이 왔다. 이 혁명은 아마도 최초로 피로 물듦과 동시에 평화적인 혁명이 될 것이다. 하지만 누가 알겠는가? 이 혁명은 여성과 남성의 해방을 위해 미래에 벌어질 온갖 전투의 어머니가 될 수도 있다.

감사 인사

이 책은 20년 가까운 시간 동안 진행되었으며 종종 집단으로 이뤄진, 만남과 토론과 고찰의 결과다.

먼저 캉 시민대학교université populaire de Caen에서 여러 해 동안 페미니스트 사상에 대한 세미나를 이끌어온 여성 철학자 세브린 오프레를 생각한다. 그녀가 없었다면 분명 나는 이 책의 기본이 되는 사적인 내밀함과 보편성 사이의 유기적 결합을 이해하지 못했을 것이다. 작가 플로랑스 몽레이노에게도 감사한다. 그녀와 함께 몇날 밤을 지새우며 다른 세상을 꿈꾸었고, 그녀의 풍부한 소양과 친절함과 경험은 이 책을 숙성시켜준 긴 시간 동안 내게 귀중한 지지대가 되어주었다. 내게 처음으로 '여성 신성'에 대해 이야기해준 마리조 보네에게도 감사한다.

페미니스트로서 나의 견해를 풍부하게 만들고 성숙시킬 수 있도록 도움을 준 여성들에게도 감사하고 싶다. 성기 절제(여성 할례) 폐지를 위한 그룹 연합의 국장인 이자벨 질레트파예, 나와 많은 모험을 공유한 변호사 키트린 나빌, 2016년에 세상을 떠난 마야 쉬르뒤, 그리고 '여성들의 권리를 위한 국립공동체Collectif national pour les droits des femmes'의 수지 로이트만, 센생드니주에 여성에게 가해지는 폭력에 반대하는 관측소를 설립하고 아주 오래전에, 기자인 아녜스 부쉬주와 사빈 살몽이 이끌고 있는 '연대하는 여성들Femmes solidaires' 협회와 함께 내가 『클라라 매거진Clara Magazine』에 합류하도록 만들어준 에르네스틴 로네에게도 감사드린다.

2016년에 세상을 떠난 테레즈 클레르크와는 친분을 쌓을 만한 기회가 없었다. 그녀는 현재 이자벨 콜레가 활기차게 운영하고 있는 '몽트뢰유 여성들의 집'에 자신의 이름을 붙이기도 했다. 그녀를 그토록 열광케 했던 주제인 여성들의 피에 대해 그녀와 함께 토론하고 싶다(그녀의 유령과 얘기해야 한다는 걸 잘 알고 있다. 이런, 너무 무섭다!)

이 책은, 생리에 대한 우리의 시각을 바꿀 수 있도록 하루하루 기여하고 있는 다음의 적극적인 행동가들에게도 많은 빚을 졌다. 미국의 키란 간디, 캐나다의 루피 카우르, 그리고 용기와 확고한 태도로 프랑스의 생리용 탐폰 및 패드 제조사들에게 투명성을 강력하게 요구하는 서명 운동을 시작한 멜라니 되르플랭제, '파시옹 망스트뤼' 사이트를 군림하는 여성 작가 잭 파커.

나에게 여러 링크, 정보, 참고 자료 자원을 공유해준 이들에게도 감사드린다. 아녜스 부쉬주, 프랑수아 캉티에, 노라 뒤브레, 마리 푸크, 프란체스코 가토니, 발레리 조르주, 이자벨 구달, 사라 그로세르, 샤를로트 로랑, 에리크 르브라즈, 클로드 랑보, 클레르 로

베르, 아가타 슈미트, 소피 세방, 알렉상드라 상프트, 자코브 퇴레르…… 일부만 말하자면 이렇다. 이 책을 집필하는 내내 나와 함께해주었던 베로니크 베르토노, 그녀와 나는 청소년기부터 우리를 이어준 다정한 대화를 계속해나며 이 책을 집필했다. 그녀가 아니었다면 끝까지 완성하지 못했을 것이다.

라 데쿠베르트La Découverte 팀도 이 편집 과정 내내 아주 멋졌고, 처음으로 이 프로젝트를 믿어준 마리솔린 루아예에게 특별히 감사드린다. 그녀의 세심하고 엄격하며 언제나 적절했던 리뷰는 나로 하여금 폭풍 속에서도 방향을 잃지 않게 했을 뿐만 아니라, 그녀의 치밀한 확인 작업 덕분에 나는 내 의식을 가지고 '규칙 안에' 있다고 느낄 수 있었다.

끝으로 내 인생의 사랑 발터 베네데에게 감사를 표하지 않고는 마칠 수 없을 것이다. 그는 나에게 그 이상한 장자크 부샤르를 알게 해주었고, 그와 함께 나는 규칙을 지켜야 할 필요성뿐만 아니라 가끔은 위반해야 할 필요성도 깨달았다.

주

들어가며_ 소리·소문도 없이 금지된 피

1 Hector Gutierrez and Jacques Houdaille, "18세기 프랑스의 임산부 사망률 La mortalité maternelle en France au XVIIIᵉ siècle", *Population*, vol. 38, no. 6, 1983.

2 Gloria Steinem, 부당한 행위와 일상의 반란*Outrageous Acts and Everyday Rebellions*[우리나라에서는 『남자가 월경을 한다면』 『일상의 반란』 두 권의 책으로 출간되었다], Henry Holt and Company, New York, 1995(1983).

3 Françoise Héritier, "군인의 피와 여성들의 피Le sang du guerrier et le sang des femmes", 남성/여성: 차이의 생각*Masculin/Féminin. La pensée de la différence*, Odile Jacob Poche, p. 234(본문에서 강조된 부분은 필자의 것이다).

1장_ 피가 있을 것이다

1 국립인구통계연구소Institut National d'Études Démographiques, "첫 생리 연령L'âge aux premières règles", 2014, www.ined.fr 온라인 게재.

2 Edward Shorter, "1750~1950년 프랑스 첫 생리 연령L'âge des premières règles en France, 1750~1950", 연보: 경제, 사회, 문명*Annales. Économics, Sociétés, Civilisations* vol. 36, no. 3, 1981, pp. 495~511.

3 INSERM, "출생지에 따른 첫 생리 연령L'âge des premières règles dépend du lieu de naissance", 2013. 4. 25. www.inserm.fr 온라인 게재.

4 이는 생리하는 여성의 일생에 걸쳐, 대략 스플릿 와인 150병에 해당하는 양으로, 부르주아의 수준 높은 포도주 저장소에 버금가는 양이다. 피와 포도주의 관계에 대해 다시 이야기할 테니 초조해하지 마시길.

5 Hippocrates, 여성들의 질병*Des maladies des femmes*: "건강한 모든 여성

의 생리혈 평균량은 아티카 코틸 항아리 두 개보다 조금 많거나 조금 적다." 코
틸 항아리 한 개의 부피는 약 0.27리터다.

6 사실 수치는 발표되는 곳에 따라 완전히 제멋대로다. 어떤 곳에서는 우리가 배
아 단계에서 600만 개의 난모세포를 갖고 있고, 사춘기에는 3만에서 2000개만
을 가지며, 폐경 때는 난모세포가 전혀 없다고 주장한다.

7 Michel De Pracontal, "암컷 보노보들의 해방L'émancipation des femelles
bonobos", *Mediapart*, 2016. 7. 23.

8 1974년에 발표된 스티븐 킹의 소설을 바탕으로 브라이언 드 팔마가 1976년에
제작한 영화.

9 Tat'jana Agapkina, "슬라브족 신화와 의식 속에서의 월경Les menstrues
dans la mythologie et les rites slaves", *Revue des études slaves*, 69권, 4부,
1997, pp. 529~543.

10 Claude Lévi-Strauss, 식사 예절의 기원*L'Origine des manières de table*,
Plon, Paris, 1968, p. 416.

11 같은 책, p. 416.

12 Marie-Noële Denis, "알자스 지방의 전통 결혼: 1737년부터 1837년까지 하
나우리히텐베르크 백작령 한 마을의 예Le mariage traditionnel en Alsace.
Exemple d'un village du comté de Hanau-Lichtenberg de 1737 à 1837",
Revue des sciences sociales de la France de l'Est, no. 8, 1979.

2장_ 용감하고 흠잡을 데 없는 피

1 우리 가족의 구조는 내가 모든 구성원을 다 파악하면 따로 책을 한 권 써야 할
대상이다. 그때까지 기다려주시면 감사하겠다.

2 Annie Leclerc, 여성의 말*Paroles de femme*, Babelio, Paris, 2001 [1972], p.
72.

3 Simone de Beauvoir, 제2의 성*Le Deuxième Sexe*, Gallimard, 'poche'
collection, Paris, 1978(1949), 1권, p. 350.

4 www.passionmenstrues.org.

5 Hippocrate, 여성의 질병*Des maladies des femmes*, 앞의 책.

6 Martin Winckler, 지금껏 차마 물어보지 못했지만 생리에 관해 당신이 늘 알고
싶었던 모든 것*Tout ce que vous avez toujours voulu savoir sur les règles
sans jamais avoir osé le demander*, Fleurus, Paris, 2008, p. 34.

7 Serge Tisseron, 창피함: 사회적 관계의 정신분석*La Honte, Psychanalyse d'un lien social*, Dunod, Paris, 2014, p. XVI.

8 Pline l'Ancien(Gaius Plinius Secundus), 박물지*Naturalis Historia*, 7권, 8장.

9 같은 책, 28권, 21장.

10 Jean-Yves Le Naour et Catherine Valenti, "피와 여성들: 벨 에포크 시대 월경의 의학적 역사*Du sang et des femmes. Histoire médicale de la menstruation à la Belle Époque*", Clio. 역사, 여성 그리고 사회*Histoire, femmes et sociétés*(online), no. 14, 2001.

11 Odile Tresch, "그리스 문학과 비문에 따른 여성들의 사생활 속 종교적 의식 및 행동*Rites et pratiques religieuses dans la vie intime des femmes d'après la littérature et les inscriptions grecques*", 고등연구원 박사 학위 논문, Paris, 2001.

12 퀘벡 버전의 제목은 〈오렌지색이 그녀에게 너무 잘 어울린다*L'Orange lui va si bien*〉이다.

13 파리지엥 장자크 부샤르의 고백: 1630년 파리에서 로마로의 여행을 담은 책, 최초에는 작가의 육필 원고로 발표*Les Confessions de Jean-Jacques Bouchard Parisien, suivies de son Voyage de Paris à Rome en 1630, publiées pour la première fois sur les Manuscrits de l'Auteur*, Isidore Liseux editeur, Paris, 1881.

14 Salomon Reinach, 숭배, 신화 그리고 종교*Cultes, mythes et religions*, Robert Laffont, collection "Bouquins", Paris, 1996[1905], p. 52.

15 성경, 「창세기」, 3장 16절.

16 Wenda Trevathan, "영장류 골반 해부학과 출생에 미치는 영향*Primate pelvic anatomy and implications for birth*", *Philosophical Transactions of the Royal Society B: Biological Sciences*, vol. 370, no. 1663, 2015.

17 Chris Knight, 피의 관계: 월경과 문화의 기원*Blood Relations. Menstruation and the Origins of Culture*, Yale University Press, New Haven and London, 1991.

18 미국의 인류학자 딘 R. 스노(Dean R. Snow)에 따르면, 선사시대 동굴 안에 있는 그림이나 조각 주위에 난 손자국의 75퍼센트가 여성들의 것이었다. Virginia Hughes, "최초의 예술가들은 대부분 여성이었나Were the first artists mostly women?", *National Geographic*, 2013. 10. 9.

19 Chris Knight, *Blood Relations*, 앞의 책.

20 Daniel de Coppet, 논문 "금기Tabou", 보편적 백과사전*Encyclopædia*

Universalis 온라인, http://www.universalis.fr, 2016년 6월 29일에 열람.

21 Salomon Reinache, *Cultes, mythes et religions*, 앞의 책, p. 7.

22 Alain Testart, 여전사와 화덕: 성별에 따른 일 분류의 인류학*L'Amazone et la Cusinière. Anthropologie de la divi-sion sexuelle du travail*, Gallimard, Paris, 2014.

23 여기에 대해서는 3장과 8장에서 다시 이야기하겠다.

24 Alain Testart, *L'Amazone et la Cuisinière*, 앞의 책.

3장_ 저주받은 피

1 Lilly Kahil, "브라우론의 신전과 그리스 종교Le sanctuaire de Brauron et la religion grecque", *Comptes rendus des séances de l'Académie des Inscriptions et Belles-Lettres*, 1988, volume 132, no. 4, pp. 799~813.

2 Sigmund Freud, 토템과 타부: 원시 민족들의 사회생활에 대한 정신분석을 통한 해석*Totem et Tabou. Interprétation par la psychanalyse de la vie sociale des peuples primitifs*, Petite Bibliothèque Payot Classiques, Paris, 2001(1923; 프랑스어 번역본은 1965년), p. 26.

3 한편 아테네의 페스트는 역사적으로 잘 알려진 일화로, 투키디데스가 『펠로폰네소스 전쟁사』를 통해 이야기한 바 있다. 이 전쟁은 기원전 430~426년에 고대 그리스에서 일어난 전쟁으로, 사망자가 수만 명에 이르렀다.

4 Odile Tresch, "Rites et pratiques religieuses dans la vie intime des femmes d'après la littérature et les inscriptions grecques, 앞의 책.

5 "그리스 정교회가 아토스산에 있는 한 수도사의 석방을 위해 모이다L'Église orthodoxe grecque se mobilise pour la libération d'un moine du mont Athos", 2011년 11월 29일 『리베라시옹』사이트에 발표된 AFP 통신문.

6 다음 기사를 참조하라. "성물: 동정녀 마리아의 허리띠를 찬미하려던 러시아인 52명 입원Reliques. 52 Russes hospitalisés pour avoir voulu admirer la ceinture de la vierge Marie", 『르몽드』사이트 내 Big Browser 블로그, 2011. 11. 23.

7 정교회 사제의 공식 명칭이다.

8 Joshua Keating, "러시아는 미래의 엄마들에게 돈과 냉장고를 선물하면서 정말로 출생률을 증폭시켰나?La Russie a-t-elle vraiment boosté son taux de natalité en offrant de l'argent et des réfrigérateurs aux futures

mamans?", *Slate*, 2014. 11. 4.

9   영어로 '암고양이들의 폭동'을 뜻한다.

10 Alain Testart, *L'Amazone et la Cuisinière*, 앞의 책, p. 28.

11 Pausanias, 그리스 이야기*Description de la Grèce* Ⅲ, 16, 10.

12 다음 글에서 인용. Françoise Gange, 신들이 있기 전, 만물의 어머니*Avant les Dieux, la Mère univer-selle*, Alphée, Paris, 2006.

13 "종, 기질, 체액Genre, humeurs et fluides corporels", 2016년 5월 19일, Geneviève Bührer-Thierry(파리 1대학), Didier Lett(파리 7대학), Clyde Plumauzille(EHESS), Sylvie Steinberg(EHESS)가 주최한 연구의 날.

14 Cathy McClive, 근세 프랑스의 월경과 출산*Menstruation and Procreation in Early Modern France*, Ashgate, Farnham(영국), 2015.

15 James George Frazer, 황금 가지: 원시 사회의 마법사 왕*Le Rameau d'or. Le roi magicien dans la société primitive*, Robert Laffont, coll. "Bouquins", Paris, 1981(불어 번역본은 1927년), p. 64.

16 Ian Hogbin, 월경하는 남자들의 섬: 워조 부족의 종교*The Island of Menstruating Men: Religion in Wogeo*, Waveland Press, New Guinea, 1970.

17 Jacqueline Schaeffer, "여성 피의 길잡이Le fil rouge du sang de la femme", *Champ psychosomatique*, 2005/4, no. 40.

18 Françoise Gange, *Avant les Dieux, la Mère universelle*, 앞의 책.

19 같은 책.

20 코란, 2장, 222절.

21 Jawad Ali, 이슬람 이전 아랍인들의 역사*L'Histoire des Arabes avant l'islam*, 바그다드 대학교(이라크)의 도움으로 출간, 1993(2th edition), part 5, p. 223.

4장_ 내가 보지 못하도록 그 피를 가려주오

1   Kiran Gandhi & Manjit K. Gill, "인도와 미국의 월경 금기. 그것은 어떤 모습이며, 왜 존재하는가The menstrual taboo in India and in the US: What does it look like, why does it exist?", *Thomson Reuters Foundation News*, 2016. 7. 7.

2   Rupi Kaur, "내 생리 사진이 당신을 불편하게 했다면, 왜 그런지 당신 자신에게 물어보라Si la photo de mes règles vous a mis mal à l'aise, demandez

vous pourquoi", *Blog Huffington Post Canada*, 2015. 4. 2(Mathieu Carlier가 영어에서 프랑스어로 번역).

3   같은 글.

4   www.igbstudio.com, 'feminine protection' 탭에서 찾아볼 것.

5   글자 그대로 〈피가 흐르게 하라〉. 롤링스톤스의 이 노래는 비틀스의 〈Let it be(그대로 두어라)〉에 대한 화답이었다. 이 두 곡은 1969년에 나온 노래로, 내 유년 시절을 뒤흔들었다.

6   Martin Winckler, *Tout ce que vous avez toujours voulu savoir sur le règles sans jamais avoir osé le demander*, 앞의 책.

7   Gilles Pison, "2004 프랑스: 평균 수명이 80세 한계선을 넘다France 2004: l'espérance de vie franchit le seuil des 80 ans", *Population et sociétés*, no. 410, 2005. 3.

8   mum.org.

9   다음 글에서 인용. Renée Greusard, "고무 벨트, 헝겊: 제대로 평가받지 못한 생리 이야기Ceintures en caoutchouc, chi-ffons: l'histoire méconnue des règles", *L'Obs/Rue 89*, 2012. 12. 9.

10 www.tampax.fr, '최초의 탐폰Premier tampon' 탭, 2016년 9월 2일에 열람.

11 Marianne Bailly, "비교적 상태가 좋은 여성 위생L'hygiène féminine plutôt en forme", *LSA*, no. 2313, 2014. 4. 3.

12 프랑스 프록터 앤드 갬블러 홈페이지, www.pg.com, "임무, 가치와 원칙 Mission, valeurs et principes" 탭, 2016년 8월에 열람.

13 Marianne Bailly, "L'hygiène féminine plutôt en forme", 앞의 글.

14 동일 출처에서 인용.

15 당초 몬산토에 의해 생산된 글리포세이트는 세계에서 가장 많이 팔린 제초제인 라운드업Roundup의 주요 성분이다. 세계보건기구 산하 IARC(국제암연구소) 가 발견한 이 성분이 지닌 발암 위험성이 알려지자 점점 더 많은 수의 NGO와 시민들이 이 성분 사용을 금지할 것을 요구했다.

16 어떻게 발견했는지 궁금하지만, 1892년에 이 균을 발견한 독일인 산부인과 의사 알베르트 되데를라인Albert Döderlein의 이름을 딴 것이다.

17 Chris Bobel, "편리함에서 위험으로: 1971~1992, 월경 행동주의 운동의 부상에 대한 짧은 역사From convenience to hazard: a short history of the emergence of the menstrual activism movement, 1971~1992", *Health Care for Women International*, vol. 29, no. 7, 2008.

18 Alexander D. Langmuir, Thomas D. Worthen, Jon Solomon, C. George

Ray, Eskild Petersen, 누키디데스 증후군: 아테네 전염병의 원인에 대한 새로운 가설The Thucydides syndrome. A new hypothesis for the cause of the plague of Athens", *New England Journal of Medicine*, no. 313, 1985. 10. 17.

19 Michael Schwameis et al., "재조합 독성쇼크증후군 독소(rTSST)-1 이형 백신의 안전성, 내성 면역원성: 무작위, 이중 맹검, 보조제 통제, 용량 증가 최초 인체 실험Safety, tolerability, and immunogenicity of a recombinant toxic shock syndrome toxin (rTSST)-1 variant vaccine: a randomised, double-blind, adjuvant-controlled, dose escalation first-in-man trial", *The Lancet Infectious Diseases*, 2016. 6. 10.

20 AnAlytikA, "여성 탐폰에 존재하는 유기 화학 오염 물질Contaminants chimiques organiques presents dans les tampons d'hygiene intime féminine", *Rapport analytique*, 2015. 11. 20, www.analytika.fr에서 확인 가능.

21 *60 Millions de consommateurs*, no. 513 "탐폰과 여성 생리 용품에 대한 경고Alerte sur les tampons et protections féminines", 2016. 3.

22 Victoire N'Sondé, "탐폰과 여성 생리 용품: 법규가 필요하다Tampons et protections féminines: une régle-mentation s'impose!", 같은 출처에서.

23 2016년 6월 전화 인터뷰.

24 2016년 5월 12일 이메일 답변.

25 "Your trust: our most important ingredient", http://us.pg.com 사이트, 'Our Responsibility, Your Trust' 탭, 2016년 9월 12일 열람.

5장_ 완전히 자연적인 피의 해결책

1 Unesco, 사춘기와 월경 위생 관리 교육에 대한 보고서*Rapport sur l'éducation à la puberté et à la gestion de l'hygiène menstruelle*, 2004.

2 2016년 2월 발표된 WHO 「요약집 no. 241」의 통계대로, 세계 2억 명의 여성들처럼 말이다.

3 Iris Nzolantima, "민주콩고에서 여자들의 월경을 둘러싼 침묵을 깨자Brisons le silence autour des menstrues des filles en RD Congo!", jeuneafrique. com, 2016. 10. 27.

4 Maya Gebeily (AFP), "시리아에 갇혀 있는 여성들에게 생리는 다른 것들보다 더 큰 문제다Pour les femmes assiégées en Syrie, les règles sont un gros

problème en plus des autres", *Libération*, 2016. 10. 28.

5 K. C. Reeti, "네팔에서 월경은 고립의 날들을 의미하기도 한다In Nepal, menstruation can mean days in isolation", *Women's enews*, 2015. 3.

6 2015년 8월 미국에서 발표된 한 보고서에서는 탄산음료 섭취가 매해 전 세계에서 18만 4000명의 사망을 직접적으로 야기하는데, 이 가운데 13만 3000명은 당뇨병으로, 4만 5000명은 심혈관계 질환으로, 6450명은 암으로 사망한다고 추산했다. 다음 자료와 비교할 것. "2010년 설탕 첨가 음료와 관련된 국제적·지역적·국내적 질병 부담 추산Estimated global, regional, and national disease burdens related to sugar-sweetened beverage consumption in 2010", *Circulation*, 2015. 6. 29.

7 J. L. Carwile et al., "인간 생식: 미국 소녀들에 대한 전향적 연구에서 본 설탕 첨가 음료 섭취와 초경 나이Human reproduction: Sugar-sweetened beverage consumption and age at menarche in a prospective study of US girls", *Human reproduction*, vol. 30, no. 3, 2015. 3.

8 Leona W. Chalmers, 여성의 사생활*The Intimate Side of a Woman's Life*, Pioneer Publications, New York, 1937.

9 월경 박물관에 보관된 광고.

10 flexfits.com.

11 2016년 10월 10일의 이메일.

12 정확한 성분은 다음과 같다. 글리세린, 물, 젖산, PEG-40 스테아레이트, 하이드록시에틸 셀룰로오스, 아이오도프로피닐 부틸카바메이트, 2-브로모-2-나이트로프로판-1-3-디올, 수산화나트륨.

13 2016년 10월 환율에 따르면 약 22유로에서 36유로.

14 Émilie Bouvard, "여성 예술가들이 느끼는 생리혈의 실제적·비유적 존재: 자기주장의 놀라운 힘Présence réelle et figurée du sang menstruel chez les artistes femmes: les pouvoirs médusants de l'auto-affirmation", 국립예술역사연구소(INHA) 주최 '현대 예술 안의 체액' 학술 대회의 일환으로 이루어진 발표, 파리, 2010. 6. 29. hicsa.univ-paris1.fr에서 확인 가능, 2016년 10월 5일에 열람.

15 같은 글.

16 자신의 전시회 팸플릿을 위해 Marianne Rosenstiehl이 쓴 글. www.lepetitespace.com, 2016년 10월 15일에 열람.

1 Judy Grahn, *Blood, Bread and Roses. How Menstruation Created the World*(피, 빵, 장미: 월경은 어떻게 세상을 창조했나), Beacon Press, Boston, 1993.

2 John Kellermeier, *How menstruation created mathematics*(월경은 어떻게 수학을 창조했나), Tacoma Community College, Tacoma(미국, 워싱턴주), 2009, 본문은 www.tacomacc.edu에서 확인 가능.

3 Claude Lévi-Strauss, *L'Orignie des manières de table*, 앞의 책, p. 77.

4 같은 책, p. 89.

5 같은 책, p. 178~179.

6 『르 피가로Le Figaro』가 Sofres를 통해 진행한 설문조사 결과, 2010년 Cerveau & Psycho.fr이 인용. "프랑스인 46퍼센트가 사람의 성격이 점성술의 별자리로 설명된다고 생각하고, 58퍼센트는 점성술이 과학이라고 생각한다."

7 Jean-Luc Margot, "입원율과 출산율에 달이 영향을 미친다는 주장은 근거 없음No evidence of purported lunar effect on hospital admission rates or birth rates", *Nursing Research*, 2015년 5~6월호, vol. 64, no. 3, p. 168~175.

8 다음에서 인용. Lise Loumé, "보름달이 뜨는 밤에는 정말로 더 많이 출생이 이루어지는가Y a-t-il vraiment plus de naissances les soirs de pleine lune?, *Science et Avenir*, 2015. 3. 31.

9 Nancy Huston, 상상의 인류*L'Espèce fabulatrice*, Actes Sud, Arles, 2010.

10 Yuval Noah Harari, 사피엔스: 유인원에서 사이보그까지, 인간 역사의 대담하고 위대한 질문*Sapiens. Une brève histoire de l'humanité*, Albin Michel, Paris, 2015.

11 Emmanuel Le Roy Ladurie, "기근 무월경(17~20세기)L'aménorrhée de famine (xviiᵉ-xxᵉ siècles)", *Économies, Société, Civilisations*, 스물네번째 해, no. 6, 1969, pp. 1589~1601.

12 같은 글.

13 John Billings, "신의 섭리에 관한 이야기Une histoire de la Providence de Dieu", lamethodebillings.fr.

14 Joëlle Stolz, "하베르란트, 무명의 멸시받은 선구자Haberlandt, pionnier inconnu et honni", *Le Monde*, 2013. 10. 28.

15 국립보건예방교육연구소INPES, 2010 건강 바로미터*Baromètre santé 2010*.

16 Martha K. McClintock, "생리 일치와 억압Menstrual synchrony and suppression", *Nature*, vol. 229, 1971. 1. 22.

17 Pryska Ducœurjoly, "여성을 해방시키는 어플 생프토, 스위스 의료제품청과 법정에서 마주하다Sympto, l'appli qui libère la femme au tribunal face à Swissmedic", http://blog.sympto.org의 "C'est dans l'air" 항목, 2016. 2. 4.

7장_ 나쁜 피

1 Simone de Beauvoir, *Le Deuxième Sexe*, 앞의 책, p. 378.

2 Scarlett Pajeo, "생리전증후군, 나는 그것이 전설인 줄 알았다Le syndrome prémenstruel, je croyais que c'était une légende", www.rue89. nouvelobs.com, 2015. 2. 26.

3 Fabien Vaudoyer, "생리전증후군Le syndrome prémenstruel", 제네바 의료 교육연구 재단 사이트(www.gfmer.ch)에서 열람 가능.

4 매달 나타나는 '피의 돌발'의 학술 용어다.

5 불평등 관측 기구Observatoire des inégalités, "2009~2010년 일과 시간 조사 상세 데이터Données détaillées de l'enquête Emploi du temps 2009~2010", *Insee Résultats*, no. 130 Société, 2012. 6.

6 Observatoire des inégalités, "남성들과 여성들의 임금 불평등: 실태 보고Les inégalités de salaires entre les hommes et les femmes: état des lieux, 2016. 5. 27, www.inegalites.fr, 2016년 10월 15일에 열람.

7 Séverin Icard, 생리 기간 동안의 여성: 질병심리학 및 법의학 연구*La Femme pendant la période menstruelle. Étude de psychologie morbide et de médecine légale*, Felix Alcan Editeur, Paris, 1890.

8 C. Quéreux, "생리전증후군Syndrome prémenstruel", wwwold.chu-montpellier.fr, 2016년 10월 15일에 열람.

9 Robyn Stein DeLuca, "PMS에 대한 좋은 소식The good news about PMS", Ted X 강연, 2014. 11, www.ted.com에서 영상 확인 가능.

10 Carlos Cueva, R. Edward Rob, Tom Spencer, Nisha Ran, Michelle Tempest, Philippe N. Tobler, Joe Herbert, Aldo Rustichini, "코르티솔과 테스토스테론이 금융 위기를 증대시키고 시장을 불안정하게 만들었을 수도 있다Cortisol and testosterone increase financial risk taking and may destabilize market", *Science Reports*, no. 5, 2015. 7.

11 두 라이벌 폭력 조직의 난투극 중에 Sld-Ahmed Hmmache라는 열한 살짜리 아이가 유탄에 맞아 사망하는 일이 발생한 이후, 2005년 6월 19일에 라쿠르뇌 브의 '시테데카트르밀(cité des 4000)'을 방문한 그(당시 내무부 장관)는 이렇게 선언했다. "내일 카처 청소기로 이 주택 단지를 청소하겠다. 필요한 인력을 배치할 것이고, 시간이 걸리겠지만, 깨끗해질 것이다."

12 Inserm, "자궁내막증Endométriose" 자료, Daniel Vaiman 박사(게놈, 후성, 생식의 병태생리학 분과)와의 협력으로 진행, 2013. 11, www.inserm. fr(2016년 10월 15일에 열람).

13 안타깝게도 나는 이 법칙에서는 예외다.

14 Inserm, "Endométriose" 자료 인용.

15 Muriel Salmona, 성폭력 흑서Le Livre noir des violences sexuelles, Dunod, Paris, 2013.

16 Érick Petit, "고대부터 현대까지 자궁내막증의 역사Histoire de l'endométriose de l'Antiquité à nos jours", 여성의 이미지Imagerie de la Femme, vol. 26, no. 1, 2016. 3.

8장_ 끝이 없는 피 이야기

1 Barbara G. Walker, The Woman's Encyclopedia of Myths and Secrets, Harper and Row, San Francisco, 1983.

2 이 가사에서 생리와 관련된 비밀스런 언급이 있다고 "개양귀비를 가졌다avoir ses coquelicots" 보는데, 물론 그렇게 생각하는 건 나 혼자다.

3 중국 신화에 따르면 황제는 기원전 2697년에서 2597년에 통치를 했다. 다섯 황제 중 첫번째인 그는 신이 되었거나 '선인'이 되었다.

4 Barbara G. Walker, The Woman's Encyclopedia of Myths and Secrets, 앞의 책, p. 639.

5 생리혈을 얘기하는 걸까? 알 수는 없다. 연금술사는 쓸데없는 연금술로 유명하지는 않았고 투명성이 그들의 강점도 아니다.

6 Paracelsus, 사물의 본성에 대해De natura rerum(1537), in Sämtliche Werke(전집), Sudhoff ed., Zurich, I, vol. 11, 1928, pp. 316~317.

7 "생리혈: 뜻밖의 발견Sang menstruel: une découverte inattendue", Vulgaris Medical 사이트 www.vulgaris-medical.com, 2007. 12. 3.

8 Amit N. Patel, Eulsoon Park, Michael Kuzman, Federico Benetti,

Francisco J. Silva, Julie G. Allickson, "생리혈의 다분화능 기질 줄기세포: 분리, 특성화 및 분화Multipotent menstrual blood stromal stem cells: isolation, characterization, and differentiation", *Cell Transpla-ntation*, Vol. 17, pp. 303~311, 2008.

9 사람들이 생각할 수 있는 것처럼, 여러 차례 교수형(potence=교수대)에 처해지는 가능성을 뜻하는 것이 아니라, 여러 종류의 세포로 분화할 가능성을 뜻한다.

10 프랑스어 버전은 2014년 1월 researchgate.net 사이트에 "Cellules souches stromales multipotentes du sang menstruel: isolation, caractérisation et différenciation"이라는 이름으로 업로드 되었다.

11 "자궁내막 세포로 동맥을 해방시키다Libérer les artères avec des cellules endométriales", *Sciences et Avenir*, 2008. 8. 20.

12 Xavier Santamaria, Efi E. Massasa, Yuzhe Feng, Erin Wolff et Hugh S. Taylor, "인슐린 생산 세포로 변환시킨 인간 자궁점막 세포, 그리고 생쥐의 당뇨병 치료Derivation of insulin producing cells from human endometrial stromal cells and use in the treatment of murine diabetes", *Molecular Therapy*, no. 19, 2011.

13 Erin F. Wolff , Xiao-Bing Gao, Katherine V. Yao, Zane B. Andrews, Hongling Du, John D. Elsworth, Hugh S. Taylor, "자궁내막 줄기세포 이식으로 파킨슨병 모델에서 도파민 생성 능력이 회복되었다Endometrial stem cell transplantation restores dopamine production in a Parkinson's disease model", *Journal of Cellular and Molecular Medicine*, vol. 14, no. 4, 2011, 4, pp. 747~755.

14 Mathilde Latil, Pierre Rocheteau, Laurent Châtre, Serena Sanulli, Sylvie Mémet, Mitia Ricchetti, Shahragim Tajbakhsh, Fabrice Chrétien, "골격근 줄기세포가 사후 휴먼 상태의 세포를 채택하고 재생 능력을 유지한다Skeletal muscle stem cells adopt a dormant cell state post mortem and retain regenerative capacity", *Nature Communications*, 2012. 6. 12.

15 2016년 10월 이메일 인터뷰.

16 Laurie Paredes, "트랜스휴머니즘과 줄기세포: 생리의학적 노인병학 경계에서의 작업Transhumanisme et cellules souches : travail à la frontière de la gériatrie biomédicale", 몬트리올 대학교 예술과학대학(Faculté des Arts et des Sciences de l'université de Montréal)에 제출된 논문, 2014. 10.

17 업데이트 된 'Transhumanist FAQ' 자료는 NGO Humanity+ 사이트

humanityplus.org의 'Philosophy' 탭에서 확인 가능하고, 프랑스어로 된 Nick Bostrom의 글 "트랜스휴머니즘은 무엇인가? Version 3.2Qu'est-ce que le transhumanisme? Version 3.2"는 iatranshumanisme.com에서 확인할 수 있다.

18 Benoît Helme, "이 연구자는 우리를 1000년 동안 살게 만들고 싶어한다Ce chercheur veut nous faire vivre 1000 ans", *Paris-Match*, 2014. 1. 28.

19 유네스코 통계연구소Unesco Institute of Statistics, "과학의 여성들Les femmes en sciences", ISU 정보지, no. 34, 2015. 11. 2016년 10월 10일 www.uis.unesco.org에서 열람.

20 영어를 쓰는 이 은행의 홍보 담당자는 인도 여성들에게 '여성'이라는 단어의 프랑스어 발음이 더 좋게 들린다고 생각했던 것 같다.

21 Eing-Mei Tsai, (2012). "새로운 자궁내막증 발병 기전으로서의 줄기세포Stem cell as the novel pathogenesis of endometriosis", in Koel Chaudhury (dir.), 자궁내막증 기본 개념과 현행 연구 트렌드*Endometriosis-Basic Concepts and Current Research Trends*, InTech, Rijeka(크로아티아)/Shangai(중국), 2012, www.intechopen.com에서 확인 가능.

지은이
엘리즈 티에보 ÉLISE THIÉBAUT

기자이자 페미니스트인 엘리즈 티에보는 40년 동안 생리를 했다. 아녜스 부쉬주와 젊은 대중을 대상으로 여성의 권리에 관한 책들을 펴냈고, 단편 소설 모음집, 요한 묵시록 실용 가이드를 출간했다. 파리 지하철역들의 역사가 기록된 표지판 글의 저자이기도 하며, 불꽃놀이와 관련한 두 권의 책을 냈다. 그 외 나머지 시간에는 정상적인 삶을 살고 있다.

옮긴이
김자연

한국외국어대학교 통번역대학원에서 국제회의 통역학 석사 학위를 받았고, 현재 전문 통·번역가로 활동 중이다. 옮긴 책으로 『셰익스피어 일러스트 소극장』 『22세기 세계』(공역)가 있으며, 지은 책으로 『착! 붙는 프랑스어 단어장』(인터레스팅 공저)이 있다. 『르몽드 디플로마티크』 한국어판 번역에 참여하고 있고, 프랑스어 전문 번역가 네트워크 '인터레스팅Inter-est-ing' 구성원으로 활동 중이다.

이것은 나의 피
익숙하고 낯선 생리에 관한 거의 모든 이야기

1판1쇄 펴냄 2018년 11월 5일

지은이 엘리즈 티에보 | **옮긴이** 김자연

펴낸이 김경태 | **편집** 홍경화 전민영 성준근 / 문해순 | **디자인** 박정영 김재현 | **마케팅** 곽근호 윤지원
펴낸곳 (주)출판사 클
출판등록 2012년 1월 5일 제311-2012-02호
주소 03385 서울시 은평구 연서로26길 25-6
전화 070-4176-4680 | 팩스 02-354-4680 | 이메일 bookkl@bookkl.com

ISBN 979-11-88907-33-5 03330

이 도서의 국립중앙도서관 출판예정도서목록(CIP)은 서지정보유통지원시스템 홈페이지(http://seoji.nl.go.kr)와 국가자료공동목록시스템(http://www.nl.go.kr/kolisnet)에서 이용하실 수 있습니다.(CIP제어번호: CIP2018032530)